普通高等教育“十三五”规划教材

计算机公共基础与MS Office高级应用习题及实验指导

何　鹍　吴　爽　刘光洁　主编

科学出版社

北　京

内 容 简 介

本书参照教育部提出的非计算机专业三层次大学计算机基础教学的要求和全国计算机等级考试大纲编写，是《计算机公共基础与 MS Office 高级应用》(何鹍、孙明玉、吴登峰主编，科学出版社) 的配套习题及实验指导。

本书分为 4 个部分：第 1 部分为习题，包括计算机公共基础知识习题及 Word、Excel、PowerPoint 习题；第 2 部分为实验指导，包括 3 个 Word 高级应用实验、4 个 Excel 高级应用实验、3 个 PowerPoint 高级应用实验；第 3 部分为综合练习，包括 Word 综合练习、Excel 综合练习、PowerPoint 综合练习；第 4 部分为模拟测试，包括 10 套等级考试上机模拟题。

本书既可作为全国计算机等级考试二级 MS Office 高级应用的应试教材，也可作为高等院校非计算机专业计算机通识课程的教材，还可作为办公自动化课程的培训教材及自学 MS Office 高级应用的参考用书。

图书在版编目 (CIP) 数据

计算机公共基础与 MS Office 高级应用习题及实验指导/何鹍，吴爽，刘光洁主编. —北京：科学出版社，2018.12

普通高等教育“十三五”规划教材

ISBN 978-7-03-059983-4

Ⅰ. ①计… Ⅱ. ①何… ②吴… ③刘… Ⅲ. ①电子计算机-高等学校-教学参考资料②办公自动化-应用软件-高等学校-教学参考资料 Ⅳ. ①TP3

中国版本图书馆 CIP 数据核字（2018）第 278945 号

责任编辑：戴 薇 王 惠 / 责任校对：王万红

责任印制：吕春珉 / 封面设计：东方人华平面设计部

科学出版社出版

北京东黄城根北街 16 号

邮政编码：100717

http://www.sciencep.com

铭浩彩色印装有限公司印刷

科学出版社发行 各地新华书店经销

*

2018 年 12 月第 一 版 开本：787×1092 1/16

2018 年 12 月第一次印刷 印张：11 1/4

字数：263 000

定价：31.00 元

（如有印装质量问题，我社负责调换〈骏杰〉）

销售部电话 010-62136230 编辑部电话 010-62135397-2052

前　言

计算机等级考试二级 MS Office 高级应用与一级 MS Office 应用不同，一级主要侧重于 Word、Excel、PowerPoint 的基本操作，而二级更加侧重于如何利用 Word、Excel、PowerPoint 构建一个事件的整体解决方案。因此，对于学生的实践能力要求更高。

本书是《计算机公共基础与 MS Office 高级应用》（何鹍，孙明玉，吴登峰主编，科学出版社）的配套习题及实验指导。编者结合多年从事教学和实践工作的经验，基于全国计算机等级考试二级公共基础知识和 MS Office 高级应用考试大纲，编写了本书。实验是教学过程中必不可少的重要环节，是培养学生计算机操作能力和综合应用能力的重要途径。本书重视实践应用、实验与理论的有机结合，将核心知识点全部渗透在习题与实验中，实验具有内容丰富、深入浅出、图文并茂、实用性强的特点，能够帮助学生理解和掌握 Office 高级应用考核过程中的重点和难点。

本书分为 4 个部分：第 1 部分为计算机公共基础知识、Word、Excel、PowerPoint 习题；第 2 部分实验指导的内容与《计算机公共基础与 MS Office 高级应用》的内容相对应，共包括 10 个实验，每个实验都是根据教学目标设计的，以帮助学生熟悉和掌握主教材各章知识点的实践方法，每个实验都给出了详细的操作步骤及实验结果；第 3 部分和第 4 部分为综合练习和模拟测试，结合主教材各章所介绍的知识和操作，并参考全国计算机等级考试的要求而设计，每一个题目都描述出了具体的应用环境和功能要求，读者需综合运用所掌握的知识，实现指定的功能，提高分析问题、处理问题的综合能力。

书中所用素材下载地址：http://www.abook.cn。

本书由何鹍、吴爽、刘光洁担任主编。感谢陈然、晏愈光、孙英娟、姜艳、刘妍、杨鑫、贾学婷、孙明玉等在本书的编写过程中给予的支持和帮助，使本书得以顺利成稿。

由于编者水平所限，书中难免有不足之处，恳请广大读者批评指正。

编　者

2018 年 10 月

目　　录

第1部分　习　　题

第2部分　实 验 指 导

第3部分　综 合 练 习

第4部分 模 拟 测 试

第 1 部分　习　　题

本部分内容包括与主教材相对应章节的计算机公共基础知识部分的习题，以及全国计算机等级考试二级 MS Office 高级应用所涉及的 Word、Excel、PowerPoint 3 个模块的习题。

第 1 章　算法与数据结构

1．算法的时间复杂度是指（　　）。

A．执行算法程序所需要的时间

B．算法程序的长度

C．算法执行过程中所需要的基本运算次数

D．算法程序中的指令数量

2．算法的空间复杂度是指（　　）。

A．算法执行过程中所需要的存储空间

B．算法程序的长度

C．算法程序中的指令数量

D．算法程序所占的存储空间

3．算法的有穷性是指（　　）。

A．算法程序的运行时间是有限的

B．算法程序所处理的数据量是有限的

C．算法程序的长度是有限的

D．算法只能被有限的用户使用

4．下面关于算法的叙述中，正确的是（　　）。

A．算法的执行效率与数据的存储结构无关

B．算法的有穷性是指算法必须能在执行有限个步骤之后终止

C．算法的空间复杂度是指算法程序中指令的数量

D．以上 3 种描述都正确

5．数据结构主要研究的是数据的逻辑结构、（　　）和数据的运算。

A．数据的方法　　B．数据的存储结构

C．数据的对象　　D．数据的逻辑存储

6．下列关于线性表的描述中，不正确的是（　　）。

A．线性表可以是空表

B．线性表是一种线性结构

C．线性表的所有结点有且仅有一个前驱和后继

D．线性表是由 n 个元素组成的一个有限序列

7．下列关于栈的描述中，正确的是（　　）。

A．在栈中只能插入数据　　B．在栈中只能删除数据

C．栈的特点是先进先出　　D．栈的特点是先进后出

8. 下列关于队列的描述中，正确的是（ ）。
A. 队列属于非线性表
B. 队列的特点是先进后出
C. 队列在队尾删除数据
D. 队列的特点是先进先出

9. 下列描述正确的是（ ）。
A. 线性表是线性结构
B. 栈和队列是非线性结构
C. 线性链表是非线性结构
D. 二叉树是线性结构

10. 下列关于队列的描述中，正确的是（ ）。
A. 任何一棵二叉树必须有一个度为 2 的结点
B. 二叉树的度可以小于 2
C. 非空二叉树有 0 个或 1 个根结点
D. 至少有 2 个根结点

11. 在一棵二叉树上，第 5 层的结点数最多为（ ）。
A. 8 B. 9 C. 16 D. 32

12. 一棵二叉树的前序遍历结果为 ABCEDF，中序遍历结果为 CBAEDF，则其后序遍历结果为（ ）。
A. DBACEF B. CBEFDA C. FDAEBC D. DFABEC

13. 设一棵满二叉树共有 15 个结点，则在该满二叉树中的叶子结点数为（ ）。
A. 7 B. 8 C. 9 D. 10

14. 在长度为 n 的有序线性表中进行二分法查找，最坏情况下的比较次数为（ ）。
A. n B. n^2 C. $n\log_2 n$ D. $\log_2 n+1$

15. 冒泡排序在最坏情况下的比较次数为（ ）。
A. $n(n+1)/2$ B. $n\log_2 n$ C. $n(n-1)/2$ D. $n/2$

16. 冒泡排序的时间复杂度为（ ）。
A. $O(n)$ B. $O(n\log_2 n)$ C. $O(n^2)$ D. $O(\log_2 n)$

17. 快速排序的时间复杂度为（ ）。
A. $O(n)$ B. $O(n\log_2 n)$ C. $O(n^2)$ D. $O(\log_2 n)$

18. 对于长度为 n 的线性表排序，在最坏情况下，比较次数不是 $n(n-1)/2$ 的排序方法是（ ）。
A. 快速排序 B. 冒泡排序 C. 直接插入排序 D. 堆排序

19. 某二叉树有 5 个度为 2 的结点，则该二叉树中的叶子结点数是（ ）。
A. 10 B. 8 C. 6 D. 4

20. 下列叙述中正确的是（ ）。
A. 循环队列有队头和队尾两个指针，因此循环队列是非线性结构
B. 在循环队列中，只需要队头指针就能反映队列中元素的动态变化情况
C. 在循环队列中，只需要队尾指针就能反映队列中元素的动态变化情况
D. 循环队列中元素的个数是由队头指针和队尾指针共同决定的

21. 下列叙述中正确的是（ ）。
A. 顺序存储结构的存储空间一定是连续的，链式存储结构的存储空间不一定是连续的

B．顺序存储结构只针对线性结构，链式存储结构只针对非线性结构

C．顺序存储结构能存储有序表，链式存储结构不能存储有序表

D．链式存储结构比顺序存储结构节省存储空间

22．对于循环队列，下列叙述中正确的是（　　）。

A．队头指针是固定不变的

B．队头指针一定大于队尾指针

C．队头指针一定小于队尾指针

D．队头指针可以大于队尾指针，也可以小于队尾指针

23．一个栈的初始状态为空。现将元素 1、2、3、4、5、A、B、C、D、E 依次入栈，再依次出栈，则元素出栈的顺序是（　　）。

A．12345ABCDE　　B．EDCBA54321

C．ABCDE12345　　D．54321EDCBA

24．下列排序方法中，最坏情况下比较次数最少的是（　　）。

A．冒泡排序　　B．简单选择排序

C．直接插入排序　　D．堆排序

25．支持子程序调用的数据结构是（　　）。

A．栈　　B．树　　C．队列　　D．二叉树

26．下列数据结构中，属于非线性结构的是（　　）。

A．循环队列　　B．带链队列　　C．二叉树　　D．带链栈

27．下列叙述中正确的是（　　）。

A．栈是“先进先出”的线性表

B．队列是“先进后出”的线性表

C．循环队列是非线性结构

D．有序线性表既可以采用顺序存储结构，又可以采用链式存储结构

28．下列叙述中正确的是（　　）。

A．线性表的链式存储结构与顺序存储结构所需要的存储空间是相同的

B．线性表的链式存储结构所需要的存储空间一般要多于顺序存储结构

C．线性表的链式存储结构所需要的存储空间一般要少于顺序存储结构

D．以上 3 项均正确

29．下列叙述中正确的是（　　）。

A．在栈中，栈中元素随栈底指针与栈顶指针的变化而动态变化

B．在栈中，栈顶指针不变，栈中元素随栈底指针的变化而动态变化

C．在栈中，栈底指针不变，栈中元素随栈顶指针的变化而动态变化

D．上述 3 种说法都不对

30．某二叉树共有 7 个结点，其中叶子结点只有 1 个，则该二叉树的深度为（假设根结点在第 1 层）（　　）。

A．3　　B．4　　C．6　　D．7

31．设循环队列的存储空间为 $Q(1:50)$，初始状态为 front=rear=50。经过一系列入队和出队操作后，front=rear=25，则该循环队列中元素个数为（　　）。

A．26　　B．25　　C．24　　D．0 或 50

32．下列关于二叉树的叙述中，正确的是（　　）。

A．叶子结点总是比度为 2 的结点少一个

B．叶子结点总是比度为 2 的结点多一个

C．叶子结点数是度为 2 的结点数的两倍

D．度为 2 的结点数是度为 1 的结点数的两倍

33．一棵二叉树共有 25 个结点，其中 5 个是叶子结点，则度为 1 的结点数为（　　）。

A．16　　B．10　　C．6　　D．4

34．设循环队列的存储空间为 $Q(1:50)$。初始状态为 front=rear=50。经过一系列入队和出队操作后，front=14，rear=19，则该循环队列中的元素个数为（　　）。

A．46　　B．45　　C．6　　D．5

35．下列链表中，其逻辑结构属于非线性结构的是（　　）。

A．二叉链表　　B．循环链表　　C．双向链表　　D．带链的栈

36．下列叙述中正确的是（　　）。

A．程序执行的效率与数据的存储结构密切相关

B．程序执行的效率只取决于程序的控制结构

C．程序执行的效率只取决于所处理的数据量

D．以上都不正确

37．下列叙述中正确的是（　　）。

A．一个算法的空间复杂度大，则其时间复杂度也必定大

B．一个算法的空间复杂度大，则其时间复杂度必定小

C．一个算法的时间复杂度大，则其空间复杂度必定小

D．算法的时间复杂度与空间复杂度没有直接关系

38．对长度为 10 的线性表进行冒泡排序，最坏情况下需要比较的次数为（　　）。

A．9　　B．10　　C．45　　D．90

39．下列叙述中正确的是（　　）。

A．有且只有一个根结点的数据结构一定是线性结构

B．每个结点最多有一个前驱结点、最多有一个后继结点的数据结构一定是线性结构

C．有且只有一个根结点的数据结构一定是非线性结构

D．有且只有一个根结点的数据结构可能是线性结构，也可能是非线性结构

40．下列叙述中错误的是（　　）。

A．在双向链表中，可以从任何一个结点开始直接遍历到所有结点

B．在循环链表中，可以从任何一个结点开始直接遍历到所有结点

C．在线性单链表中，可以从任何一个结点开始直接遍历到所有结点

D．在二叉链表中，可以从根结点开始遍历到所有结点

41．设栈的顺序存储空间为 $S(1:50)$，初始状态为 top=0。现经过一系列入栈与出栈运算后，top=20，则当前栈中的元素个数为（　　）。

A．30　　B．29　　C．20　　D．19

42．为了对有序表进行对分查找，则要求有序表（　　）。

A．只能顺序存储

B．只能链式存储

C．可以顺序存储也可以链式存储

D．任何存储方式

43．设某二叉树的后序遍历序列为 CBA，中序遍历序列为 ABC，则该二叉树的前序遍历序列为（　　）。

A．BCA　　B．CBA　　C．ABC　　D．CAB

44．设循环队列为 $Q(1:m)$，初始状态为 front=rear=m。现经过一系列的入队与出队运算后，front=rear=1，则该循环队列中的元素个数为（　　）。

A．1　　B．2　　C．$m-1$　　D．0 或 m

45．设栈的顺序存储空间为 $S(1:m)$，初始状态为 top=m+1。现经过一系列入栈与出栈运算后，top=20，则当前栈中的元素个数为（　　）。

A．30　　B．20　　C．$m-19$　　D．$m-20$

46．某二叉树的前序遍历序列为 ABCDEFG，中序遍历序列为 DCBAEFG，则该二叉树的后序遍历序列为（　　）。

A．EFGDCBA　　B．DCBEFGA　　C．BCDGFEA　　D．DCBGFEA

47．一个栈的初始状态为空，现将元素 A、B、C、D、E 依次入栈，然后依次出栈 3 次，并将出栈的 3 个元素依次入队（原队列为空），最后将队列中的元素全部退出，则元素出队的顺序为（　　）。

A．ABC　　B．CBA　　C．EDC　　D．CDE

48．带链的栈与顺序存储的栈相比，其优点是（　　）。

A．入栈与出栈操作方便

B．可以省略栈底指针

C．入栈操作时不会受栈存储空间的限制而发生溢出

D．所占存储空间相同

49．下列数据结构中，不能采用顺序存储结构的是（　　）。

A．栈　　B．堆　　C．队列　　D．非完全二叉树

50．从任何一个结点出发都可以不重复地访问到其他所有结点的链表是（　　）。

A．循环链表　　B．双向链表　　C．单向链表　　D．二叉链表

第2章 程序设计基础

1．结构化程序设计的基本原则不包括（　　）。

A．多态性　B．自顶向下　C．模块化　D．逐步求精

2．在面向对象方法中，不属于“对象”基本特点的是（　　）。

A．一致性　B．分类性　C．多态性　D．标识唯一性

3．面向对象方法中，继承是指（　　）。

A．一组对象所具有的相似性质

B．一个对象具有另一个对象的性质

C．各对象之间的共同性质

D．类之间共享属性和操作的机制

4．结构化程序的基本结构不包括（　　）。

A．顺序结构　B．goto 跳转

C．选择（分支）结构　D．循环结构

5．下面关于“对象”概念描述正确的是（　　）。

A．对象间的通信靠消息传递实现

B．对象是名称和方法的封装体

C．任何对象必须有继承性

D．对象的多态性是指一个对象有多个操作

6．结构化程序设计中，对 goto 语句的使用描述正确的是（　　）。

A．禁止使用 goto 语句　B．使用 goto 语句程序效率高

C．应避免滥用 goto 语句　D．goto 语句确实一无是处

7．结构化程序的基本控制结构是（　　）。

A．主程序与子程序

B．选择结构、循环结构与层次结构

C．顺序结构、选择结构与循环结构

D．模块结构、选择结构与层次结构

8．在结构化程序设计中，模块划分的原则是（　　）。

A．各模块应包括尽量多的功能

B．各模块的规模应尽量大

C．各模块之间的联系应尽量紧密

D．模块内具有高内聚度，模块间具有低耦合度

9．对象实现了数据和操作（方法）的结合，其实现的机制是（　　）。

A．封装　　B．继承　　C．隐蔽　　D．抽象

10．下列选项中，不是面向对象主要特征的是（　　）。

A．复用　　B．抽象　　C．继承　　D．封装

11．结构化程序设计强调（　　）。

A．程序的易读性　　B．程序的效率

C．程序的规模　　D．程序的可复用性

12．下面对“对象”概念描述错误的是（　　）。

A．对象不具有封装性

B．对象是属性和方法的封装体

C．对象间的通信靠消息传递实现

D．一个对象是其对应类的实例

13．下面对“对象”概念描述正确的是（　　）。

A．操作是对象的动态属性

B．属性就是对象

C．任何对象都必须有继承性

D．对象是对象名和方法的封装体

第 3 章　软件工程基础

1．下面不属于软件工程 3 个要素的是（　　）。

A．工具　　B．环境　　C．过程　　D．方法

2．在软件生命周期中，分析系统“做什么”，确定系统功能、性能和可靠性要求的阶段是（　　）。

A．概要设计　　B．详细设计　　C．可行性设计　　D．需求分析

3．开发软件所需高成本和产品的低质量之间有着尖锐的矛盾，这种现象称为（　　）。

A．软件矛盾　　B．软件危机　　C．软件耦合　　D．软件产生

4．下面不属于软件设计原则的是（　　）。

A．抽象　　B．模块化　　C．自底向上　　D．信息隐藏

5．在结构化方法中，软件功能分解属于软件开发中的（　　）阶段。

A．详细设计　　B．需求分析　　C．总体设计　　D．编程调试

6．软件调试的目的是（　　）。

A．发现错误　　B．改正错误

C．改善软件的性能　　D．挖掘软件的潜能

7．在软件开发中，需求分析阶段产生的主要文档是（　　）。

A．可行性分析报告　　B．软件需求规格说明书

C．概要设计说明书　　D．集成测试计划

8．程序流程图中带有箭头的线段表示（　　）。

A．图元关系　　B．数据流　　C．控制流　　D．调用关系

9．在软件开发中，需求分析阶段可以使用的工具是（　　）。

A．N-S 图　　B．数据流图　　C．PAD 图　　D．程序流程图

10．数据流图中带有箭头的线段表示（　　）。

A．控制流　　B．事件驱动　　C．模块调用　　D．数据流

11．软件设计中模块划分应遵循的准则是（　　）。

A．低内聚低耦合　　B．高内聚低耦合

C．低内聚高耦合　　D．高内聚高耦合

12．软件按功能可以分为应用软件、系统软件和支撑软件（或工具软件）。下面属于应用软件的是（　　）。

A．编译程序　　B．操作系统

C．教务管理系统　　D．汇编程序

13．软件生命周期是指（　　）。

A．软件产品从提出、实现、使用维护到退役的过程

B．软件从需求分析、设计、实现到测试完成的过程

C．软件的开发过程

D．软件的运行维护过程

14．软件测试的目的是（　　）。

A．评估软件可靠性　　B．发现并改正程序中的错误

C．改正程序中的错误　　D．发现程序中的错误

15．软件生命周期中的活动不包括（　　）。

A．市场调研　　B．需求分析　　C．软件测试　　D．软件维护

16．在黑盒测试方法中，设计测试用例的主要根据是（　　）。

A．程序内部逻辑　　B．程序外部功能

C．程序数据结构　　D．程序流程图

17．下列描述中，不属于软件危机表现的是（　　）。

A．软件过程不规范　　B．软件开发生产率低

C．软件质量难以控制　　D．软件成本不断提高

18．下面属于黑盒测试方法的是（　　）。

A．语句覆盖　　B．逻辑覆盖　　C．边界值分析　　D．路径覆盖

19．数据字典所定义的对象都包含于（　　）中。

A．数据流图　　B．程序流程图　　C．软件结构图　　D．方框图

20．下面属于白盒测试方法的是（　　）。

A．等价类划分法　　B．逻辑覆盖　　C．边界值分析法　　D．错误推测法

21．耦合性和内聚性是对模块独立性进行度量的两个标准，下列叙述中正确的是（　　）。

A．提高耦合性降低内聚性有利于提高模块的独立性

B．降低耦合性提高内聚性有利于提高模块的独立性

C．耦合性是指一个模块内部各个元素间彼此结合的紧密程度

D．内聚性是指模块间互相连接的紧密程度

22．构成计算机软件的是（　　）。

A．源代码　　B．程序和数据

C．程序和文档　　D．程序、数据及相关文档

23．软件生命周期可分为定义阶段、开发阶段和维护阶段，下面不属于开发阶段任务的是（　　）。

A．测试　　B．设计　　C．可行性研究　　D．实现

24．下面不能作为结构化方法软件需求分析工具的是（　　）。

A．系统结构图　　B．数据字典　　C．数据流图　　D．判定表

25．下面不属于软件测试实施步骤的是（　　）。

A．集成测试　　B．回归测试　　C．确认测试　　D．单元测试

26. 下面不属于软件需求分析阶段主要工作的是（　　）。
A. 需求变更申请　　B. 需求分析
C. 需求评审　　D. 需求获取

27. 下面不属于软件需求分析阶段工作的是（　　）。
A. 需求获取　　B. 需求计划
C. 生成需求规格说明书　　D. 需求评审

28. 下面不能作为软件设计工具的是（　　）。
A. PAD 图　　B. 程序流程图
C. 数据流图　　D. 总体结构图

29. 软件测试的实施步骤是（　　）。
A. 单元测试、集成测试、确认测试
B. 集成测试、确认测试、系统测试
C. 确认测试、集成测试、单元测试
D. 单元测试、集成测试、回归测试

30. 下面不属于软件需求规格说明书内容的是（　　）。
A. 软件的可验证性　　B. 软件的功能需求
C. 软件的性能需求　　D. 软件的外部接口

第 4 章　数据库设计基础

1．在数据管理技术的发展过程中，经历了人工管理阶段、文件系统阶段和数据库系统阶段。在这几个阶段中，数据独立性最高的是（　　）阶段。

A．数据库系统　　B．文件系统
C．人工管理　　D．数据项管理

2．在数据库中，下列说法不正确的是（　　）。

A．数据库避免了一切数据的重复
B．若系统是完全可以控制的，则系统可确保更新时的一致性
C．数据库中的数据可以共享
D．数据库减少了数据冗余

3．数据库（DB）、数据库系统（DBS）和数据库管理系统（DBMS）三者之间的关系是（　　）。

A．DBS 包括 DB 和 DBMS　　B．DBMS 包括 DB 和 DBS
C．DB 包括 DBS 和 DBMS　　D．DBS 就是 DB，也就是 DBMS

4．一个关系数据库文件中的各条记录（　　）。

A．前后顺序不能任意颠倒，一定要按照输入的顺序排列
B．前后顺序可以任意颠倒，不影响库的数据关系
C．前后顺序可以任意颠倒，但排列顺序不同，统计处理的结果就可能不同
D．前后顺序不能任意颠倒，一定要按照关键字段值的顺序排列

5．规范化理论是关系数据库进行逻辑设计的理论依据。根据这个理论，关系数据库中的关系必须满足：其每一属性都是（　　）。

A．互不相关的　　B．不可分解的
C．长度可变的　　D．互相关联的

6．关系数据库系统中所管理的关系是（　　）。

A．一个.accdb 文件　　B．若干.accdb 文件
C．一个二维表　　D．若干二维表

7．数据模型反映的是（　　）。

A．事物本身的数据和相关事物之间的联系
B．事物本身所包含的数据
C．记录中所包含的全部数据
D．记录本身的数据和相关关系

8. 用二维表来表示实体及实体之间联系的数据模型是（　　）。

A. 实体-联系模型　　B. 层次模型
C. 网状模型　　D. 关系模型

9. 有关字段属性，以下叙述错误的是（　　）。

A. 字段大小可用于设置文本、数字或自动编号等类型字段的最大容量
B. 可对任意类型的字段设置默认值属性
C. 有效性规则属性是用于限制此字段输入值的表达式
D. 不同的字段类型，其字段属性有所不同

10. 在数据库中能够唯一地标识一个元组的属性或属性的组合称为（　　）。

A. 记录　　B. 字段　　C. 域　　D. 关键字

11. 如果一个数据表中含有照片，那么“照片”这一字段的数据类型通常为（　　）。

A. 备注　　B. 超链接　　C. OLE 对象　　D. 文本

12. 字段名可以是任意想要的名称，最多可达（　　）个字符。

A. 16　　B. 32　　C. 64　　D. 128

13. 以下关于主关键字的说法，错误的是（　　）。

A. 使用自动编号是创建主关键字最简单的方法
B. 作为主关键字的字段中允许出现 NULL 值
C. 作为主关键字的字段中不允许出现重复值
D. 不能确定任何单字段值的唯一性时，可以将两个或更多的字段组合成为主关键字

14. 使用表设计器来定义表的字段时，以下可以不设置内容的是（　　）。

A. 字段名称　　B. 数据类型　　C. 说明　　D. 字段属性

15. 假设数据库中表 A 与表 B 建立了“一对多”关系，表 B 为“多”的一方，则下述说法中正确的是（　　）。

A. 表 A 中的一个记录能与表 B 中的多个记录匹配
B. 表 B 中的一个记录能与表 A 中的多个记录匹配
C. 表 A 中的一个字段能与表 B 中的多个字段匹配
D. 表 B 中的一个字段能与表 A 中的多个字段匹配

16. 数据表中的“行”称为（　　）。

A. 字段　　B. 数据　　C. 记录　　D. 数据视图

17. 下面说法中错误的是（　　）。

A. 文本型字段，最长为 255 个字符
B. 要得到一个计算字段的结果，仅能运用总计查询来完成
C. 在创建一对一关系时，要求两个表的相关字段都是主关键字
D. 创建表之间的关系时，正确的操作是关闭所有打开的表

18. 在已经建立的数据表中，若在显示表中内容时使某些字段不能移动显示位置，可以使用的方法是（　　）。

A. 排序　　B. 筛选　　C. 隐藏　　D. 冻结

19．将两个关系拼接成一个新的关系，生成的新关系中包含满足条件的元组，这种操作称为（　　）。

A．选择　　B．投影　　C．连接　　D．并

20．如果表 A 中的一条记录与表 B 中的多条记录相匹配，且表 B 中的一条记录与表 A 中的多条记录相匹配，则表 A 与表 B 存在（　　）关系。

A．一对一　　B．一对多　　C．多对一　　D．多对多

第5章 Word 2010

1. 某 Word 文档中有一个 5 行 4 列的表格，如果要将另外一个文本文件中的 5 行文字复制到该表格中，并且使其正好成为该表格一列的内容，最优的操作方法是（　　）。

A. 在文本文件中选中这 5 行文字，复制到剪贴板；然后回到 Word 文档中，将光标置于指定列的第一个单元格，将剪贴板中的内容粘贴过来

B. 将文本文件中的 5 行文字，一行一行地复制、粘贴到 Word 文档表格对应列的 5 个单元格中

C. 在文本文件中选中这 5 行文字，复制到剪贴板；然后回到 Word 文档中，选中对应列的 5 个单元格，将剪贴板内容粘贴过来

D. 在文本文件中选中这 5 行文字，复制到剪贴板；然后回到 Word 文档中，选中该表格，将剪贴板内容粘贴过来

2. 张经理在对 Word 文档形式的工作报告进行修改的过程中，希望在原始文档显示其修改的内容和状态，最优的操作方法是（　　）。

A. 利用“审阅”选项卡中的批注功能，为文档中每一处需要修改的地方添加批注，将自己的意见写到批注框里

B. 利用“插入”选项卡中的文本功能，为文档中每一处需要修改的地方添加文档部件，将自己的意见写到文档部件中

C. 利用“审阅”选项卡中的修订功能，选择显示标记的文档修订查看方式后单击“修订”按钮，然后在文档中直接修改内容

D. 利用“插入”选项卡中的修订标记功能，为文档中每一处需要修改的地方插入修订符号，然后在文档中直接修改内容

3. 小华利用 Word 编辑一份书稿，出版社要求目录和正文的页码分别采用不同的格式，且均从第 1 页开始，最优的操作方法是（　　）。

A. 将目录和正文分别存在两个文档中，分别设置页码

B. 在目录与正文之间插入分节符，在不同的节中设置不同的页码

C. 在目录与正文之间插入分页符，在分页符前后设置不同的页码

D. 不在 Word 中设置页码，将其转换为 PDF 格式时再增加页码

4. 小明的毕业论文分别请两位老师进行了审阅。每位老师分别通过 Word 的修订功能对该论文进行了修改。现在，小明需要将两份经过修订的文档合并为一份，最优的操作方法是（　　）。

A. 小明可以在一份修订较多的文档中，将另一份修订较少的文档修改内容手动对照补充进去

B．请一位老师在另一位老师修订后的文档中再进行一次修订

C．利用 Word 比较功能，将两位老师的修订合并到一个文档中

D．将修订较少的那部分舍弃，只保留修订较多的那份论文作为终稿

5．Word 文档中有一个占用 3 页篇幅的表格，如需使这个表格的标题行都出现在各页面首行，最优的操作方法是（　　）。

A．将表格的标题行复制到另外 2 页中

B．利用“重复标题行”功能

C．打开“表格属性”对话框，在列属性中进行设置

D．打开“表格属性”对话框，在行属性中进行设置

6．在 Word 文档中包含文档目录，将文档目录转变为纯文本格式的最优操作方法是（　　）。

A．文档目录本身就是纯文本格式，不需要再进行进一步的操作

B．使用【Ctrl+Shift+F9】组合键

C．在文档目录上右击，在弹出的快捷菜单中选择“转换”选项

D．复制文档目录，然后通过选择性粘贴功能以纯文本方式显示

7．小张完成了毕业论文，现需要在正文前添加论文目录以便检索和阅读，最优的操作方法是（　　）。

A．利用 Word 提供的“手动目录”功能创建目录

B．直接输入作为目录的标题文字和相对应的页码创建目录

C．将文档的各级标题设置为内置标题样式，然后基于内置标题样式自动插入目录

D．不使用内置标题样式，而是直接基于自定义样式创建目录

8．小王计划邀请 30 家客户参加答谢会，并为客户发送邀请函。快速制作 30 份邀请函的最优操作方法是（　　）。

A．发动同事帮忙制作邀请函，每个人写几份

B．利用 Word 的邮件合并功能自动生成

C．先制作好一份邀请函，然后复印 30 份，在每份上添加客户名称

D．先在 Word 中制作一份邀请函，通过复制、粘贴功能生成 30 份，然后分别添加客户名称

9．小张的毕业论文设置为两栏页面布局，现需在分栏之上插入一横跨两栏内容的论文标题，最优的操作方法是（　　）。

A．在两栏内容之前空出几行，打印出来后手动写上标题

B．在两栏内容之上插入一个分节符，然后设置论文标题位置

C．在两栏内容之上插入一个文本框，输入标题，并设置文本框的环绕方式

D．在两栏内容之上插入一个艺术字标题

10．在 Word 文档中，选择从某一段落开始位置到文档末尾的全部内容，最优的操作方法是（　　）。

A．将鼠标指针移动到该段落的开始位置，按【Ctrl+A】组合键

B．将鼠标指针移动到该段落的开始位置，按住【Shift】键，单击文档的结束位置

C．将鼠标指针移动到该段落的开始位置，按【Ctrl+Shift+End】组合键

D．将鼠标指针移动到该段落的开始位置，按【Alt+Ctrl+Shift+Page Down】组合键

11．Word 文档的结构层次为“章—节—小节”，如章“1”为一级标题、节“1.1”为二级标题、小节“1.1.1”为三级标题，采用多级列表的方式已经完成了对第 1 章中章、节、小节的设置，如需完成剩余几章内容的多级列表设置，最优的操作方法是（　　）。

A．复制第 1 章中的“章、节、小节”段落，分别粘贴到其他章节对应位置，然后替换标题内容

B．将第 1 章中的“章、节、小节”格式保存为标题样式，并将其应用到其他章节的对应段落

C．利用格式刷功能，分别复制第 1 章中的“章、节、小节”格式，并应用到其他章节的对应段落

D．逐个对其他章节对应的“章、节、小节”标题应用“多级列表”格式，并调整段落结构层次

12．在 Word 文档编辑过程中，如需将特定的计算机应用程序窗口画面作为文档的插图，最优的操作方法是（　　）。

A．使所需画面窗口处于活动状态，按【Print Screen】键，再粘贴到 Word 文档的指定位置

B．使所需画面窗口处于活动状态，按【Alt+Print Screen】组合键，再粘贴到 Word 文档的指定位置

C．利用 Word 插入“屏幕截图”功能，直接将所需窗口画面插入 Word 文档的指定位置

D．在计算机系统中安装截屏工具软件，利用该软件实现屏幕画面的截取

13．在 Word 文档中，学生“张小民”的名字被多次错误地输入为“张晓明”“张晓敏”“张晓民”“张晓名”，纠正该错误的最优操作方法是（　　）。

A．从前往后逐个查找错误的名字，并更正

B．利用 Word“查找”功能搜索文本“张晓”，并逐一更正

C．利用 Word“查找和替换”功能搜索文本“张晓*”，并将其全部替换为“张小民”

D．利用 Word“查找和替换”功能搜索文本“张晓？”，并将其全部替换为“张小民”

14．小王利用 Word 撰写专业学术论文时，需要在论文结尾处列出所有参考文献或书目，最优的操作方法是（　　）。

A．直接在论文结尾处输入所参考文献的相关信息

B．把所有参考文献信息保存在一个单独表格中，然后复制到论文结尾处

C．利用 Word 中的“管理源”和“插入书目”功能，在论文结尾处插入参考文献或书目列表

D．利用 Word 中的“插入尾注”功能，在论文结尾处插入参考文献或书目列表

15．小王需要在 Word 文档中将应用了“标题 1”样式的所有段落格式调整为段前、段后各 12 磅，单倍行距，最优的操作方法是（　　）。

A．将每个段落逐一设置为段前、段后各 12 磅，单倍行距

B．将其中一个段落设置为段前、段后各 12 磅，单倍行距，然后利用格式刷功能将格式复制到其他段落

C．修改“标题 1”样式，将其段落格式设置为段前、段后各 12 磅，单倍行距

D．利用查找替换功能，将“样式：标题 1”替换为单倍行距，段前、段后各 12 磅

16. 如果希望为一个多页的 Word 文档添加页面图片背景，最优的操作方法是（　　）。

A．在每一页中分别插入图片，并设置图片的环绕方式为衬于文字下方

B．利用水印功能，将图片设置为文档水印

C．利用页面填充效果功能，将图片设置为页面背景

D．执行“插入”选项卡中的“页面背景”命令，将图片设置为页面背景

17. 将 Word 文档中的大写英文字母转换为小写，最优的操作方法是（　　）。

A．执行“开始”选项卡“字体”选项组中的“更改大小写”命令

B．执行“审阅”选项卡“格式”选项组中的“更改大小写”命令

C．执行“引用”选项卡“格式”选项组中的“更改大小写”命令

D．右击，在弹出的快捷菜单中选择“更改大小写”选项

18. 小李正在 Word 中编辑一篇包含 12 个章节的书稿，他希望每一章都能自动从新的一页开始，最优的操作方法是（　　）。

A．在每一章最后插入分页符

B．在每一章最后连续按【Enter】键，直到下一页面开始处

C．将每一章标题的段落格式设为“段前分页”

D．将每一章标题指定为标题样式，并将样式的段落格式修改为“段前分页”

19. 小李的打印机不支持自动双面打印，但他希望将一篇在 Word 中编辑好的论文连续打印在 A4 纸的正反两面上，最优的操作方法是（　　）。

A．先单面打印一份论文，然后找复印机进行双面复印

B．打印时先指定打印所有奇数页，将纸张翻过来后，再指定打印偶数页

C．打印时先设置“手动双面打印”，等 Word 提示打印第二面时将纸张翻过来继续打印

D．先在文档中选择所有奇数页并在打印时设置“打印所选内容”，将纸张翻过来后，再选择打印偶数页

20. 张编辑休假前正在审阅一部 Word 书稿，他希望回来上班时能够快速找到上次编辑的位置，在 Word 2010 中最优的操作方法是（　　）。

A．下次打开书稿时，直接通过滚动条找到该位置

B．记住一个关键词，下次打开书稿时，通过“查找”功能找到该关键词

C．记住当前页码，下次打开书稿时，通过“查找”功能定位页码

D．在当前位置插入一个书签，通过“查找”功能定位书签

21. 在 Word 中编辑一篇文稿时，纵向选择一块文本区域的最快捷操作方法是（　　）。

A．按住【Ctrl】键不放，拖动鼠标分别选择所需的文本

B．按住【Alt】键不放，拖动鼠标选择所需的文本

C．按住【Shift】键不放，拖动鼠标选择所需的文本

D．按【Ctrl+Shift+F8】组合键，拖动鼠标选择所需的文本

22．在Word中编辑一篇文稿时，如需快速选取一个较长段落文字区域，最快捷的操作方法是（　　）。

A．直接拖动鼠标选择整个段落

B．在段首单击，按住【Shift】键不放再单击段尾

C．在段落的左侧空白处双击

D．在段首单击，按住【Shift】键不放再按【End】键

23．小刘使用Word编写与互联网相关的文章时，文中频繁出现“@”符号，他希望能够在输入“(A)”后自动变为“@”，最优的操作方法是（　　）。

A．将“(A)”定义为自动更正选项

B．先全部输入为“(A)”，最后再一次性替换为“@”

C．将“(A)”定义为自动图文集

D．将“(A)”定义为文档部件

24．郝秘书在Word中草拟一份会议通知，他希望该通知结尾处的日期能够随系统日期的变化而自动更新，最快捷的操作方法是（　　）。

A．通过插入日期和时间功能，插入特定格式的日期并设置为自动更新

B．通过插入对象功能，插入一个可以链接到源文件的日期

C．直接手动输入日期，然后将其格式设置为可以自动更新

D．通过插入域的方式插入日期和时间

25．小马在一篇Word文档中创建了一个漂亮的页眉，她希望在其他文档中还可以直接使用该页眉格式，最优的操作方法是（　　）。

A．下次创建新文档时，直接从该文档中将页眉复制到新文档中

B．将该文档保存为模板，下次可以在该模板的基础上创建新文档

C．将该页眉保存在页眉文档部件库中，以备下次调用

D．将该文档另存为新文档，并在此基础上修改即可

26．小江需要在Word中插入一个利用Excel制作好的表格，并希望Word文档中的表格内容随Excel源文件的数据变化而自动变化，最快捷的操作方法是（　　）。

A．在Word中通过“插入”选项卡中的“对象”功能插入一个可以链接到源文件的Excel表格

B．复制Excel数据源，然后在Word中选择“开始”选项卡“粘贴”下拉列表中的“选择性粘贴”选项粘贴链接

C．复制Excel数据源，然后在Word右键快捷菜单中选择带有链接功能的粘贴选项

D．在Word中选择“插入”选项卡“表格”下拉列表中的“Excel电子表格”选项链接Excel表格

第 6 章　Excel 2010

1．Excel 工作表中存放了第一中学和第二中学所有班级总计 300 个学生的考试成绩，A 列到 D 列分别对应“学校”“班级”“学号”“成绩”，利用公式计算第一中学 3 班的平均分，最优的公式是（　　）。

A．=SUMIFS(D2:D301,A2:A301,"第一中学",B2:B301,"3 班")/COUNTIFS(A2:A301,"第一中学",B2:B301,"3 班")

B．=SUMIFS(D2:D301,B2:B301,"3 班")/COUNTIFS(B2:B301,"3 班")

C．=AVERAGEIFS(D2:D301,A2:A301,"第一中学",B2:B301,"3 班")

D．=AVERAGEIF(D2:D301,A2:A301,"第一中学",B2:B301,"3 班")

2．Excel 工作表 D 列保存了 18 位身份证号码信息，为了保护个人隐私，需将身份证信息的第 9～12 位用“*”表示，以 D2 单元格为例，最优的公式是（　　）。

A．=MID(D2,1,8)+"****"+MID(D2,13,6)

B．=CONCATENATE(MID(D2,1,8),"****",MID(D2,13,6))

C．=REPLACE(D2,9,4,"****")

D．=MID(D2,9,4,"****")

3．小金从网站上查到了最近一次全国人口普查的数据表格，他准备将这份表格中的数据引用到 Excel 中以便进一步分析，最优的操作方法是（　　）。

A．对照网页上的表格，直接将数据输入 Excel 工作表中

B．通过复制、粘贴功能，将网页上的表格复制到 Excel 工作表中

C．通过 Excel 中的“自网站获取外部数据”功能，直接将网页上的表格导入 Excel 工作表中

D．先将包含表格的网页保存为.htm 或.mht 格式文件，然后在 Excel 中直接打开该文件

4．小胡利用 Excel 对销售人员的销售额进行统计，销售工作表中已包含每位销售人员对应的产品销量，且产品销售单价为 308 元，计算每位销售人员销售额的最优操作方法是（　　）。

A．直接通过公式“=销量×308”计算销售额

B．将单价 308 定义名称为“单价”，然后在计算销售额的公式中引用该名称

C．将单价 308 输入某个单元格中，然后在计算销售额的公式中绝对引用该单元格

D．将单价 308 输入某个单元格中，然后在计算销售额的公式中相对引用该单元格

5．在 Excel 某列单元格中，快速填充 2017～2019 年每月最后一天日期的最优操作方法是（　　）。

A．在第一个单元格中输入“2017-1-31”，然后使用 EOMONTH 函数填充其余 35 个单元格

B．在第一个单元格中输入“2017-1-31”，拖动填充柄，然后使用智能标记自动填充其余 35 个单元格

C．在第一个单元格中输入“2017-1-31”，然后使用格式刷直接填充其余 35 个单元格

D．在第一个单元格中输入“2017-1-31”，然后执行“开始”选项卡中的“填充”命令

6．如果 Excel 单元格值大于 0，则在本单元格中显示“已完成”；如果单元格值小于 0，则在本单元格中显示“还未开始”；如果单元格值等于 0，则在本单元格中显示“正在进行中”，最优的操作方法是（　　）。

A．使用 IF 函数

B．通过自定义单元格格式，设置数据的显示方式

C．使用条件格式命令

D．使用自定义函数

7．小刘用 Excel 2010 制作了一份员工档案表，但经理的计算机中只安装了 Office 2003，能让经理正常打开员工档案表的最优操作方法是（　　）。

A．将文档另存为 Excel 97-2003 文档格式

B．将文档另存为 PDF 格式

C．建议经理安装 Office 2010

D．小刘自行安装 Office 2003，并重新制作一份员工档案表

8．在 Excel 工作表中，编码与分类信息以“编码｜分类”的格式显示在一个数据列内，要将编码与分类分为两列显示，最优的操作方法是（　　）。

A．重新在两列中分别输入编码列和分类列，将原来的编码与分类列删除

B．将编码与分类列在相邻位置复制一列，将一列中的编码删除，另一列中的分类删除

C．使用文本函数将编码与分类信息分开

D．在编码与分类列右侧插入一个空列，然后利用 Excel 的分列功能将其分开

9．初二年级各班的成绩单分别保存在独立的 Excel 工作簿文件中，李老师需要将这些成绩单合并到一个工作簿文件中进行管理，最优的操作方法是（　　）。

A．将各班成绩单中的数据分别通过复制、粘贴命令整合到一个工作簿中

B．通过移动或复制工作表功能，将各班成绩单整合到一个工作簿中

C．打开一个班的成绩单，将其他班级的数据输入同一个工作簿的不同工作表中

D．通过插入对象功能，将各班成绩单整合到一个工作簿中

10．某公司需要在 Excel 中统计各类商品的全年销量冠军，最优的操作方法是（　　）。

A．在销量表中直接找到每类商品的销量冠军，并用特殊的颜色标记

B．分别对每类商品的销量进行排序，将销量冠军用特殊的颜色标记

C．通过自动筛选功能，分别找出每类商品的销量冠军，并用特殊的颜色标记

D．通过设置条件格式，分别标出每类商品的销量冠军

11．在 Excel 中，要显示公式与单元格之间的关系，可使用（　　）。

A．“公式”选项卡“函数库”选项组中的有关功能

B．“公式”选项卡“公式审核”选项组中的有关功能

C．“审阅”选项卡“校对”选项组中的有关功能

D．“审阅”选项卡“更改”选项组中的有关功能

12．Excel 成绩单工作表中包含 20 个学生成绩，C 列为成绩值，第一行为标题行，在不改变行列顺序的情况下，在 D 列统计成绩排名，最优的操作方法是（　　）。

A．在 D2 单元格中输入“=RANK(C2,$C2:$C21)”，然后向下拖动该单元格的填充柄到 D21 单元格

B．在 D2 单元格中输入“=RANK(C2,C$2:C$21)”，然后向下拖动该单元格的填充柄到 D21 单元格

C．在 D2 单元格中输入“=RANK(C2,$C2:$C21)”，然后双击该单元格的填充柄

D．在 D2 单元格中输入“=RANK(C2,C$2:C$21)”，然后双击该单元格的填充柄

13．在 Excel 工作表 A1 单元格中存放了某人的 18 位二代身份证号码信息，其中第 7～10 位表示出生年份。在 A2 单元格中利用公式计算该人的年龄，可使用的公式是（　　）。

A．=YEAR(TODAY())-MID(A1,6,8)

B．=YEAR(TODAY())-MID(A1,6,4)

C．=YEAR(TODAY())-MID(A1,7,8)

D．=YEAR(TODAY())-MID(A1,7,4)

14．在 Excel 工作表多个不相邻的单元格中输入相同的数据，最优的操作方法是（　　）。

A．在其中一个位置输入数据，然后逐次将其复制到其他单元格

B．在输入区域最左上方的单元格中输入数据，双击填充柄，将其填充到其他单元格

C．在其中一个位置输入数据，将其复制后，利用【Ctrl】键选择其他全部输入区域，再粘贴内容

D．同时选中所有不相邻单元格，在活动单元格中输入数据，然后按【Ctrl+Enter】组合键

15．Excel 工作表 B 列保存了 11 位手机号码信息，为了保护个人隐私，需将手机号码的后 4 位均用“*”表示，以 B2 单元格为例，可使用的公式是（　　）。

A．=REPLACE(B2,7,4,"****")　　B．=REPLACE(B2,8,4,"****")

C．=MID(B2,7,4,"****")　　D．=MID(B2,8,4,"****")

16．小李在 Excel 中整理职工档案，希望“性别”一列只能从“男”“女”两个值中进行选择，否则系统提示错误信息，最优的操作方法是（　　）。

A．通过 IF 函数进行判断，控制“性别”列的输入内容

B．请同事帮忙进行检查，错误内容用红色标记

C．设置条件格式，标记不符合要求的数据

D．设置数据有效性，控制“性别”列的输入内容

17．小谢在Excel工作表中计算每个员工的工作年限，每满一年计一年工作年限，最优的操作方法是（　　）。

A．根据员工的入职时间计算工作年限，然后手动输入工作表中

B．直接用当前日期减去入职日期，然后除以365，并向下取整

C．使用TODAY函数返回值减去入职日期，然后除以365，并向下取整

D．使用YEAR函数和TODAY函数获取当前年份，然后减去入职年份

18．在Excel中，如需对A1单元格数值的小数部分进行四舍五入运算，可使用的公式是（　　）。

A．=INT(A1)　　　　B．=INT(A1+0.5)

C．=ROUND(A1,0)　　　　D．=ROUNDUP(A1,0)

19．Excel工作表D列保存了18位身份证号码信息，为了保护个人隐私，需将身份证信息的第3、4位和第9、10位用“*”表示，以D2单元格为例，可使用的公式是（　　）。

A．=REPLACE(D2,9,2,"**")+REPLACE(D2,3,2,"**")

B．=REPLACE(D2,3,2,"**",9,2,"**")

C．=REPLACE(REPLACE(D2,9,2,"**"),3,2,"**")

D．=MID(D2,3,2,"**",9,2,"**")

20．将Excel工作表A1单元格中的公式SUM(B$2:C$4)复制到B18单元格后，原公式将变为（　　）。

A．SUM(C$19:D$19)　　　　B．SUM(C$2:D$4)

C．SUM(B$19:C$19)　　　　D．SUM(B$2:C$4)

21．小明希望在Excel的每个工作簿中输入数据时，字体、字号总能自动设为Calibri、9磅，最优的操作方法是（　　）。

A．先输入数据，然后选中这些数据并设置其字体、字号

B．先选中整个工作表，设置字体、字号后再输入数据

C．先选中整个工作表并设置字体、字号，之后将其保存为模板，再依据该模板创建新工作簿并输入数据

D．通过后台视图的常规选项，设置新建工作簿时默认的字体、字号，然后新建工作簿并输入数据

22．小李正在Excel中编辑一个包含上千人的工资表，他希望在编辑过程中总能看到表明每列数据性质的标题行，最优的操作方法是（　　）。

A．通过Excel的拆分窗口功能，使上方窗口显示标题行，同时在下方窗口中编辑内容

B．通过Excel的冻结窗格功能将标题行固定

C．通过Excel的新建窗口功能，创建一个新窗口，并将两个窗口水平并排显示，其中上方窗口显示标题行

D．通过 Excel 的打印标题功能设置标题行重复出现

23．老王正在 Excel 中计算员工本年度的年终奖金，他希望与存放在不同工作簿中的前 3 年奖金发放情况进行比较，最优的操作方法是（　　）。

A．分别打开前 3 年的奖金工作簿，将它们复制到同一个工作表中进行比较

B．通过全部重排功能，将 4 个工作簿平铺在屏幕上进行比较

C．通过并排查看功能，分别将今年与前 3 年的数据两两进行比较

D．打开前 3 年的奖金工作簿，需要比较时在每个工作簿窗口之间进行切换查看

24．钱经理正在审阅借助 Excel 统计的产品销售情况，他希望能够同时查看这个千行千列的超大工作表的不同部分，最优的操作方法（　　）。

A．将该工作簿另存几个副本，然后打开并重排这几个工作簿以分别查看不同的部分

B．在工作表合适的位置冻结拆分窗格，然后分别查看不同的部分

C．在工作表合适的位置拆分窗口，然后分别查看不同的部分

D．在工作表中新建几个窗口，重排窗口后在每个窗口中查看不同的部分

25．小王要将一份通过 Excel 整理的调查问卷统计结果送交经理审阅，这份调查表包含统计结果和中间数据两个工作表。他希望经理无法看到其存放中间数据的工作表，最优的操作方法是（　　）。

A．将存放中间数据的工作表删除

B．将存放中间数据的工作表移动到其他工作簿保存

C．将存放中间数据的工作表隐藏，然后设置保护工作表隐藏

D．将存放中间数据的工作表隐藏，然后设置保护工作簿结构

26．小韩在 Excel 中制作了一份通讯录，并为工作表数据区域设置了合适的边框和底纹，她希望工作表中默认的灰色网格线不再显示，最快捷的操作方法是（　　）。

A．在“页面设置”对话框中设置不显示网格线

B．在“页面布局”选项卡“工作表选项”选项组中设置不显示网格线

C．在后台视图的“高级”选项下，设置工作表不显示网格线

D．在后台视图的“高级”选项下，设置工作表网格线为白色

27．在 Excel 工作表中输入大量数据后，若要在该工作表中选择一个连续且较大范围的特定数据区域，最快捷的方法是（　　）。

A．选中该数据区域的某一个单元格，然后按【Ctrl+A】组合键

B．单击该数据区域的第一个单元格，按住【Shift】键不放，再单击该区域的最后一个单元格

C．单击该数据区域的第一个单元格，按【Ctrl+Shift+End】组合键

D．用鼠标直接在数据区域中拖动完成选择

28．小陈在 Excel 中对产品销售情况进行分析，他需要选择不连续的数据区域作为创建分析图表的数据源，最优的操作方法是（　　）。

A．直接拖动鼠标选择相关的数据区域

B．按住【Ctrl】键不放，拖动鼠标依次选择相关的数据区域

C．按住【Shift】键不放，拖动鼠标依次选择相关的数据区域

D．在名称框中分别输入单元格区域地址，中间用西文半角逗号分隔

29．赵老师在Excel中为400位学生每人制作了一个成绩条，每个成绩条之间有一个空行分隔。他希望同时选中所有成绩条及分隔空行，最快捷的操作方法是（　　）。

A．直接在成绩条区域中拖动鼠标进行选择

B．单击成绩条区域的某一个单元格，然后按【Ctrl+A】组合键两次

C．单击成绩条区域的第一个单元格，然后按【Ctrl+Shift+End】组合键

D．单击成绩条区域的第一个单元格，按住【Shift】键不放，再单击该区域的最后一个单元格

30．小曾希望对Excel工作表的D、E、F 3列设置相同的格式，同时选中这3列的最快捷的操作方法是（　　）。

A．用鼠标直接在D、E、F 3列的列标上拖动完成选择

B．在名称框中输入地址“D:F”，按【Enter】键完成选择

C．在名称框中输入地址“D,E,F”，按【Enter】键完成选择

D．按住【Ctrl】键不放，依次单击D、E、F 3列的列标

第 7 章　PowerPoint 2010

1．如需将 PowerPoint 演示文稿中的 SmartArt 图形列表内容通过动画效果一次性展现出来，最优的操作方法是（　　）。

A．将 SmartArt 动画效果设置为“整批发送”

B．将 SmartArt 动画效果设置为“一次按级别”

C．将 SmartArt 动画效果设置为“逐个”

D．将 SmartArt 动画效果设置为“逐个按级别”

2．在 PowerPoint 演示文稿中通过分节组织幻灯片，如果要选中某一节内的所有幻灯片，最优的操作方法是（　　）。

A．按【Ctrl+A】组合键

B．选中该节的一张幻灯片，然后按住【Ctrl】键，逐个选中该节的其他幻灯片

C．选中该节的第一张幻灯片，然后按住【Shift】键，单击该节的最后一张幻灯片

D．单击节标题

3．小梅需将 PowerPoint 演示文稿内容制作成一份 Word 版本讲义，以便后续可以灵活地编辑及打印，最优的操作方法是（　　）。

A．将演示文稿另存为“大纲/RTF 文件”格式，然后在 Word 中打开

B．在 PowerPoint 中利用“创建讲义”功能，直接创建 Word 讲义

C．将演示文稿中的幻灯片以粘贴对象的方式一张张地复制到 Word 文档中

D．切换到演示文稿的“大纲”视图，将大纲内容直接复制到 Word 文档中

4．小刘正在整理公司各产品线介绍的 PowerPoint 演示文稿，因幻灯片内容较多，不易对各产品线演示内容进行管理。快速分类和管理幻灯片的最优操作方法是（　　）。

A．将演示文稿拆分成多个文档，按每个产品线生成一份独立的演示文稿

B．为不同的产品线幻灯片分别指定不同的设计主题，以便浏览

C．利用自定义幻灯片放映功能，将每个产品线定义为独立的放映单元

D．利用节功能，将不同的产品线幻灯片分别定义为独立节

5．小韩在校园活动中拍摄了很多数码照片，现需将这些照片整理到一个 PowerPoint 演示文稿中，快速制作的最优操作方法是（　　）。

A．创建一个 PowerPoint 相册文件

B．创建一个 PowerPoint 演示文稿，然后批量插入图片

C．创建一个 PowerPoint 演示文稿，然后在每张幻灯片中插入图片

D．在文件夹中选中所有照片，然后执行右键快捷菜单中的命令直接发送到 PowerPoint 演示文稿中

6. 如果需要在一个演示文稿的每张幻灯片左下角相同位置插入学校的校徽图片，最优的操作方法是（　　）。

A. 打开幻灯片母版视图，将校徽图片插入母版中

B. 打开幻灯片普通视图，将校徽图片插入幻灯片中

C. 打开幻灯片放映视图，将校徽图片插入幻灯片中

D. 打开幻灯片浏览视图，将校徽图片插入幻灯片中

7. 小李利用 PowerPoint 制作产品宣传方案，并希望在演示时能够满足不同对象的需要，处理该演示文稿的最优操作方法是（　　）。

A. 制作一份包含适合所有人群的全部内容的演示文稿，每次放映时按需要进行删减

B. 制作一份包含适合所有人群的全部内容的演示文稿，放映前隐藏不需要的幻灯片

C. 制作一份包含适合所有人群的全部内容的演示文稿，然后利用自定义幻灯片放映功能创建不同的演示方案

D. 针对不同的人群，分别制作不同的演示文稿

8. 江老师使用 Word 编写完成了课程教案，需根据该教案创建 PowerPoint 课件，最优的操作方法是（　　）。

A. 参考 Word 教案，直接在 PowerPoint 中输入相关内容

B. 在 Word 中直接将教案大纲发送到 PowerPoint

C. 从 Word 文档中复制相关内容到幻灯片中

D. 通过插入对象方式将 Word 文档内容插入幻灯片中

9. 小姚负责新员工的入职培训，在培训演示文稿中需要制作公司的组织结构图，在 PowerPoint 中最优的操作方法是（　　）。

A. 通过插入 SmartArt 图形制作组织结构图

B. 直接在幻灯片的适当位置通过绘图工具绘制出组织结构图

C. 通过插入图片或对象的方式，插入在其他程序中制作好的组织结构图

D. 先在幻灯片中分级输入组织结构图的文字内容，然后将文字转换为 SmartArt 组织结构图

10. 李老师在用 PowerPoint 制作课件，她希望将学校的徽标图片放在除标题页之外的所有幻灯片右下角，并为其指定一个动画效果，最优的操作方法是（　　）。

A. 先在一张幻灯片上插入徽标图片，并设置动画，然后将该徽标图片复制到其他幻灯片上

B. 分别在每一张幻灯片上插入徽标图片，并分别设置动画

C. 先制作一张幻灯片并插入徽标图片，为其设置动画，然后多次复制该张幻灯片

D. 在幻灯片母版中插入徽标图片，并为其设置动画

11. PowerPoint 演示文稿包含 20 张幻灯片，需要放映奇数页幻灯片，最优的操作方法是（　　）。

A. 将演示文稿的偶数页幻灯片删除后再放映

B．将演示文稿的偶数页幻灯片设置为隐藏后再放映

C．将演示文稿的所有奇数页幻灯片添加到自定义放映方案中，然后放映

D．设置演示文稿的偶数页幻灯片的换片持续时间为 0.01 秒，自动换片时间为 0 秒，然后放映

12．将一个 PowerPoint 演示文稿保存为放映文件，最优的操作方法是（　　）。

A．选择“文件”→“保存并发送”选项，将演示文稿打包成可自动放映的 CD

B．将演示文稿另存为.ppsx 文件格式

C．将演示文稿另存为.potx 文件格式

D．将演示文稿另存为.pptx 文件格式

13．李老师制作完成了一个带有动画效果的 PowerPoint 教案，她希望在课堂上可以按照自己讲课的节奏自动播放，最优的操作方法是（　　）。

A．为每张幻灯片设置特定的切换持续时间，并将演示文稿设置为自动播放

B．在练习过程中，利用“排练计时”功能记录适合的幻灯片切换时间，然后播放即可

C．根据讲课节奏，设置幻灯片中每一个对象的动画时间，以及每张幻灯片的自动换片时间

D．将 PowerPoint 教案另存为视频文件

14．若需在 PowerPoint 演示文稿的每张幻灯片中添加包含单位名称的水印效果，最优的操作方法是（　　）。

A．制作一个带单位名称的水印背景图片，然后将其设置为幻灯片背景

B．添加包含单位名称的文本框，并置于每张幻灯片的底层

C．在幻灯片母版的特定位置放置包含单位名称的文本框

D．利用 PowerPoint 中的“水印”功能实现

15．邱老师在学期总结 PowerPoint 演示文稿中插入了一个 SmartArt 图形，她希望将该 SmartArt 图形的动画效果设置为逐个形状播放，最优的操作方法是（　　）。

A．为该 SmartArt 图形选择一个动画类型，然后进行适当的动画效果设置

B．只能将 SmartArt 图形作为一个整体设置动画效果，不能分开指定

C．先将该 SmartArt 图形取消组合，然后为每个形状依次设置动画

D．先将该 SmartArt 图形转换为形状，然后取消组合，再为每个形状依次设置动画

16．小江在制作公司产品介绍的 PowerPoint 演示文稿时，希望每类产品可以通过不同的演示主题进行展示，最优的操作方法是（　　）。

A．为每类产品分别制作演示文稿，每份演示文稿均应用不同的主题

B．为每类产品分别制作演示文稿，每份演示文稿均应用不同的主题，然后将这些演示文稿合并

C．在演示文稿中选中每类产品所包含的所有幻灯片，分别为其应用不同的主题

D．通过 PowerPoint 中的“主题分布”功能，直接应用不同的主题

17．如需在 PowerPoint 演示文稿的一张幻灯片后增加一张新幻灯片，最优的操作方

法是（ ）。

A．执行“文件”选项卡中的“新建”命令

B．执行“插入”选项卡中的“插入幻灯片”命令

C．执行“视图”选项卡中的“新建窗口”命令

D．在普通视图左侧的幻灯片缩略图中按【Enter】键

18．在 PowerPoint 中关于表格的叙述，错误的是（ ）。

A．在幻灯片浏览视图模式下，不可以向幻灯片中插入表格

B．只要将光标定位到幻灯片中的表格，即可显示出“表格工具”选项卡

C．可以为表格设置图片背景

D．不能在表格单元格中插入斜线

19．设置 PowerPoint 演示文稿中的 SmartArt 图形动画，要求一个分支形状展示完成后再展示下一分支形状内容，最优的操作方法是（ ）。

A．将 SmartArt 动画效果设置为“整批发送”

B．将 SmartArt 动画效果设置为“一次按级别”

C．将 SmartArt 动画效果设置为“逐个”

D．将 SmartArt 动画效果设置为“逐个按级别”

20．在 PowerPoint 演示文稿中通过分节组织幻灯片，如果要求一节内的所有幻灯片切换方式一致，最优的操作方法是（ ）。

A．分别选中该节的每一张幻灯片，逐个设置其切换方式

B．选中该节的一张幻灯片，然后按住【Ctrl】键，逐个选中该节的其他幻灯片，再设置切换方式

C．选中该节的第一张幻灯片，然后按住【Shift】键，单击该节的最后一张幻灯片，再设置切换方式

D．单击节标题，再设置切换方式

21．针对 PowerPoint 幻灯片中图片对象的操作，描述错误的是（ ）。

A．可以在 PowerPoint 中直接删除图片对象的背景

B．可以在 PowerPoint 中直接将彩色图片转换为黑白图片

C．可以在 PowerPoint 中直接将图片转换为铅笔素描效果

D．可以在 PowerPoint 中将图片另存为.psd 文件格式

22．在 PowerPoint 中可以通过分节来组织演示文稿中的幻灯片，在幻灯片浏览视图中选中一节中所有幻灯片的最优方法是（ ）。

A．单击节名称即可

B．按住【Ctrl】键不放，依次单击节中的幻灯片

C．选择节中的第 1 张幻灯片，按住【Shift】键不放，再单击节中的最后一张幻灯片

D．直接拖动鼠标选择节中的所有幻灯片

23．在 PowerPoint 中可以通过多种方法创建一张新幻灯片，下列操作方法错误的是（ ）。

A．在普通视图的幻灯片缩略图窗格中，定位光标后按【Enter】键

B．在普通视图的幻灯片缩略图窗格中右击，在弹出的快捷菜单中选择“新建幻灯片”选项

C．在普通视图的幻灯片缩略图窗格中定位光标，单击“开始”选择卡中的“新建幻灯片”按钮

D．在普通视图的幻灯片缩略图窗格中定位光标，单击“插入”选择卡中的“幻灯片”按钮

24．如果希望每次打开 PowerPoint 演示文稿时，窗口都处于幻灯片浏览视图，最优的操作方法是（　　）。

A．通过“视图”选项卡中的“自定义视图”按钮进行指定

B．每次打开演示文稿后，通过“视图”选项卡切换到幻灯片浏览视图

C．每次保存并关闭演示文稿前，通过“视图”选项卡切换到幻灯片浏览视图

D．在后台视图中，通过高级选项设置用幻灯片浏览视图打开全部文档

25．小马正在制作有关员工培训的新演示文稿，他想借鉴自己以前制作的某个培训文稿中的部分幻灯片，最优的操作方法是（　　）。

A．将原演示文稿中有用的幻灯片一一复制到新文稿

B．放弃正在编辑的新文稿，直接在原演示文稿中进行增删修改，并另行保存

C．通过“重用幻灯片”功能将原文稿中有用的幻灯片引用到新文稿中

D．单击“插入”选项卡中的“对象”按钮，插入原文稿中的幻灯片

26．在 PowerPoint 演示文稿中利用“大纲”窗格组织、排列幻灯片中的文字时，输入幻灯片标题后进入下一级文本输入状态的最快捷方法是（　　）。

A．按【Ctrl+Enter】组合键

B．按【Shift+Enter】组合键

C．按【Enter】键后，从右键快捷菜单中选择“降级”选项

D．按【Enter】键后，再按【Tab】键

27．在 PowerPoint 普通视图中编辑幻灯片时，需将文本框中的文本级别由第二级调整为第三级，最优的操作方法是（　　）。

A．在文本最右边添加空格形成缩进效果

B．当光标位于文本最右边时按【Tab】键

C．在段落格式中设置文本之前的缩进距离

D．当光标位于文本中时，单击“开始”选项卡中的“提高列表级别”按钮

28．在 PowerPoint 中制作演示文稿时，希望将所有幻灯片中标题的中文字体和英文字体分别统一为微软雅黑和 Arial，正文的中文字体和英文字体分别统一为仿宋和 Arial，最优的操作方法是（　　）。

A．在幻灯片母版中通过“字体”对话框分别设置占位符中的标题和正文字体

B．在一张幻灯片中设置标题、正文字体，然后通过格式刷应用到其他幻灯片的相应部分

C．通过“替换字体”功能快速设置字体

D．通过自定义主题字体进行设置

29．小李利用PowerPoint制作一份学校简介的演示文稿，他希望将学校外景图片铺满每张幻灯片，最优的操作方法是（　　）。

A．在幻灯片母版中插入该图片，并调整大小及排列方式

B．将该图片文件作为对象插入全部幻灯片中

C．将该图片作为背景插入并应用到全部幻灯片中

D．在一张幻灯片中插入该图片，调整大小及排列方式，然后复制到其他幻灯片

30．小明利用PowerPoint制作一份考试培训的演示文稿，他希望在每张幻灯片中添加包含“样例”文字的水印效果，最优的操作方法是（　　）。

A．通过“插入”选项卡中的“插入水印”功能输入文字并设置版式

B．在幻灯片母版中插入包含“样例”两个字的文本框，并调整其格式及排列方式

C．将“样例”两个字制作成图片，再将该图片作为背景插入并应用到全部幻灯片中

D．在一张幻灯片中插入包含“样例”两个字的文本框，然后复制到其他幻灯片

第 2 部分　实 验 指 导

本部分的内容为学生上机实验指导，与主教材第 2 部分 MS Office 高级应用的内容相对应，根据教学目标设计，帮助学生熟悉和掌握各章主要知识点和具体的实践操作方法。每个实验都给出了详细的操作步骤及实验结果。设计实验指导部分的目的是提高学生对 MS Office 的实际操作能力，更好地开展计算机在各个学科领域的高级应用，使学生熟练掌握全国计算机等级考试二级 MS Office 高级应用上机部分的内容。

实验 1　Word 长文档的编辑

本实验要求对一篇论文进行排版，以便正文、各级标题和各章都能以统一的格式有序排列，并增加封面、页眉、页脚等元素，以使文章版式更加专业和美观。

实验目的

1）掌握页面设置和布局的方法：插入封面和编辑封面。

2）掌握样式的新建、修改，以及应用样式的方法。

3）理解分节的含义，根据实际情况对文档采用不同的分节方式。

4）掌握为文章不同节设置不同的页眉、页码的方法。

5）掌握插入和修改目录的方法。

6）掌握为各级标题添加自动编号的方法。

7）掌握插入尾注，并将尾注转换为参考文献的方法。

8）掌握为长文档插入题注，并在文档中交叉引用的方法。

9）掌握为长文档插入脚注和尾注的方法。

10）掌握为文档添加水印的方法。

实验任务要求

1）为论文设置封面、中英文摘要页：要求首页封面形式如图 2.1.1 所示。插入校标和艺术字。按照论文封面格式要求，设置封面各部分字体、字号和段落格式。

2）根据需要为长文档设置分节：将论文文档的每章设置为独立的一节，每一章另起一页开始。

3）按照指定要求为论文文档中包含的各级标题和正文应用样式。

4）修改各级标题和正文的样式。

5）为各级标题添加自动编号。

6）为论文添加页眉和页脚、页码。

7）为论文添加目录。

8）为论文中图表、表格、公式或其他对象插入题注，并在文中交叉引用。

9）为文档插入脚注和尾注。

10）为论文文档添加水印。

按照上述要求完成全部操作后的效果如图 2.1.2 所示。

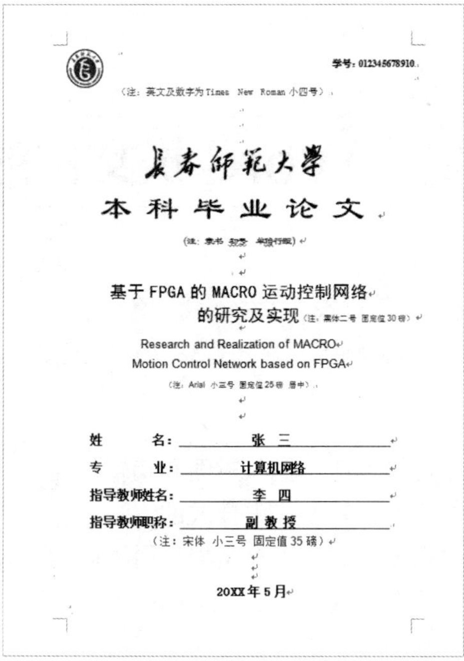

图 2.1.1　论文首页格式要求

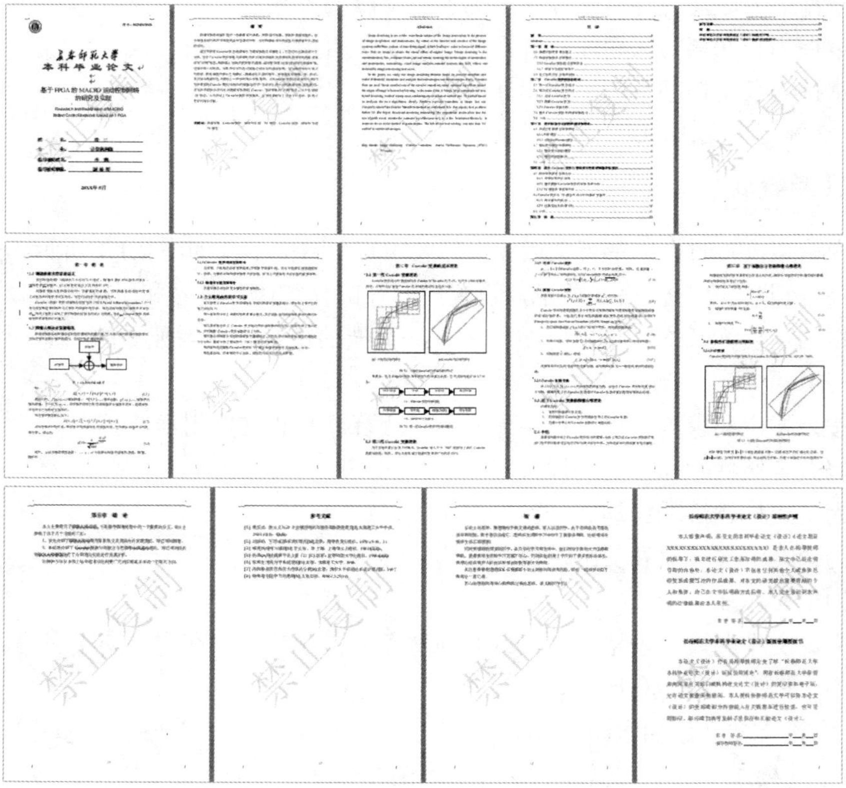

图 2.1.2　Word 2010 长文档的编辑完成效果

实验操作步骤

启动 Word 2010，打开如图 2.1.3 所示的论文原始文档，并在此基础上进行如下操作。

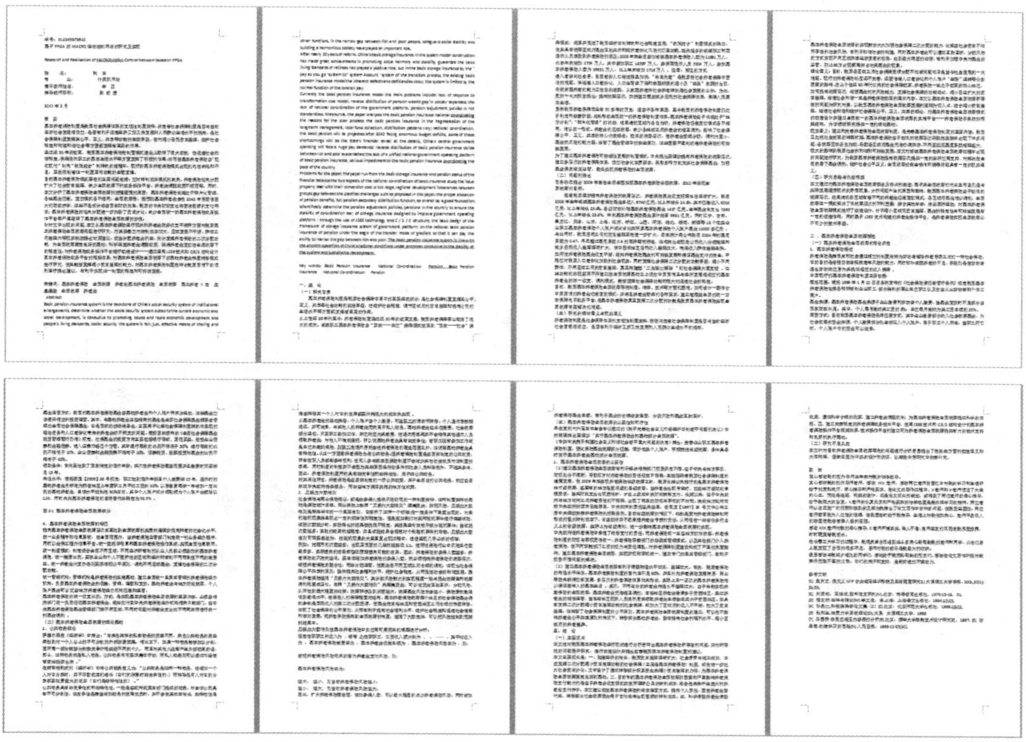

图 2.1.3 论文原始文档

（1）插入首页、中文摘要和英文摘要页

1）将光标定位在原始文档开始处，单击“插入”选项卡“页”选项组中的“空白页”按钮，为首页内容插入新的一页，如图 2.1.4 所示。将原始文档中的相应内容剪切到新增的“空白页”中，形成论文首页，并按照图 2.1.1 所示论文首页格式进行相应的字体、字号和段落格式设置。

2）插入校标和艺术字：单击“插入”选项卡“插图”选项组中的“图片”按钮，在打开的“插入图片”对话框中选择“校标”图片并插入。插入校名艺术字。“校标”图片位置为“顶端居左，四周型文字环绕”，校名“长春师范大学”居中显示，如图 2.1.5 所示。

3）设置论文首页下半部分信息格式：将“指导教师姓名”“指导教师职称”与“姓名”“专业”对齐显示。图 2.1.6 为 4 项未对齐的示例。

选中“指导教师姓名”和“指导教师职称”，单击“开始”选项卡“字体”选项组右下角的对话框启动器，打开“字体”对话框，选择“高级”选项卡“字符间距”选项组“间距”下拉列表中的“标准”选项，如图 2.1.7 所示。单击“确定”按钮，即可将“指导教师姓名”和“指导教师职称”与前两项“姓名”和“专业”对齐。

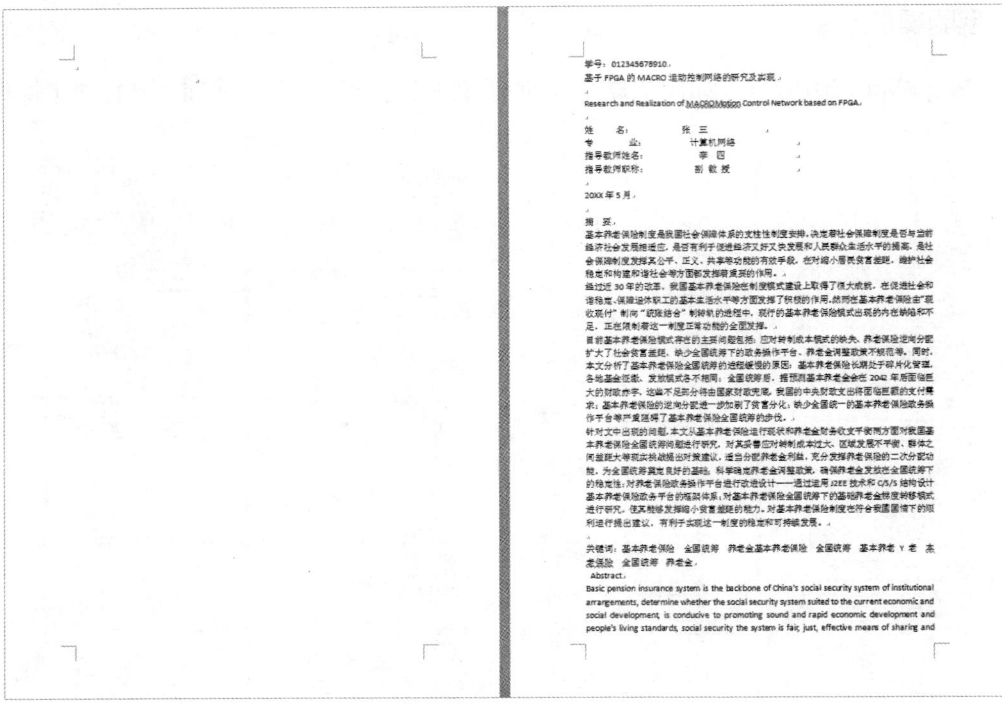

图 2.1.4 在原始文档前插入“空白页”

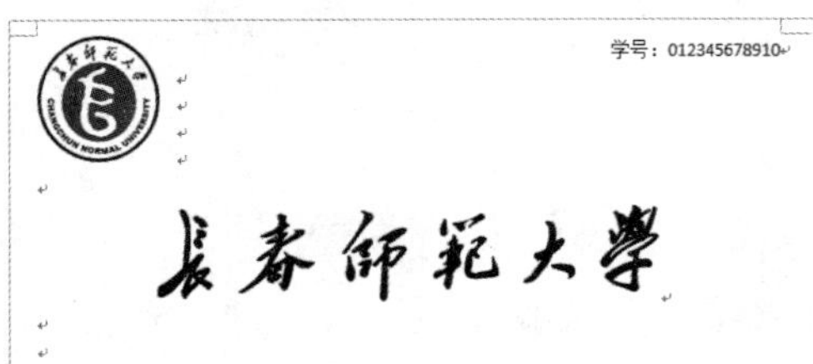

图 2.1.5 插入的“校标”和“校名”

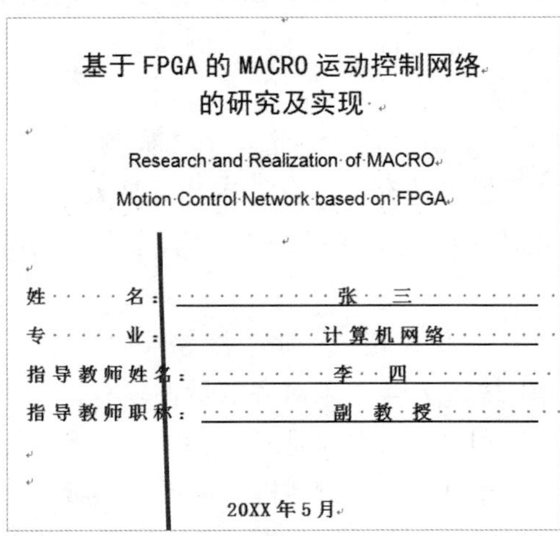

图 2.1.6 “指导教师姓名”“指导教师职称”与“姓名”“专业”未对齐示例

4）按照步骤1）所示的方法，单击“插入”选项卡“页”选项组中的“空白页”按钮，完成“中文摘要”页和“英文摘要”页的插入。

（2）为首页、中英文摘要和各章内容设置分节，要求每一章起始页为新的一页

1）删除首页中现有“分页符”，然后在“页面布局”选项卡“页面设置”选项组中选择“分隔符”下拉列表中的“下一页”选项，如图2.1.8所示，插入分节符后的效果如图2.1.9所示。

2）按照步骤1）所示的方法，在“中文摘要”和“英文摘要”及各章结尾处，插入分节符。

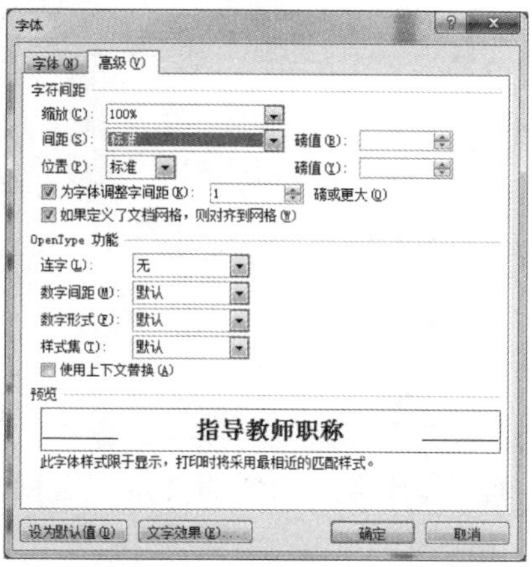

图2.1.7 字符间距设置

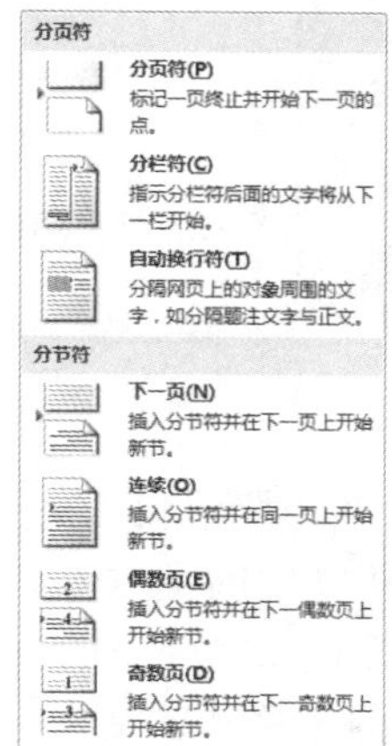

图2.1.8 选择“下一页”选项

（3）应用快速样式库为论文文档各级标题添加样式

1）将光标定位在论文文档一级标题的开始位置，在“开始”选项卡“样式”选项组中，单击“其他”下拉按钮，打开如图2.1.10所示的快速样式库。

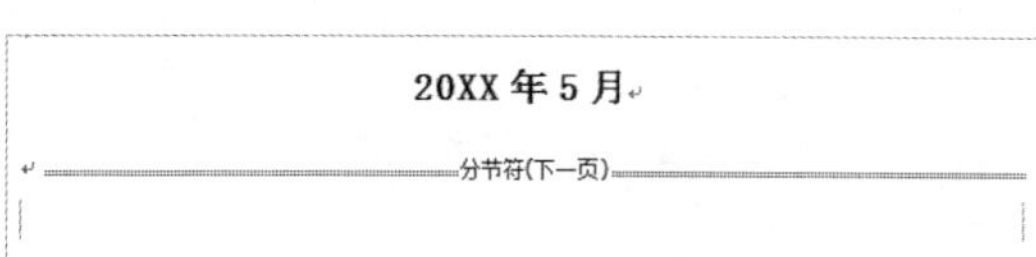

图2.1.9 插入分节符后的效果

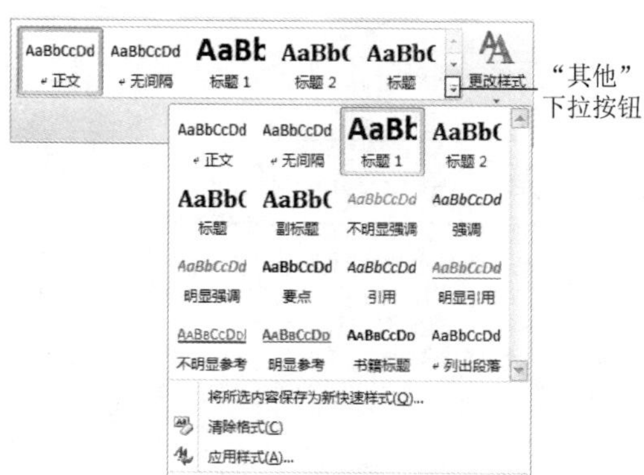

图2.1.10 快速样式库

2）在快速样式库中的各种样式之间移动鼠标指针，所选文本就会自动呈现出当前样式的视觉效果。单击某一样式，该样式就会应用到当前所选文本中。应用一级标题后的效果如图2.1.11所示。

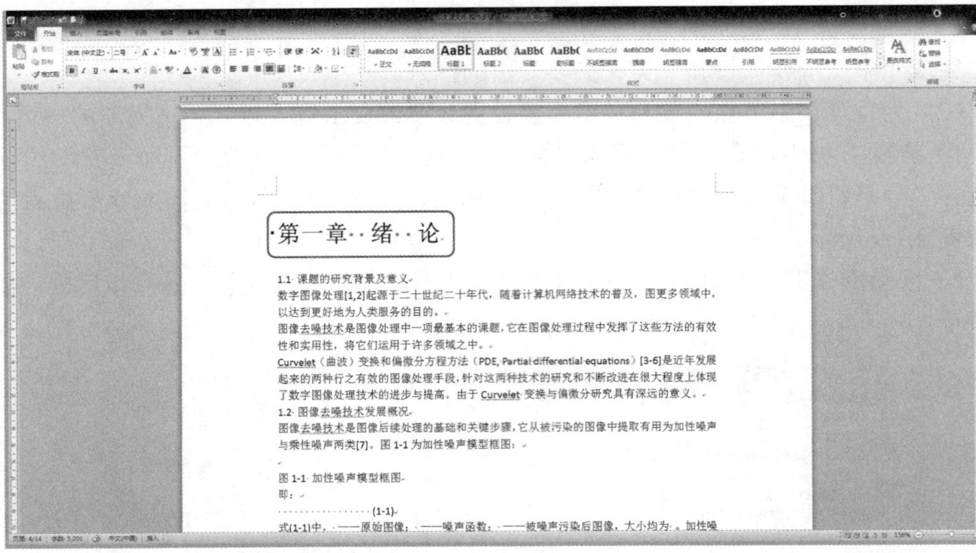

图 2.1.11 应用一级标题后的效果

（4）修改各级标题和正文的样式

1）选中正文中的文本“第一章 绪论”，单击“开始”选项卡“编辑”选项组中的“选择”下拉按钮，在弹出的下拉列表中选择“选择格式相似的文本”选项，选中所有设置为“标题 1”样式的文本，如图 2.1.12 所示。

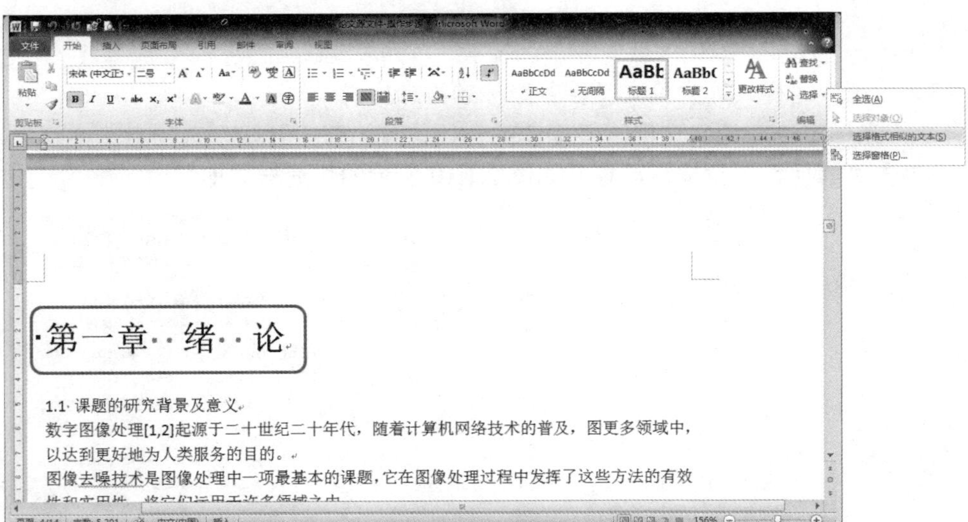

图 2.1.12 选中文档中所有的一级标题

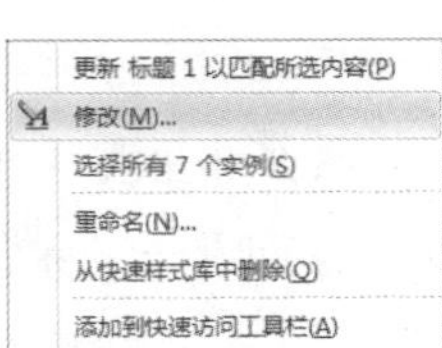

图 2.1.13 选择“修改”选项

2）选择“开始”选项卡“样式”选项组中的“标题 1”样式并右击，在弹出的快捷菜单中选择“修改”选项，如图 2.1.13 所示。

3）在打开的“修改样式”对话框中，将字体设置为小三、宋体（中文标题），一级标题“第×章”后加两个空格并居中。单击“格式”下拉按钮，在弹出的下拉列表中选择“段落”选项，在打开的“段落”对话框中将段落间距设为段前、段后各 1 行，行距均为固定值 20 磅，如图 2.1.14 所示，单击“确定”按钮。

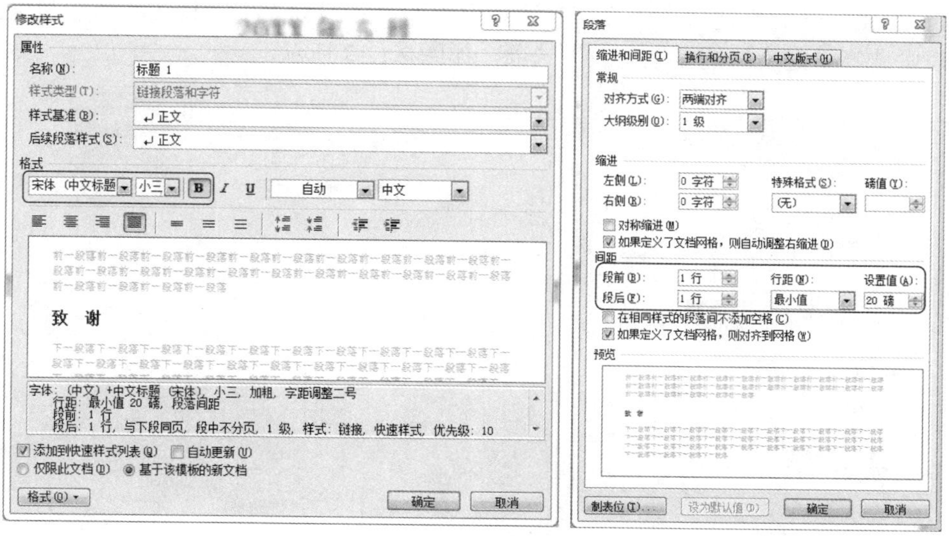

图 2.1.14　修改标题 1 样式的字体和段落格式

4）使用与步骤 2）和步骤 3）相同的方法，将文档中的二级标题设置为快速样式库中的“标题 2”样式，中文用宋体（中文标题）、四号字，二级标题×.×数字与后面的文字空一个字空，数字用 Times New Roman 字体。在“格式”下拉列表中选择“段落”选项，在打开的“段落”对话框中将段落间距设为段前 1 行、段后 0 行，行距均为固定值 20 磅。

5）使用与步骤 2）与步骤 3）相同的方法，将文档中的三级标题设置为快速样式库中的“标题 3”样式，中文用宋体（中文标题）、小四号字，三级标题×.×与后面的文字空一个字空，数字用 Times New Roman 字体，段落设为段前 1 行、段后 0 行，行距均为固定值 20 磅。

6）选中任意一段正文文本，如“绪论”下方的首段，单击“开始”选项卡“样式”选项组中的“其他”下拉按钮，在弹出的下拉列表中选择“将所选内容保存为新快速样式”选项。

7）在打开的“根据格式设置创建新样式”对话框中，将样式名称设置为“论文正文”，如图 2.1.15 所示，单击“修改”按钮。

8）在展开的“根据格式设置创建新样式”对话框中，将新创建的“论文正文”样式类型设置为“段落”，样式基准设置为“正文”，格式设置为宋体、小四号字，然后单击“格式”下拉按钮，在弹出的下拉列表中选择“段落”选项，在打开的“段落”对话框中将“特殊格式”设置为“首行缩进”，缩进量为 2 字符，并将“段前”和

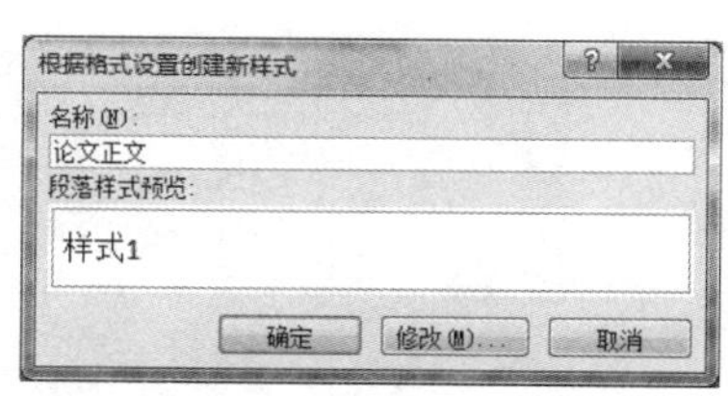

图 2.1.15　设置新样式名称为“论文正文”

“段后”间距调整为 0 行，“行距”设置为固定值 20 磅，如图 2.1.16 所示，然后单击“确定”按钮即可。

（5）为各级标题添加自动编号

1）单击“开始”选项卡“段落”选项组中的“多级列表”下拉按钮，在弹出的下拉列表中选择“定义新的多级列表”选项，如图 2.1.17 所示。

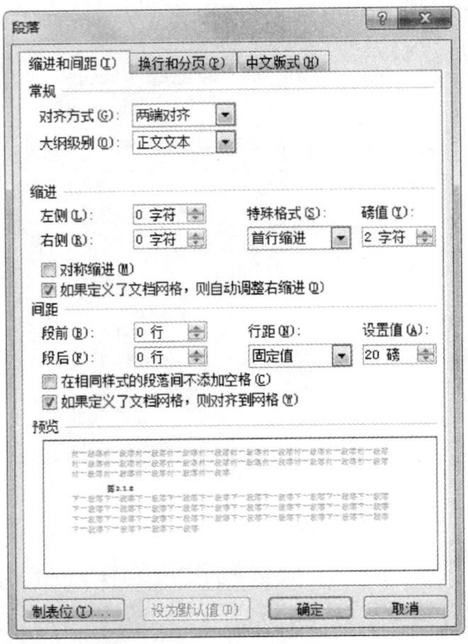

图 2.1.16 修改“论文正文”样式字体和段落

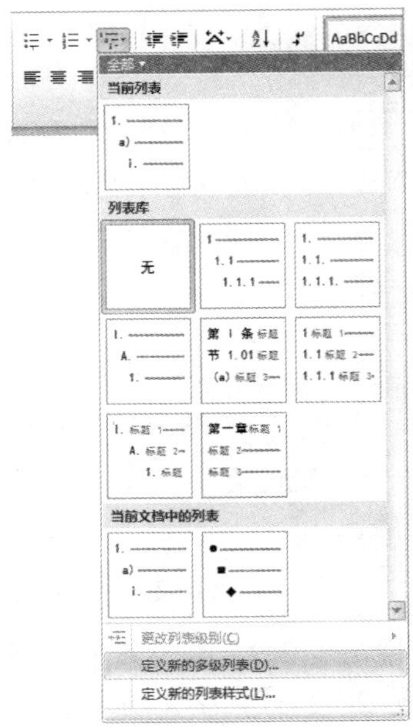

图 2.1.17 定义新的多级列表

2）在打开的“定义新多级列表”对话框中，单击左下角的“更多”按钮，以显示扩展功能，首先选中级别 1，此时可以看到“输入编号的格式”文本框中默认显示的数值为 1（此数值带有底纹，为自动编号，不可以手动输入），在该数值的前后分别输入指定的文本“第”和“章”。然后在“编号之后”下拉列表中将编号之后的分隔字符设置为空格，在“将级别链接到样式”下拉列表中选择“标题 1”选项，如图 2.1.18 所示。

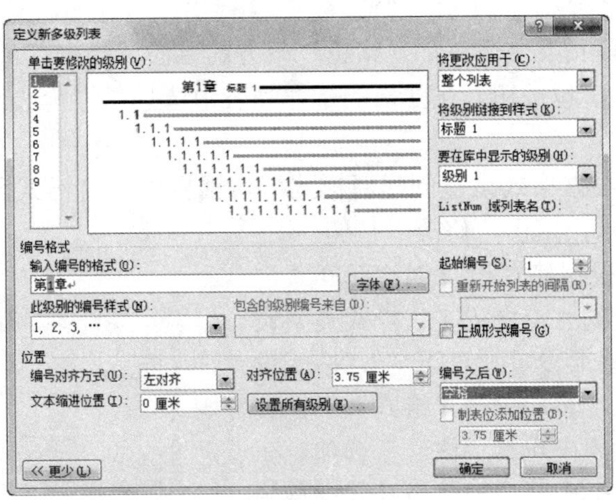

图 2.1.18 设置多级列表级别

3）选中级别 2，可以看到此时编号格式变成“1.1”，保持此默认的编号格式不变，在“对齐位置”数值框中将值调整为 0 厘米，将“编号之后”的分隔字符设置为空格，在“将级别链接到样式”下拉列表中选择“标题 2”选项，如图 2.1.19 所示。

4）选中级别 3，可以看到此时编号格式变成“1.1.1”，保持此默认的编号格式不变，在“对齐位置”数值框中将值调整为 0 厘米，将“编号之后”的分隔字符设置为空格，然后在“将级别链接到样式”下拉列表中选择“标题 3”选项，如图 2.1.20 所示，单击“确定”按钮即可。

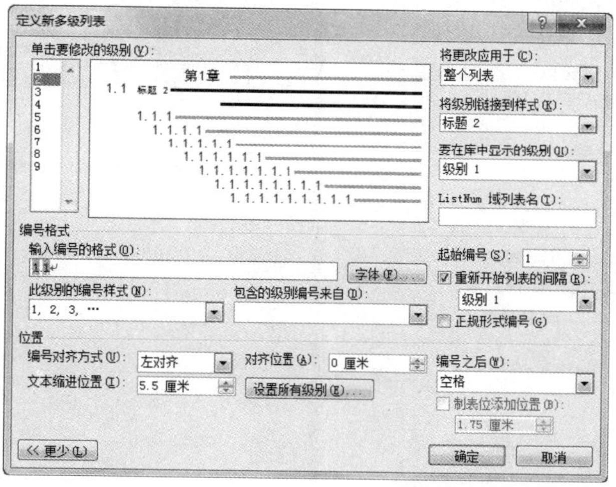

图 2.1.19　设置多级列表 2 级格式

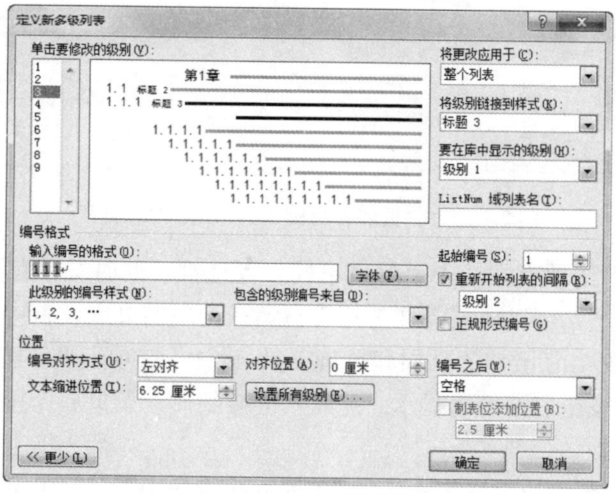

图 2.1.20　设置多级列表 3 级格式

（6）为论文添加页眉和页脚、页码

在论文模板的要求中，我们观察到论文首页的页眉和页脚的设置与后续页不同，如图 2.1.21 所示。

要设计出首页不同的页眉和页脚可以按照如下方法操作。

1）双击文档中的页眉或页脚区域，功能区自动显示“页眉和页脚工具-设计”选项卡，如图 2.1.22 所示。

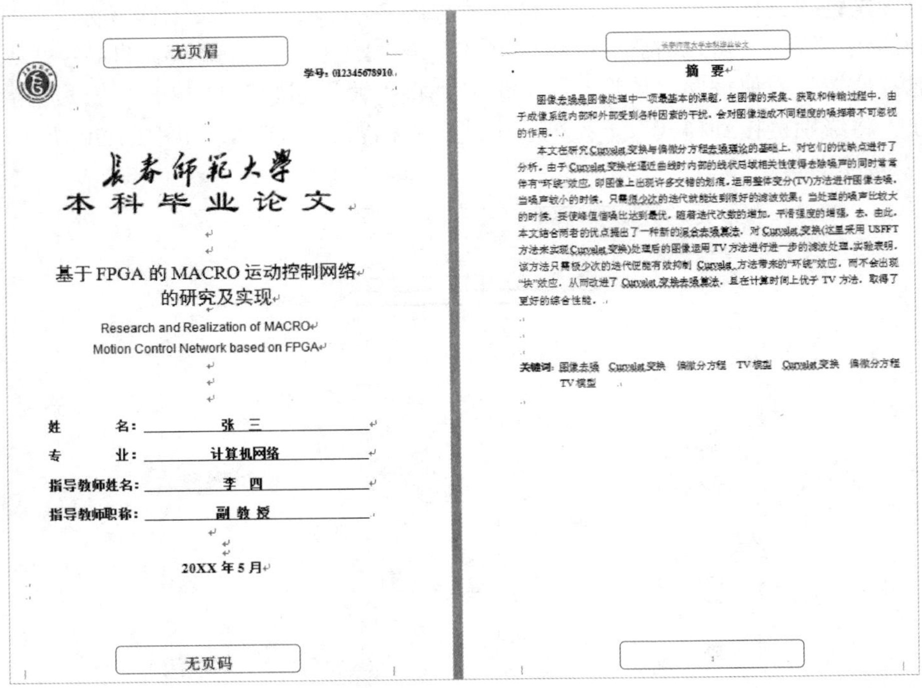

图 2.1.21 论文首页与后续页在页眉和页脚的区别

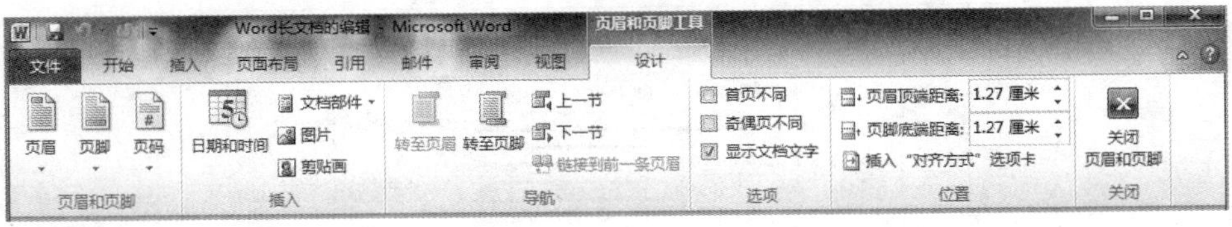

图 2.1.22 “页眉和页脚工具-设计”选项卡

2）在“选项”选项组中选中“首页不同”复选框，此时文档首页中原先定义的页眉和页脚就被删除了，可以根据需要另行设置。在论文的页眉设置中，除了要选中“首页不同”复选框之外，还要将“页眉和页脚工具-设计”选项卡“导航”选项组中的“链接到前一条页眉”按钮取消突出显示。此时“链接到前一条页眉”按钮呈灰色显示，如图 2.1.23 所示。

3）论文后续章节中的页眉按照步骤 2）的方法操作即可，其中第二页的页眉需要特别注意，需要取消选中“首页不同”复选框，对“链接到前一页的页眉”不做改动，如图 2.1.24 所示。第三页开始的页眉设置中，需要单击“链接到前一条页眉”按钮，如图 2.1.25 所示。

4）在“页眉和页脚工具-设计”选项卡的“导航”选项组中，单击“转至页脚”按钮，进入页脚的设置。

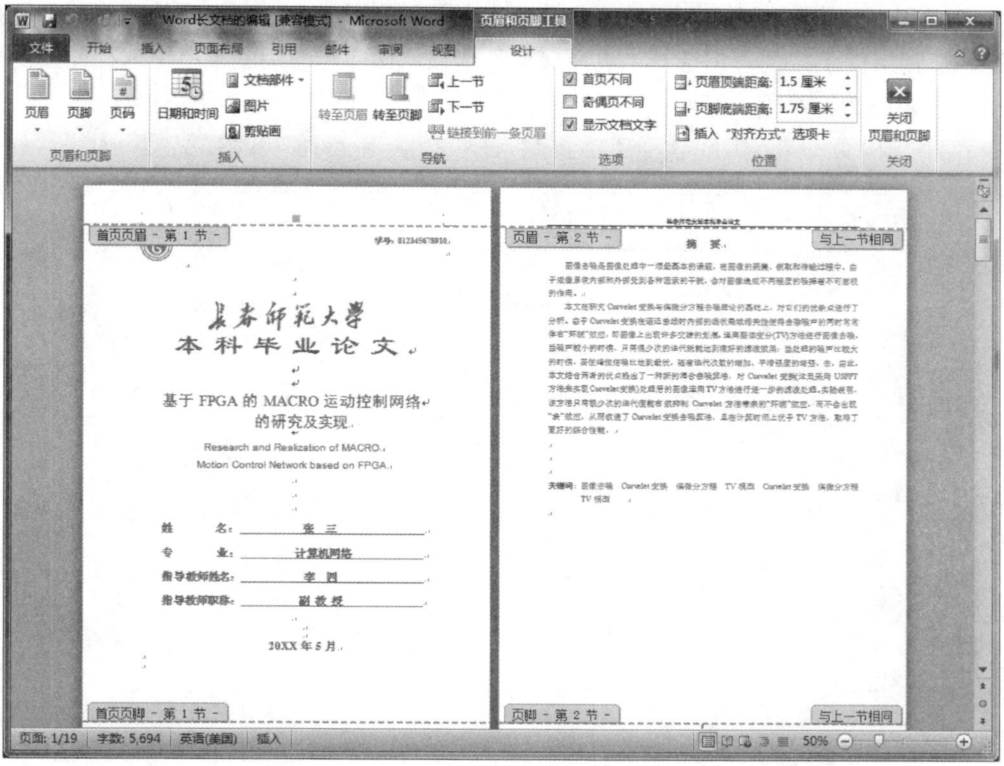

图 2.1.23 选中“首页不同”复选框和取消“链接到前一条页眉”设置

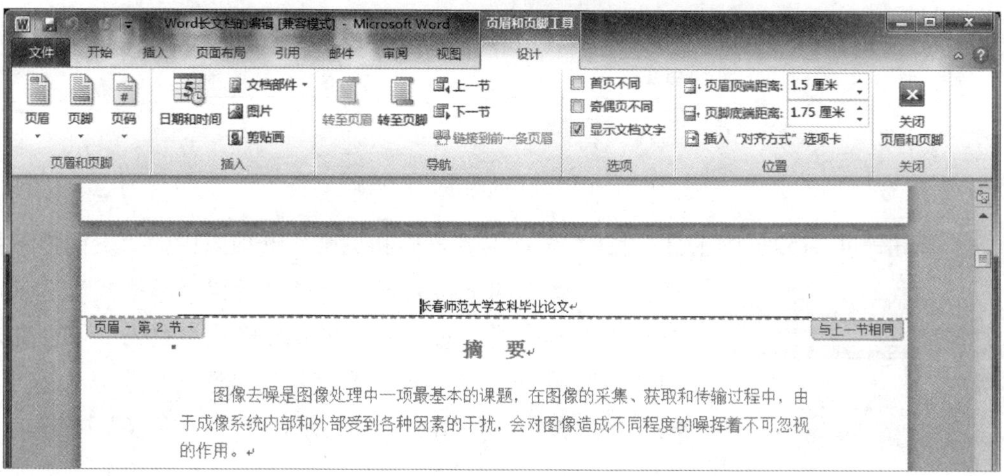

图 2.1.24 取消选中“首页不同”复选框

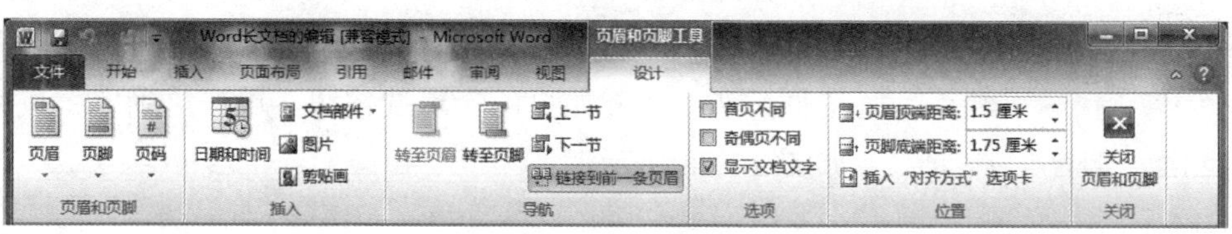

图 2.1.25 单击“链接到前一条页眉”按钮

5）单击“页眉和页脚工具-设计”选项卡“页眉和页脚”选项组中的“页码”下拉按钮，在弹出的下拉列表中选择“页面底端”选项，在弹出的级联菜单中选择需要的页码形式，如图 2.1.26 所示。

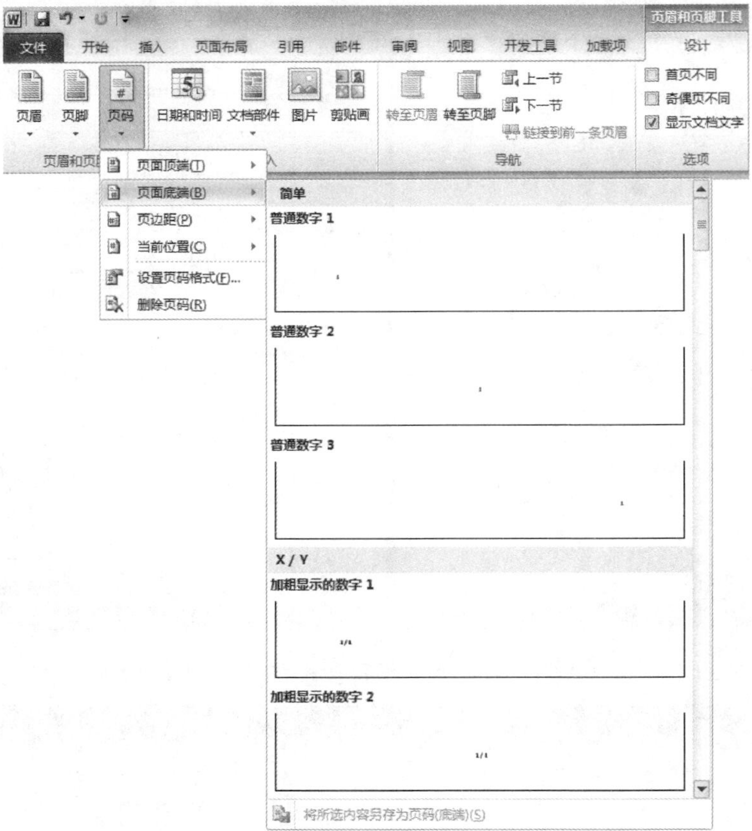

图 2.1.26　在页面底端添加页码

6）单击“页眉和页脚工具-设计”选项卡“页眉和页脚”选项组中的“页码”下拉按钮，在弹出的下拉列表中选择“设置页码格式”选项，打开“页码格式”对话框，将编号格式设置为“Ⅰ，Ⅱ，Ⅲ，…”，取消选中“包含章节号”复选框，选中“起码页码”单选按钮，如图 2.1.27 所示，单击“确定”按钮。

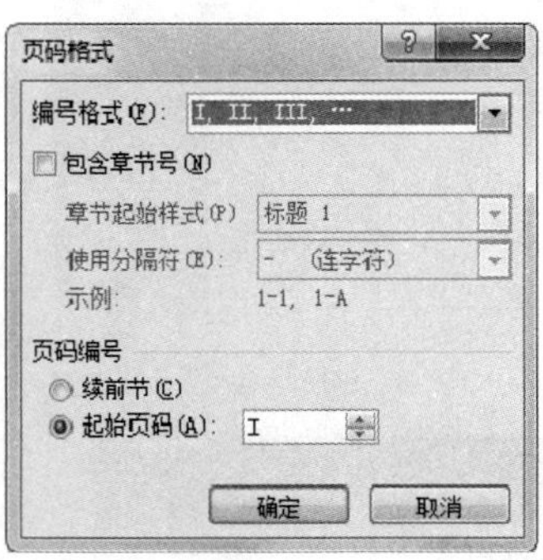

图 2.1.27　设置页码格式

7）将光标定位到论文正文（第一章 绪论）首页的页脚，按照步骤 6)，在打开的“页码格式”对话框中将页码格式设置为“1，2，3，…”，取消选中“包含章节号”复选框，选中“起始页码”单选按钮，单击“确定”按钮，如图 2.1.28 所示。

8）将光标定位到下一节首页的页脚，按照步骤 6），在打开的“页码格式”对话框中将其页码格式设置为“1，2，3，…”，取消选中“包含章节号”复选框，选中“续前节”单选按钮，如图 2.1.29 所示，单击“确定”按钮。依此方法，对后面的各节进行相同的设置。如果哪一节页码出现错误，修改设置“页码格式”为正确页码。最后双击论文文档的正文区域，退出页眉/页脚编辑状态。

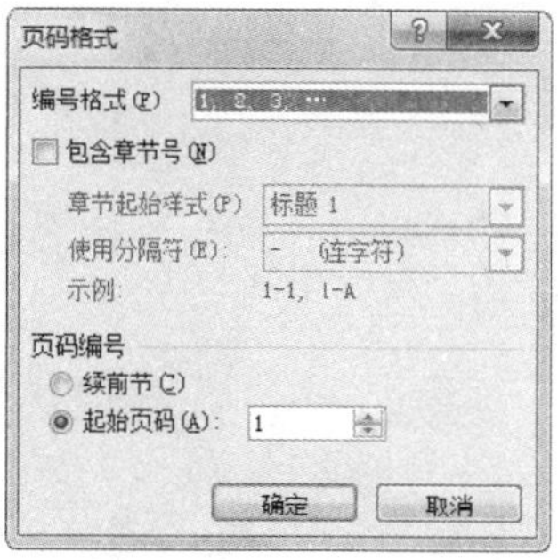

图 2.1.28 设置正文首节页页码格式和起始页码格式

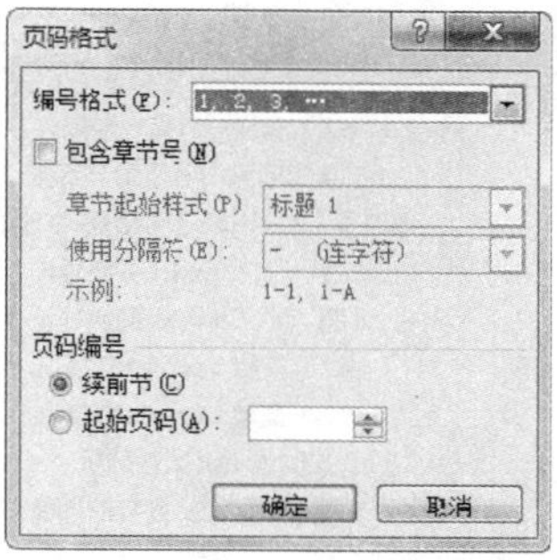

图 2.1.29 设置正文其他节页码格式和起始页码格式

（7）为论文添加目录，更新目录

Word 2010 提供的内置目录库中包含多种目录样式可供选择，在文档中使用目录库创建目录的步骤如下：

1）首先将光标定位于需要建立目录的位置。

2）在“引用”选项卡的“目录”选项组中，单击“目录”下拉按钮，弹出目录库下拉列表，系统内置目录库以可视化的方式展示了许多目录的编排方式和显示效果。

3）可从下拉列表中选择某一种“自动目录”样式，Word 2010 就会自动根据所标记的标题在指定位置创建目录。如果未使用标题样式，则可通过选择“手动目录”样式，自行填写目录内容。

除了直接调用目录库中的现成目录样式外，还可以自定义目录格式，特别是在文档标题应用了自定义后，自定义目录更加重要。自定义目录格式时，在“目录”下拉列表中选择“插入目录”选项，在打开的“目录”对话框中即可自定义目录格式，在文档中插入目录后的效果如图 2.1.30 所示。

为论文添加及更新目录的步骤如下：

1）将光标定位于需要建立目录的位置，即“第一章 绪论”前。

2）在“引用”选项卡的“目录”选项组中，单击“目录”下拉按钮。

3）在弹出的下拉列表中选择“插入目录”选项，打开如图 2.1.31（a）所示的“目录”对话框。在该对话框中可以设置页码格式、目录格式及目录中的标题显示级别，默认显示 3 级标题。

4）在“目录”选项卡中单击“选项”按钮，打开如图 2.1.31（b）所示的“目录选项”对话框，在“有效样式”列表框中列出了文档中使用的样式，包括内置样式和自定义样式。

可以在“打印预览”和“Web 预览”列表框中看到创建目录时设置的新样式。

目　录

摘　要……I
Abstract……II
第一章　绪　论……1
1.1 课题的研究背景及意义……1
1.2 图像去噪技术发展概况……1
1.2.1 Curvelet 变换理论发展简介……2
1.2.2 偏微分方程发展简介……2
1.3 全文研究内容及章节安排……2
第二章　Curvelet 变换的基本理论……3
2.1 第一代 Curvelet 变换理论……3
2.2 第二代 Curvelet 变换理论……3
2.2.1 连续 Curvelet 变换……4
2.2.2 离散 Curvelet 变换……4
2.2.3 Curvelet 系数分析……4
2.3 基于 Curvelet 变换的图像去噪理论……4
2.4 小结……4
第三章　基于偏微分方程的图像去噪理论……5
3.1 非线性扩散模型去噪原理……5
3.1.1 P-M 模型……5
3.1.2 自蛇(self-snake)模型……6
3.2 整体变分模型去噪原理……6
3.2.1 整体变分(TV)模型……6
3.2.2 模型的数值解法……7
3.3 小结……7
第四章　基于 Curvelet 变换与整体变分模型的图像去噪算法……8
4.1 两种去噪算法效果分析……8
4.1.1 去噪效果评价标准……8
4.1.2 基于离散 Curvelet 变换的去噪效果分析……8
4.1.3 TV 模型去噪效果分析……8
4.2 Curvelet 变换与 TV 模型相结合的图像去噪算法……9

图 2.1.30　在文档中插入目录后的效果

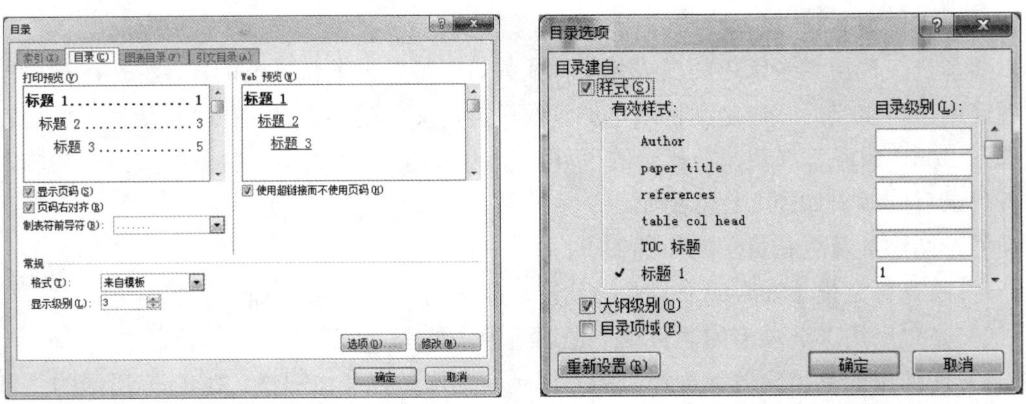

(a)“目录”对话框　　(b)“目录选项”对话框

图 2.1.31　自定义目录

5）在“引用”选项卡的“目录”选项组中，单击“更新目录”按钮；或者在目录区域中右击，在弹出的快捷菜单中选择“更新域”选项，打开如图 2.1.32 所示的“更新目录”对话框。

6）选中“只更新页码”单选按钮或“更新整个目录”单选按钮，更新全部目录内容。

7）单击“确定”按钮完成目录的更新。

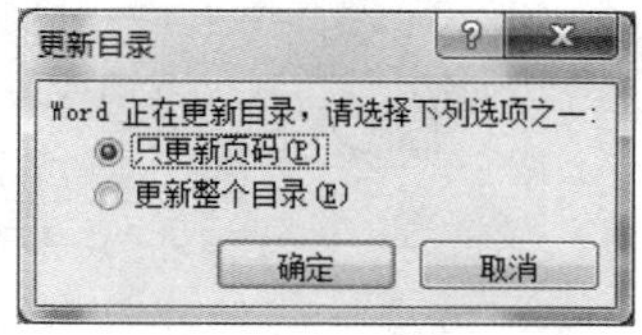

图 2.1.32　“更新目录”对话框

（8）为论文中图表、表格、公式或其他对象插入题注，并交叉引用

1）将正文中图下方（注：论文中图的题注在图的下方）原来手动输入的题注“图 1-1”删除，将光标定位在说明文字之前，单击“引用”选项卡“题注”选项组中的“插入题注”按钮，如图 2.1.33 所示，打开“题注”对话框。

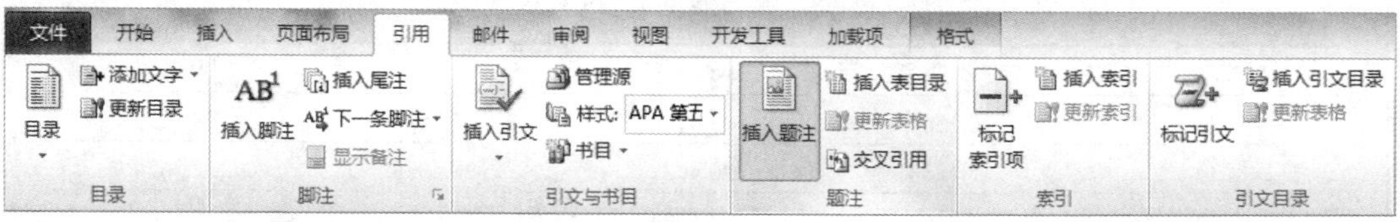

图 2.1.33　单击“插入题注”按钮

2）将“标签”设置为“图”（如果标签中没有该项，可单击“新建标签”按钮，在打开的“新建标签”对话框中根据添加题注对象的不同添加不同的标签，如图 2.1.34 所示），单击“编号”按钮，在打开的“题注编号”对话框中，选中“包含章节号”复选框，单击“确定”按钮，如图 2.1.35 所示。如果选中“包含章节号”复选框，则可以在题注前自动增加标题序号（该标题应已经应用了 Word 内置的标题样式，若标题未应用内置的标题样式，则会出现提示框，如图 2.1.36 所示）。

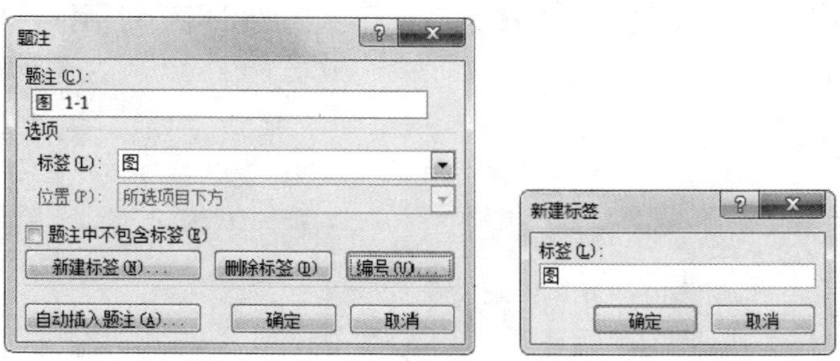

图 2.1.34　设置“题注”中的“新建标签”

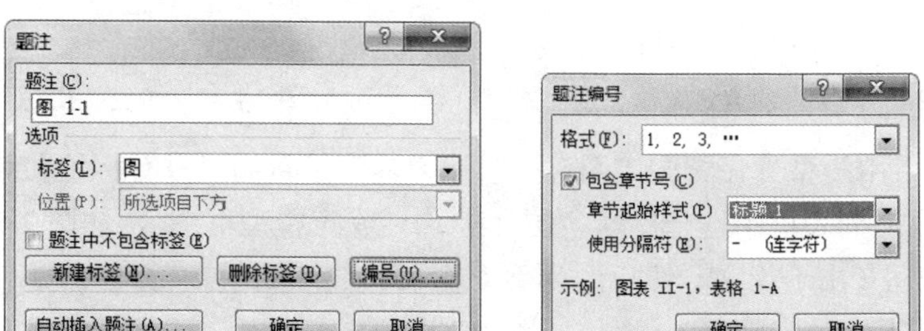

图 2.1.35　设置“题注”中的编号

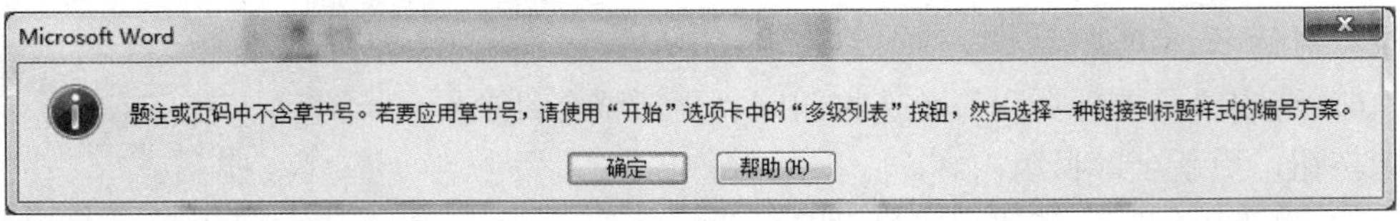

图 2.1.36 标题未应用标题样式编号的提示

3）与上述插入图的题注方法类似，将文档中表格上方（注：论文表格的题注在表的上方）的标签修改为自动插入的题注标签“表 1-1”“表 1-2”“表 1-3”等，如图 2.1.37 所示。

表 4-1 各种去噪方法的 PSNR（dB）比较

方差	含噪图像	Curvelet 方法	本文算法	TV 方法
25	20.1564	27.4194	27.7638	28.4537
30	15.1234	20.4021	20.5678	22.3654
50	14.1863	24.4693	24.9430	25.1893
25	20.1564	27.4194	27.7638	28.4537
30	15.1234	20.4021	20.5678	22.3654
50	14.1863	24.4693	24.9430	25.1893
25	20.1564	27.4194	27.7638	28.4537
30	15.1234	20.4021	20.5678	22.3654

图 2.1.37 论文中表的题注样例

4）删除论文中诸如用黄色突出显示的文本“图 1-1”（图 2.1.38），单击“引用”选项卡“题注”选项组中的“交叉引用”按钮，打开“交叉引用”对话框，如图 2.1.39 所示。

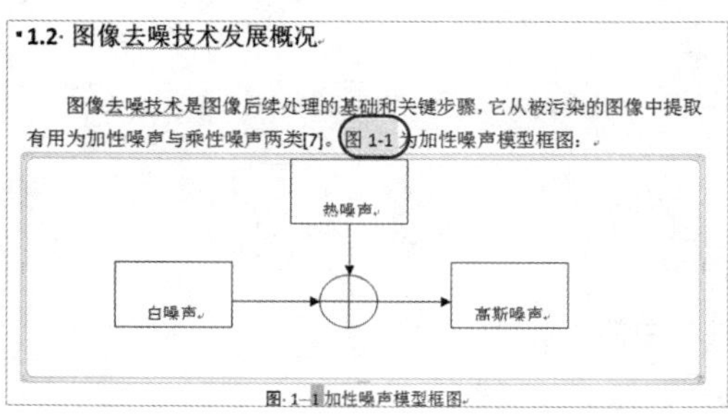

图 2.1.38 论文中的黄色突出显示文本

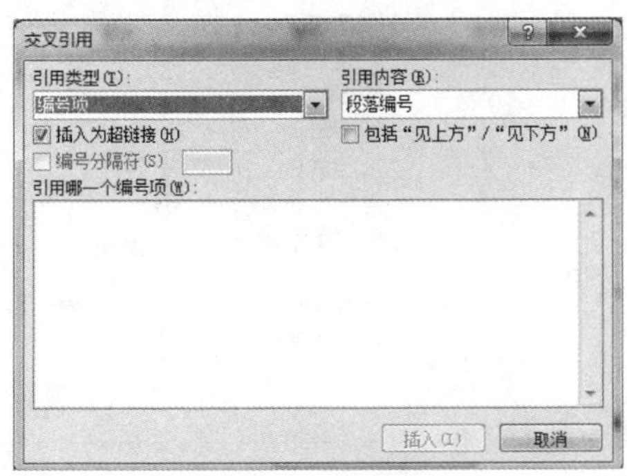

图 2.1.39 “交叉引用”对话框

5）将“引用类型”设置为“图”，“引用内容”设置为“只有标签和编号”，在“引用哪一个题注”列表框中选择题注“图 1-1 加性噪声模型框图”，如图 2.1.40 所示，单击“插入”按钮（由于论文一级标题为手动输入，在实际的操作中，需要自动插入题注，请根据操作情况，适当调整）。

6）使用相同的方法，将长文档中其他图、表的类似引用文字使用交叉引用进行替换。

（9）为文档插入脚注和尾注

1）以论文中的“数字图像处理”为例，为其插入脚注或尾注。首先选择“数字图像处理”文本，然后单击“引用”选项卡“脚注”选项组中的“插入脚注”按钮，即可在该页面的底端插入脚注区域；单击“插入尾注”按钮，即可在文档的结尾加入尾注区域。单击“引用”选项卡“脚注”选项组右下角的对话框启动器，打开“脚注和尾注”对话框，如图 2.1.41 所示，可以对脚注和尾注的位置、格式和应用更改进行相应的设置。

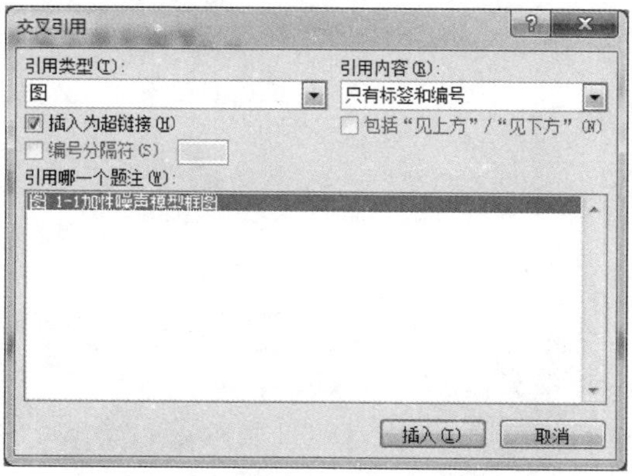

图 2.1.40　设置交叉引用类型和引用内容

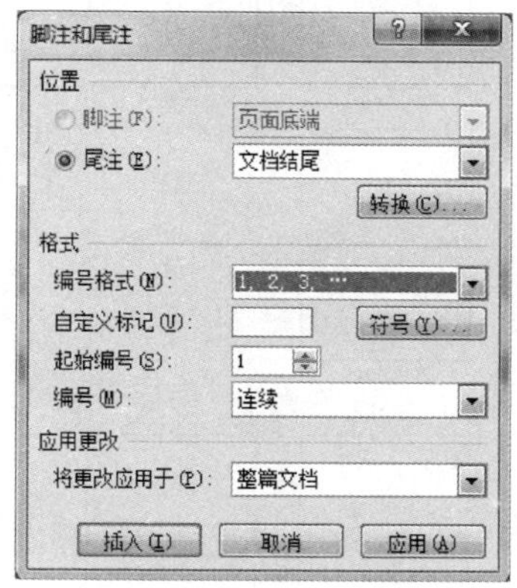

图 2.1.41　“脚注和尾注”对话框

2）在脚注或尾注区域中输入注释文本，如图 2.1.42 所示。

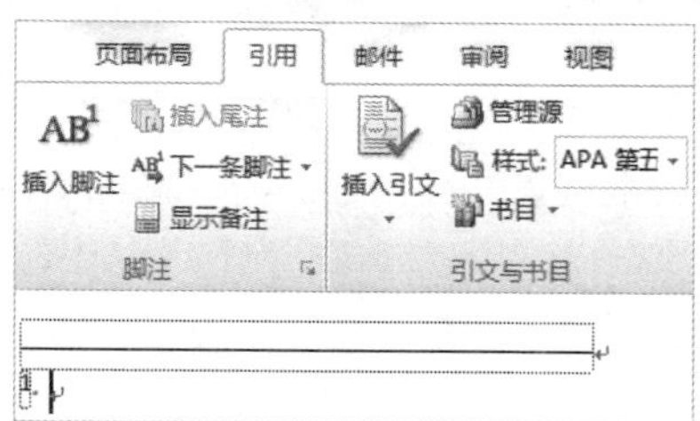

图 2.1.42　“插入脚注”或“插入尾注”

（10）为论文文档添加水印

除了 Word 2010 系统提供的“机密”和“紧急”两类默认的水印外，我们为论文全部文档添加非机密的水印，方法如下：

单击“页面布局”选项卡“页面背景”选项组中的“水印”下拉按钮，在弹出的下拉列表中选择“自定义水印”选项，如图 2.1.43 所示，打开“水印”对话框。我们可以根据需要在相应的选项中进行选择：无水印、图片水印和文字水印，如图 2.1.44 所示。设置完成后，单击“确定”按钮。

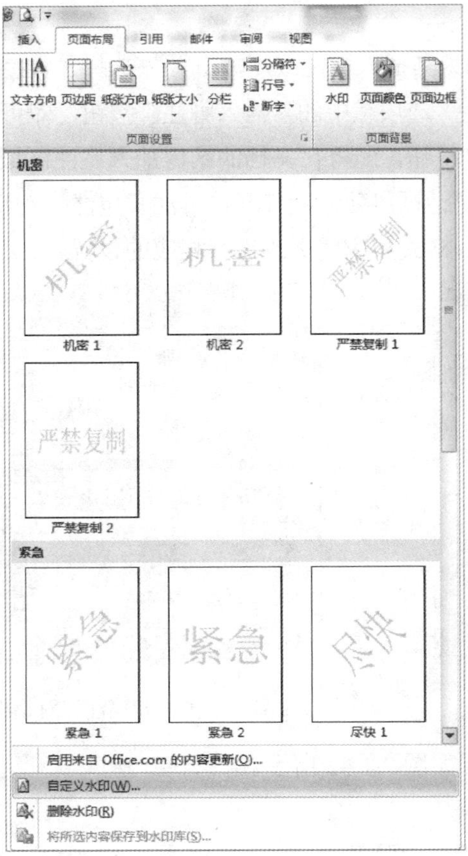

图 2.1.43 “水印”下拉列表

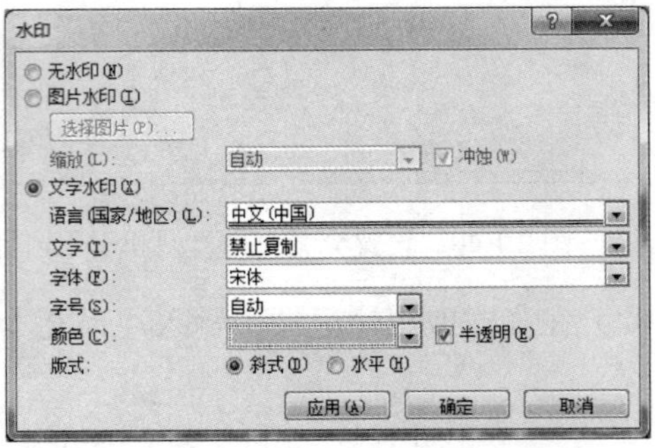

图 2.1.44 “水印”对话框

实验 2　Word 文档的修订与共享

实验目的

1）掌握文档修改状态的开启方法。

2）掌握更改修订选项的方法。

3）掌握设置修订的状态及标记的方法。

4）掌握为文档添加批注的方法。

5）掌握文档的比较与合并的方法。

6）掌握将文档转换为 PDF 文档格式的方法。

实验任务要求

1）开启和关闭文档的修订状态。

2）更改修订选项。

3）设置修订的状态及标记。

4）为文档添加批注。

5）快速比较文档与合并文档。

6）将文档转换成 PDF 文档格式。

实验操作步骤

启动 Word 2010，打开实验 1 的完成版文档，并在此基础上进行如下操作。

（1）开启和关闭文档的修订状态

1）开启修订状态。单击“审阅”选项卡“修订”选项组中的“修订”按钮，使其处于选中状态（选中状态为黄色突出显示），如图 2.2.1 所示；或者单击“修订”下拉按钮，在弹出的下拉列表中选择“修订”选项，也可以开启文档的修订状态。

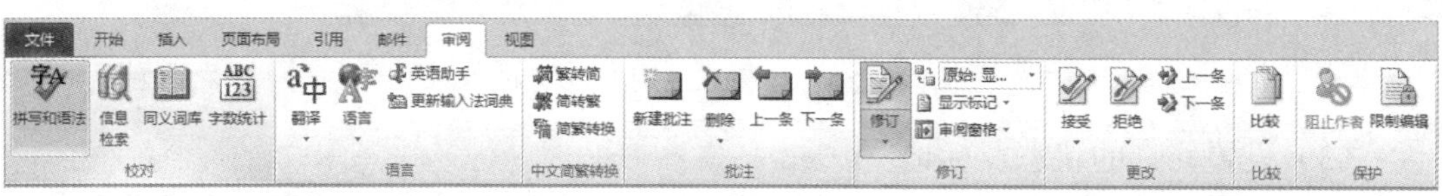

图 2.2.1　“审阅”选项卡

2）关闭修订状态。再次单击“修订”按钮或选择“修订”选项，则“修订”按钮处于未选中状态（未选中状态无突出显示）。

3）对绪论部分开头几段在开启修订状态下进行修改，输入的文本内容会自动加上颜色和下划线标记，包括删除的文档内容，如图 2.2.2 所示。

第一章 绪 论

1.1 课题的研究背景及意义

数字图像处理[1,2]起源于二十世纪二十年代，随着计算机网络技术的普及，在图更多的领域中，以达到更好地为人类服务的目的。

图像去噪技术是图像处理中一项最基本的课题，它在图像处理过程中发挥了这些方法的有效性和实用性，将它们运用于许多领域之中。

Curvelet（曲波）变换和偏微分方程方法（PDE, Partial differential equations）[3-6]是近年发展起来的两种行之有效的图像处理手段，针对这两种技术的研究和不断改进，在很大程度上体现了数字图像处理技术的进步与提高。由于，使得 Curvelet 变换与偏微分研究具有深远的意义。

图 2.2.2 开启“修订”状态后对文档修改后的结果

（2）更改修订选项设置

单击“审阅”选项卡“修订”选项组中的“修订”下拉按钮，在弹出的下拉列表中选择“修订选项”选项，打开“修订选项”对话框。在“标记”选项组中的“删除内容”下拉列表中选择“双删除线”选项，如图 2.2.3 所示，然后单击“确定”按钮即可。

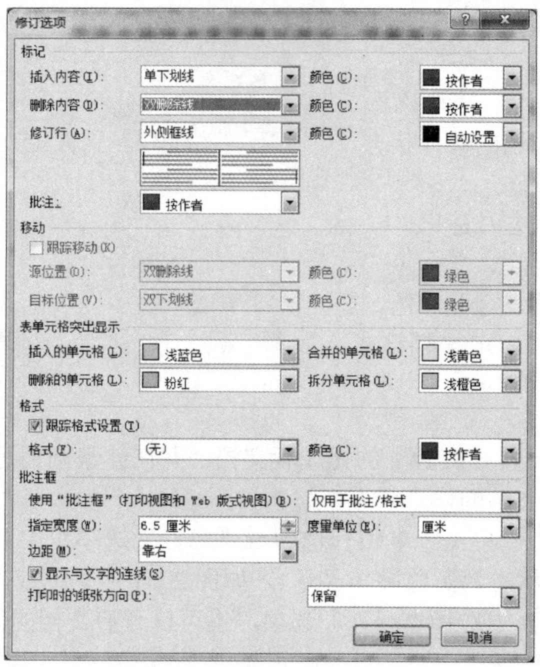

图 2.2.3 “修订选项”对话框

（3）设置修订的状态及标记

1）更改修订者名称。默认的系统用户名为 User，简称“U”。为了区分不同的修改者，将 User 修改为用户的姓名“Pinyin”，简称“P”。

2）单击“审阅”选项卡“修订”选项组中的“修订”下拉按钮，在弹出的下拉列表中选择“更改用户名”选项，打开“Word 选项”对话框。在“对 Microsoft Office 进行个性化设置”选项组中的“用户名”文本框中输入“Pinyin”，在“缩写”文本框中输入“P”，如图 2.2.4 所示，单击“确定”按钮。

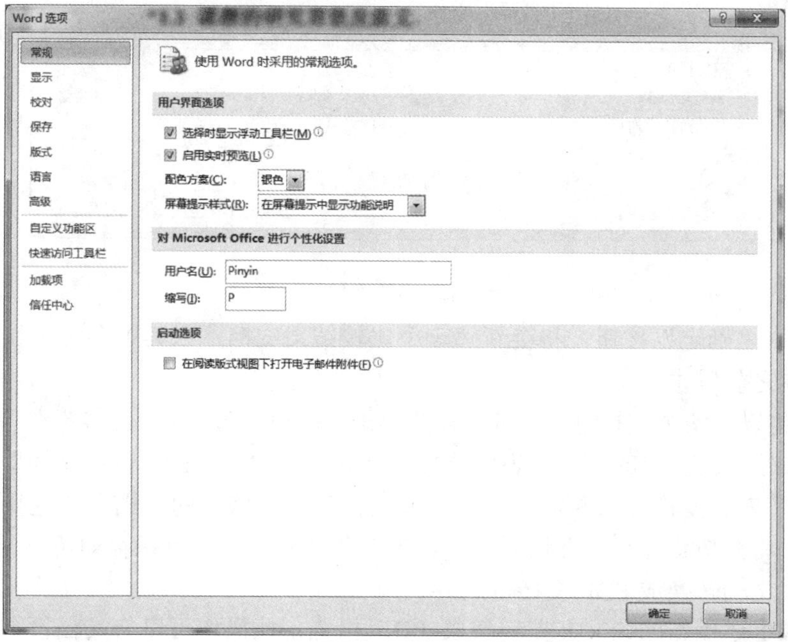

图 2.2.4　更改修订者名称

（4）为文档添加批注

1）选中绪论中的“Curvelet”，单击“审阅”选项卡“批注”选项组中的“新建批注”按钮，在页面右侧会为选中的文档内容生成批注框。

2）在生成的批注框中输入“能否有英文音标或者读音的注释？”，如图 2.2.5 所示。

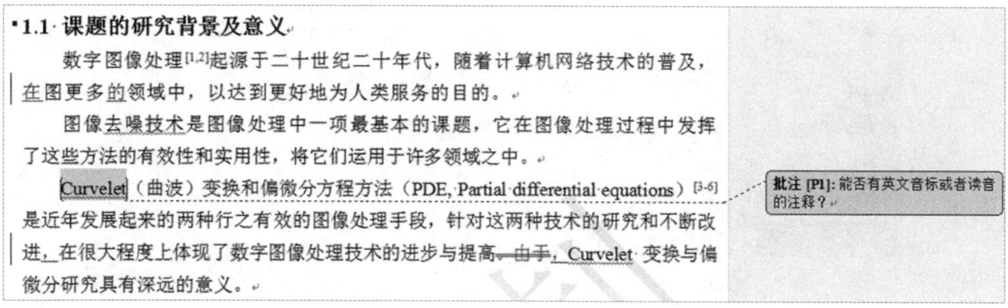

图 2.2.5　添加“批注”后的文档效果

（5）快速比较文档与合并文档

将实验 1 的完成版文档与当前正在修订中的文档进行比较与合并。

1）单击“审阅”选项卡“比较”选项组中的“比较”下拉按钮，在弹出的下拉列表中选择“比较”选项，打开“比较文档”对话框，如图 2.2.6 所示。

2）在“原文档”下拉列表中选择原始文档，在“修订的文档”下拉列表中选择修订的文档。

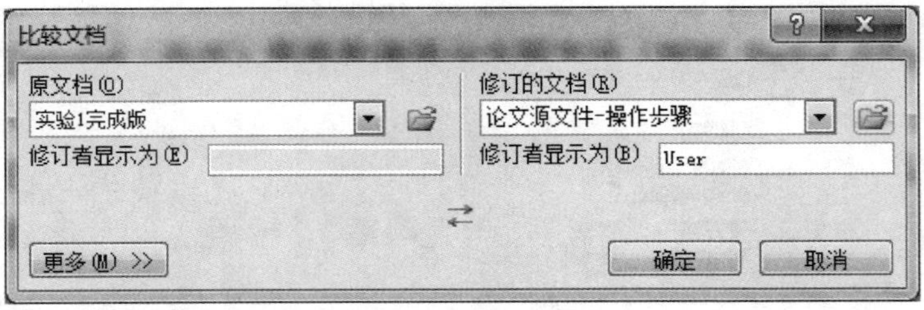

图 2.2.6 “比较文档”对话框

3）单击“确定”按钮，将会新建一个比较结果文档，在其中会突出显示两个文档之间的不同之处以供查阅。

4）若将以上两个文档进行合并，需要单击“审阅”选项卡“比较”选项组中的“比较”下拉按钮，在弹出的下拉列表中选择“合并”选项，打开“合并文档”对话框，与“比较文档”对话框的设置相同，进行“原文档”与“修订的文档”的选择，单击“确定”按钮，将会新建一个合并结果文档，对合并结果文档进行保存即可。

（6）将文档转换成 PDF 文档格式

将完成上述操作的论文文档转换成 PDF 格式，此操作可以将文档设置为只读，并禁用相关的内容编辑命令。

1）单击“文件”→“保存并发送”→“文件类型”→“创建 PDF/XPS 文档”→“创建 PDF/XPS”按钮，如图 2.2.7 所示。

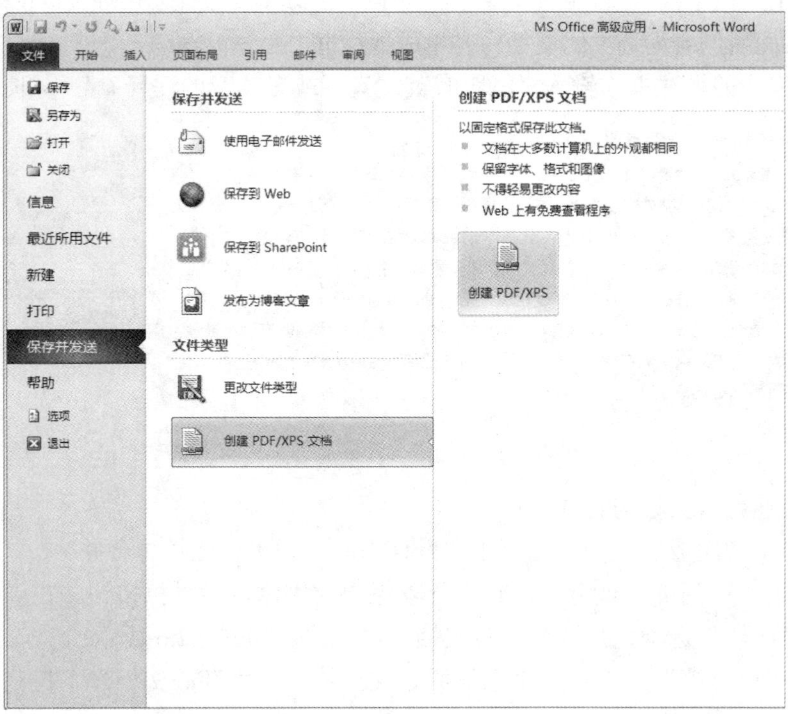

图 2.2.7 转换 Word 文档为 PDF 文档

2）在打开的“发布为 PDF 或 XPS”对话框中，输入文件名并选择保存位置后，单击“发布”按钮，如图 2.2.8 所示。

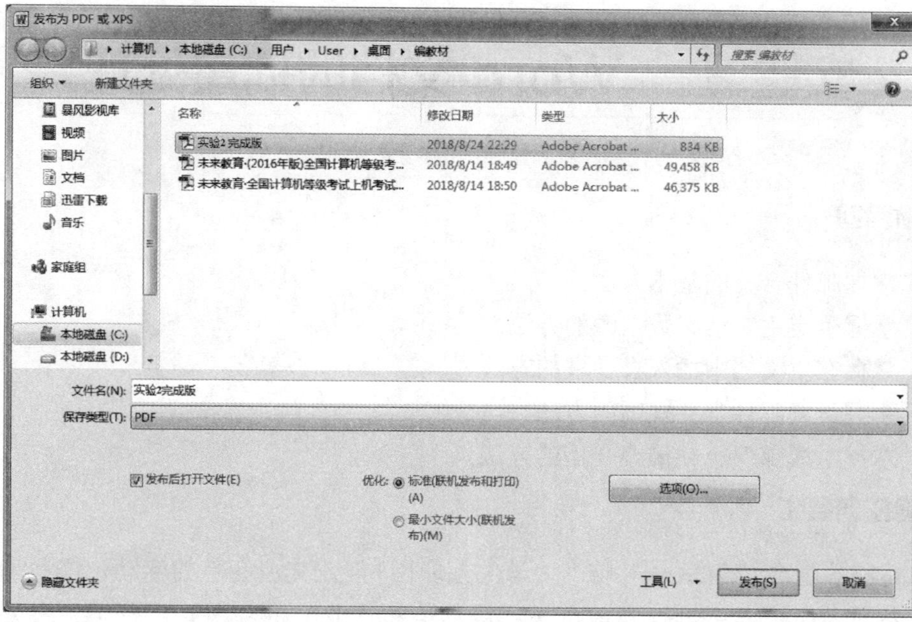

图 2.2.8 发布 PDF 文档与他人共享

实验 3　Word 文档的批量处理

实验目的

1）掌握邮件合并的基本方法。

2）掌握确定主文档、数据源的方法。

3）掌握在主文档中插入合并域的方法。

4）掌握设置邮件合并规则的方法。

5）掌握生成邮件合并最终文档的方法。

实验任务要求

某高校学生会计划举办一场“大学生互联网+创业交流会”的活动，拟邀请部分专家和老师为在校学生进行当前市场经济形势和行业分析。因此，校学生会外联部需制作一批邀请函，并分别送给相关领域的专家和老师。按照以下要求完成邀请函的制作。

1）将“邀请函素材”另存为“邀请函”，后续操作均基于“邀请函”文件。

2）调整文档版面，要求页面宽为 25 厘米、高为 18 厘米，上、下页边距为 2 厘米，左、右页边距为 3 厘米。

3）将“背景图片”设置为邀请函背景。

4）根据“Word-邀请函参考样式”文件，调整邀请函中正文内容文字的字体为微软雅黑，字号为四号，颜色为黑色；文字“大学生互联网+创业交流会邀请函”的字体为幼圆，字号为二号，颜色区分设置。

5）调整邀请函中内容文字的段落对齐方式：首行缩进 2 字符，段落间距为多倍行距 2.75。根据页面布局需要，调整邀请函中“大学生互联网+创业交流会”和“邀请函”两个段落的间距为 2 倍行距。

6）在“尊敬的”和“（老师）”文字之间，插入拟邀请的专家和老师姓名，拟邀请的专家和老师姓名在“通讯录”文件中。每页邀请函中只能显示一位专家或老师的姓名，所有的邀请函页面（完成后的文档）另存为一个名为“Word-邀请函”的文件。

7）邀请函文档制作完成后，保存“邀请函”文件。

按照上述要求完成全部操作后的效果如图 2.3.1 所示。

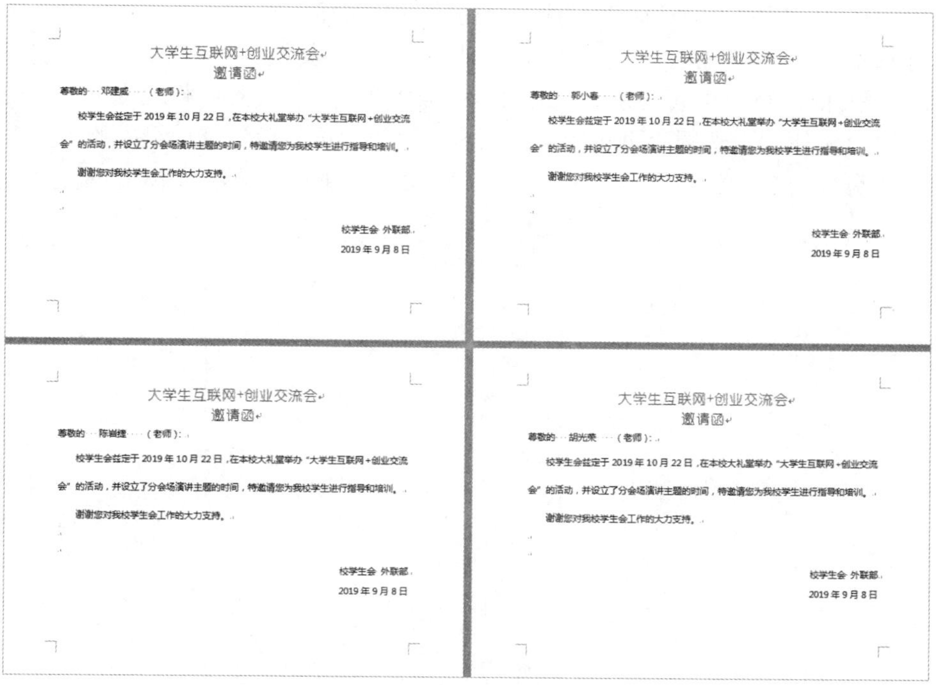

图 2.3.1　邮件合并完成后的“邀请函”样例

实验操作步骤

启动 Word 2010，打开“邀请函素材”文档，并在此基础上进行如下操作。

1）选择“文件”→“另存为”选项，打开“另存为”对话框，将文件名“邀请函素材”修改为“邀请函”，保存类型为“Word 文档”，如图 2.3.2 所示，然后单击“保存”按钮即可。

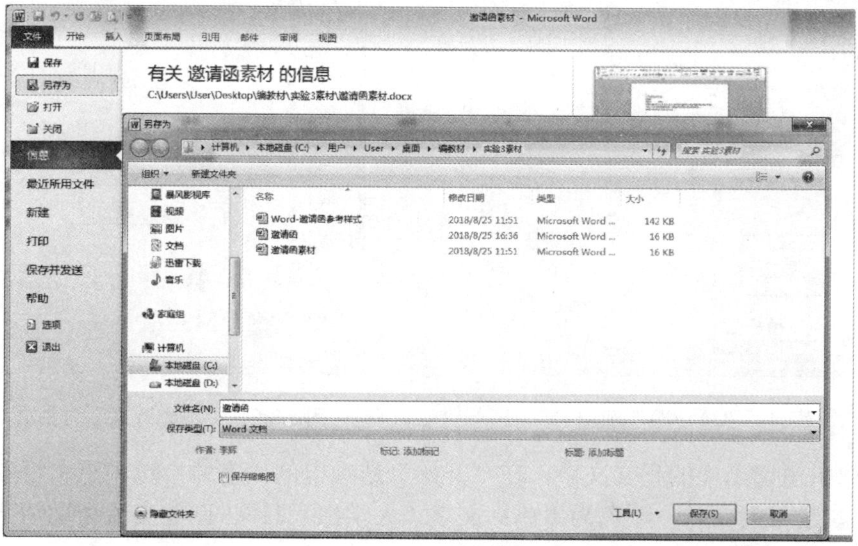

图 2.3.2　保存文档

2）打开保存后的“邀请函”文件，单击“页面布局”选项卡“页面设置”选项组中的“纸张大小”下拉按钮，在弹出的下拉列表中选择“其他页面大小”选项，打开“页面设置”对话框，修改“纸张大小”选项组中的“宽度”为25厘米、“高度”为18厘米，如图2.3.3所示。选择“页边距”选项卡，修改“页边距”选项组中的“上”“下”“左”“右”分别为2厘米、2厘米、3厘米、3厘米，如图2.3.4所示，单击“确定”按钮。

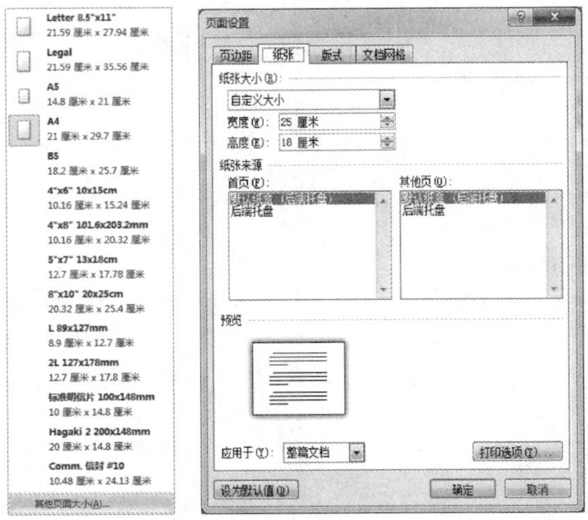

图2.3.3 设置文档的纸张大小

3）单击“页面布局”选项卡“页面背景”选项组中的“页面颜色”下拉按钮，在弹出的下拉列表中选择“填充效果”选项，打开“填充效果”对话框，单击“图片”选项卡中的“选择图片”按钮，如图2.3.5所示，在打开的“选择图片”对话框中选择“背景图片”，单击“插入”按钮，返回“填充效果”对话框，如图2.3.6所示。

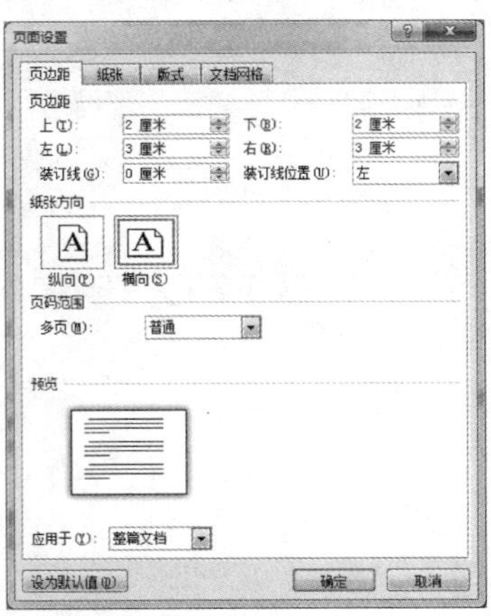

图2.3.4 “页边距”选项卡

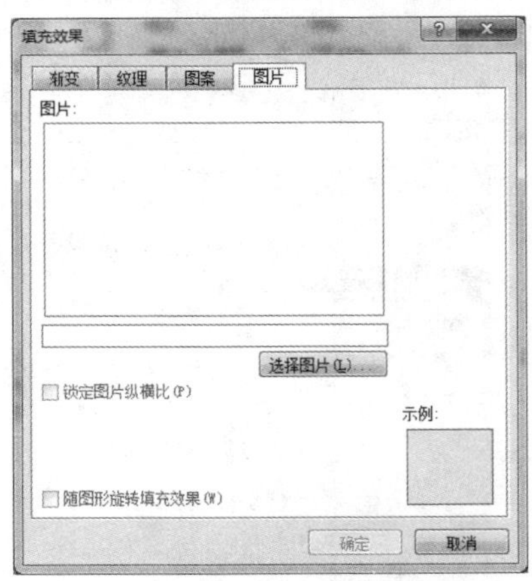

图2.3.5 “填充效果”对话框

4）选中邀请函中的正文文字，在“开始”选项卡的“字体”选项组中设置字体为微软雅黑，字号为四号，颜色为黑色；文字“大学生互联网+创业交流会邀请函”的字体为幼圆，字号为二号，颜色区分设置即可。

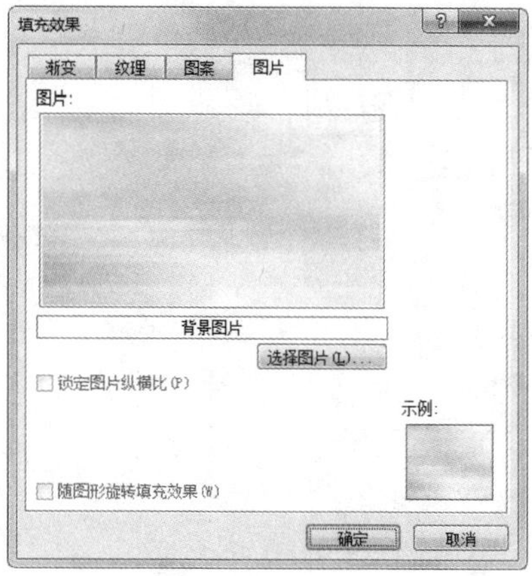

图 2.3.6 设置“背景图片”为文档的背景图片

5）选中正文全部文本，单击“开始”选项卡“段落”选项组右下角的对话框启动器，在打开的“段落”对话框中设置段落的缩进样式，即首行缩进 2 字符，段落间距为多倍行距 2.75，如图 2.3.7 所示。选中“大学生互联网+创业交流会”和“邀请函”两个段落，在“段落”对话框中设置间距为 2 倍行距即可。

6）确定数据源。将光标置于“尊敬的”和“(老师)”文字之间，单击“邮件”选项卡“开始邮件合并”选项组中的“选择收件人”下拉按钮，在弹出的下拉列表中选择“使用现有列表”选项，如图 2.3.8 所示，在打开的“选取数据源”对话框中选择“通讯录”中的“通讯录$”为数据源，如图 2.3.9 所示，依次单击“确定”按钮和“打开”按钮。若通讯录中的联系人信息有变动，单击“邮件”选项卡“开始邮件合并”选项组中的“编辑收件人列表”按钮，在打开的“邮件合并收件”对话框中进行修改即可。

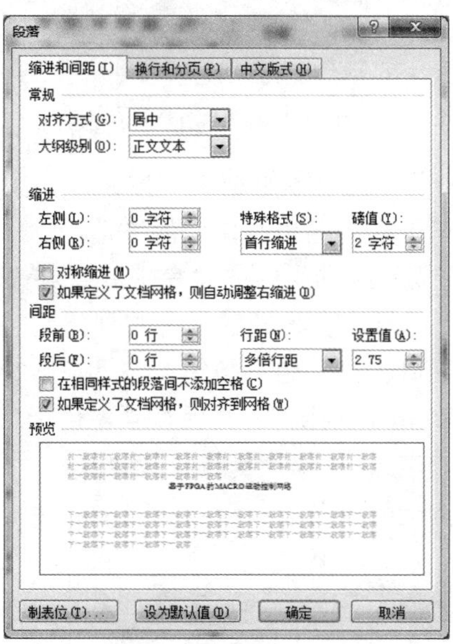

图 2.3.7 设置段落格式

图 2.3.8 选择“使用现有列表”选项

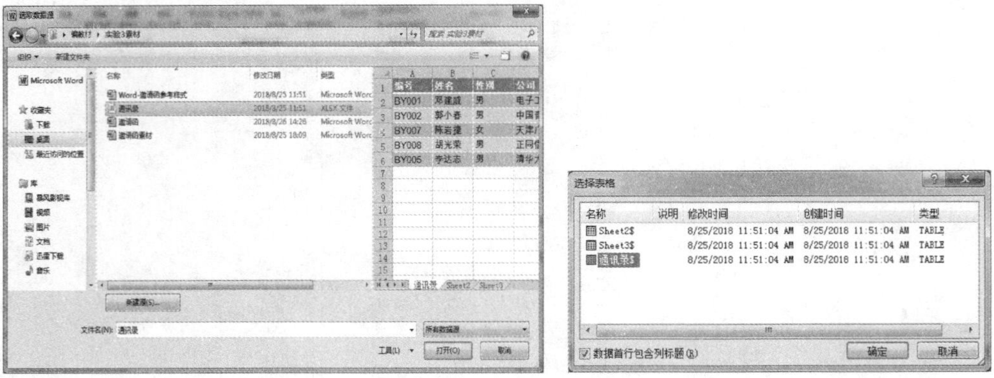

图 2.3.9　选择数据源

7）插入合并域。单击“邮件”选项卡“编写和插入域”选项组中的“插入合并域”下拉按钮，在弹出的下拉列表中选择“姓名”选项，如图 2.3.10 所示。在“编写和插入域”选项组中有“规则”和“匹配域”两个选项，如图 2.3.11 所示，可根据需要在相应的下拉列表或对话框中进行设置。

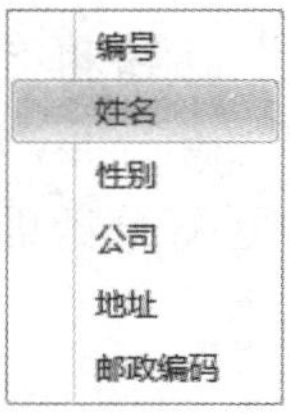

图 2.3.10　插入合并域“姓名”

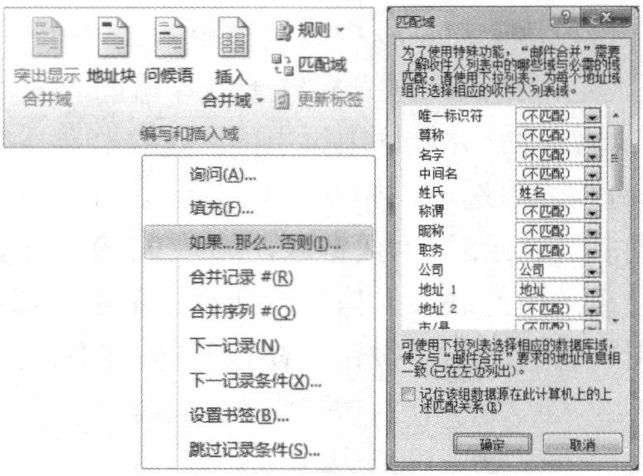

图 2.3.11　“规则”和“匹配域”选项

8）单击“邮件”选项卡“预览结果”选项组中的“预览结果”按钮，如图 2.3.12 所示，或者单击播放滚动条，即可看到根据通讯录中的名单制作好的邀请函。

9）完成并合并。单击“邮件”选项卡“完成”选项组中的“完成并合并”下拉按钮，在弹出的下拉列表中选择“编辑单个文档”选项，在打开的“合并到新文档”对话框中选中“全部”单选按钮，如图 2.3.13 所示，单击“确定”按钮。

10）将完成后的全部邀请函文档另存为“Word-邀请函”，并保存“邀请函”文档。

图 2.3.12　“预览结果”按钮

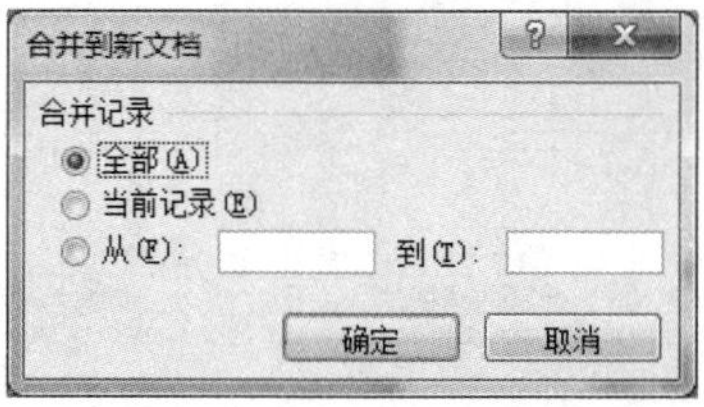

图 2.3.13　“合并到新文档”对话框

实验 4　Excel 公式和函数

实验目的

1）掌握公式的基本方法与使用。

2）掌握公式中的绝对引用和相对引用。

3）掌握函数的输入与编辑。

4）掌握重要函数在实际生活中的应用。

实验任务要求

期末考试结束后，班主任助理王老师需要对本班学生的考试成绩进行统计，按照下列要求完成该班的成绩统计工作。

1）打开 Excel 工作簿“学生学期成绩”，将 Sheet1 重命名为“学期成绩及排名”，将“初三学生档案”工作表的标签颜色设为“紫色（标准色）”。

2）按照平时成绩、期中成绩、期末成绩各占 30%、30%、40%的比例计算每个学生的“学期成绩”并填入相应的单元格中。

3）按成绩由高到低的顺序统计每个学生的学期排名，并按“第×名”的形式填入“班级名次”列中。

4）将各项成绩（C2:F45 区域）设置为数字格式，保留 2 位小数，将其区域定义名称为“单项成绩”，并将高于 100 分的成绩用条件格式标注出来。

5）按照下列条件填写“期末总评”：期末总评按照学期成绩≥98、≥85、≥75、≥60 分为 4 个等级，即优秀、良好、中等、及格。

6）在工作表“初三学生档案”中，利用公式及函数依次输入每个学生的性别（“男”或“女”）、出生日期（××××年××月××日）和年龄。其中，身份证号的倒数第二位用于判断性别，奇数为男性，偶数为女性；身份证号的第 7～14 位代表出生年月日。年龄需按周岁计算，满 1 年才计 1 岁。最后适当调整工作表的行高和列宽、对齐方式等，以便阅读。

7）参照工作表“初三学生档案”，在工作表“学期成绩及排名”中输入与“学号”对应的“姓名”。

实验操作步骤

1）选中工作表 Sheet1 并右击，在弹出的快捷菜单中选择“重命名”选项，则 Sheet1 呈黑底编辑状态，如图 2.4.1 所示，输入“学期成绩及排名”即可。

选中“初三学生档案”工作表名称并右击，在弹出的快捷菜单中选择“工作表标签颜色”选项，在弹出的级联菜单中选择“主题颜色”→“标准色”→“紫色”，如图2.4.2所示。

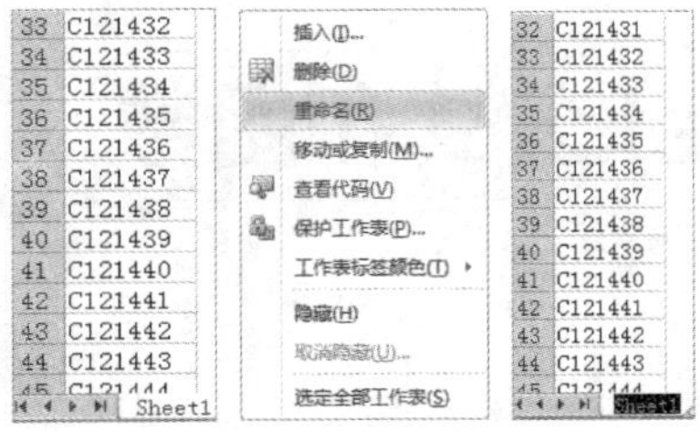

图2.4.1 重命名工作表

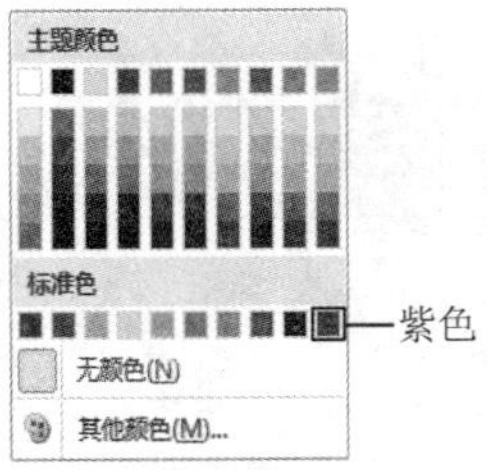

图2.4.2 设置工作表标签颜色

2）按照平时成绩、期中成绩、期末成绩各占30%、30%、40%的比例计算每个学生的“学期成绩”并填入相应的单元格中。

选中F2单元格并输入“=”，函数编辑框中同样出现了等号，按照题目要求，C2是第一个学生“平时成绩”97的引用，D2是“期中成绩”96的引用，E2是“期末成绩”102的引用。在*fx*编辑框中输入公式“=C2*30%+D2*30%+E2*40%”，按【Enter】键后第一个学生的学期成绩即可计算出来，如图2.4.3所示。选中F2单元格，拖动该单元格右下角的填充柄到F45单元格，填充F3:F45单元格区域。

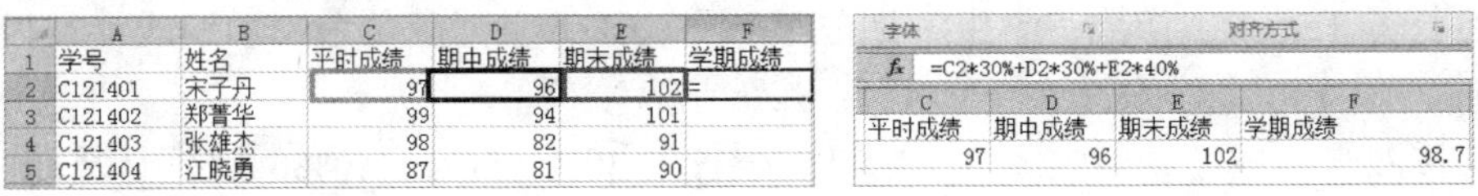

图2.4.3 求和公式的输入与编辑

3）按成绩由高到低的顺序统计每个学生的学期排名，并按“第×名”的形式填入“班级名次”列中。

在G2单元格中输入公式“="第"&RANK.EQ(F2,F$2:F$45)&"名"”，如图2.4.4所示，按【Enter】键得出班级排名结果后，拖动G2单元格右下角的填充柄到G45单元格，填充G3:G45单元格区域。

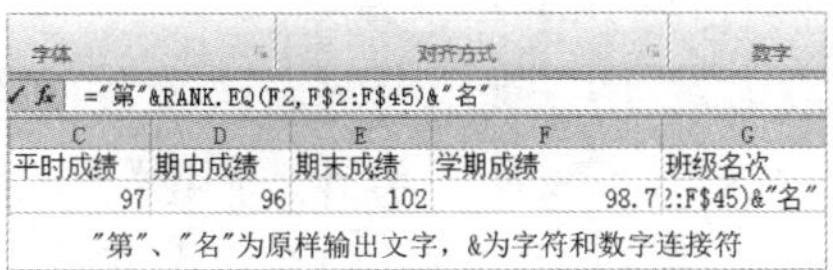

图2.4.4 RANK函数公式的输入及编辑

4）将各项成绩（C2:F45区域）设置为数字格式，保留2位小数，将其区域定义名称为“单项成绩”，并将高于100分的成绩用条件格式标注出来。

选中C2:F45的成绩区域并右击，在弹出的快捷菜单中选择“设置单元格格式”选项，打开“设置单元格格式”对话框，在“数字”选项卡的“分类”列表框中选择“数值”选项，将“小数位数”设置为2，单击“确定”按钮即可。同样，在弹出的右键快捷菜单中选择“定义名称”选项，打开“新建名称”对话框，在“名称”文本框中输入“单项成绩”，“范围”默认是“工作簿”，“引用位置”是对定义名称区域位置的选择（C2:F45，可以重新设置新的区域），如图2.4.5所示，单击“确定”按钮。

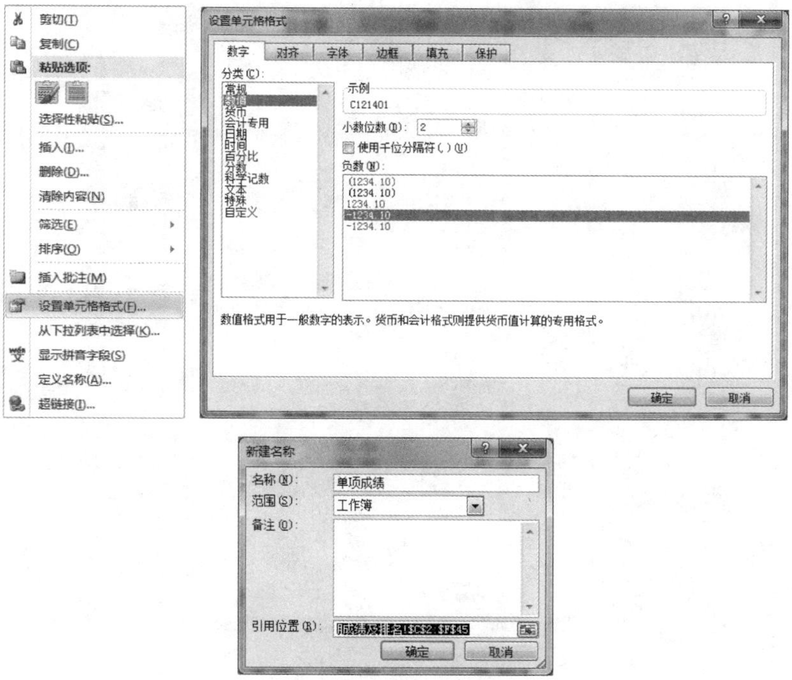

图 2.4.5　设置单元格格式和定义名称

选中 C2:F45 区域，单击“开始”选项卡“样式”选项组中的“条件格式”下拉按钮，在弹出的下拉列表中选择“突出显示单元格规则”→“大于”选项，打开“大于”对话框，在“为大于以下值的单元格设置格式”数值框中输入 100，在“设置为”下拉列表中选择任意颜色突出显示，如图 2.4.6 所示，单击“确定”按钮即可。

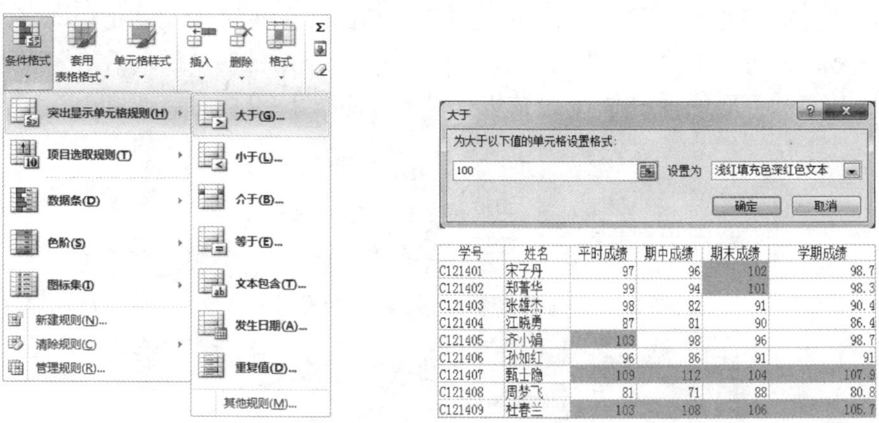

图 2.4.6　条件格式的设置

5）按照下列条件填写“期末总评”。

选中 H2 单元格，输入公式“=IF(F2>=98,"优秀",IF(F2>=85,"良好",IF(F2>=75,"中等","及格")))”，按【Enter】键得出“期末总评”结果后拖动该单元格右下角的填充柄到 F45 单元格，结果如图 2.4.7 所示。

学号	姓名	平时成绩	期中成绩	期末成绩	学期成绩	班级名次	期末总评
C121401	宋子丹	97	96	102	98.7	第13名	优秀
C121402	郑菁华	99	94	101	98.3	第14名	优秀
C121403	张雄杰	98	82	91	90.4	第28名	良好
C121404	江晓勇	87	81	90	86.4	第33名	良好
C121405	齐小娟	103	98	96	98.7	第11名	优秀
C121406	孙如红	96	86	91	91	第26名	良好
C121407	甄士隐	109	112	104	107.9	第1名	优秀
C121408	周梦飞	81	71	88	80.8	第42名	中等
C121409	杜春兰	103	108	106	105.7	第2名	优秀
C121410	苏国强	95	85	89	89.6	第30名	良好
C121411	张杰	90	94	93	92.4	第23名	良好
C121412	吉莉莉	83	96	99	93.3	第21名	良好
C121413	莫一明	101	100	96	98.7	第11名	优秀
C121414	郭晶晶	77	87	93	86.4	第33名	良好
C121415	侯登科	95	88	98	94.1	第20名	良好
C121416	宋子文	98	118	101	105.2	第3名	优秀
C121417	马小军	75	81	72	75.6	第44名	中等
C121418	郑秀丽	96	90	101	96.2	第15名	良好
C121419	刘小红	98	101	99	99.3	第9名	优秀
C121420	陈家洛	94	86	89	89.6	第30名	良好
C121421	张国强	87	79	88	85	第37名	良好
C121422	姚南	98	101	104	101.3	第6名	优秀
C121423	徐霞客	95	91	96	94.2	第19名	良好
C121424	孙令煊	97	95	95	95.6	第17名	良好
C121425	杜学江	89	87	80	84.8	第38名	中等
C121426	齐飞扬	96	98	102	99	第10名	优秀
C121427	苏解玉	90	83	96	90.3	第29名	良好
C121428	陈万地	108	107	100	104.5	第4名	优秀
C121429	张国强	93	95	96	94.8	第18名	良好
C121430	刘小锋	94	85	89	89.3	第32名	良好
C121431	张鹏举	97	99	102	99.6	第8名	优秀
C121432	孙玉敏	85	91	83	86	第35名	良好
C121433	王清华	85	88	79	83.5	第41名	中等
C121434	李春娜	92	101	95	95.9	第16名	良好
C121435	倪冬声	87	84	99	90.9	第27名	良好
C121436	闫朝霞	104	106	101	103.4	第5名	优秀

图 2.4.7 部分结果显示

6）在工作表“初三学生档案”中，利用公式及函数依次输入每个学生的性别（“男”或“女”）、出生日期（××××年××月××日）和年龄。

① 切换到工作表“初三学生档案”，在 D2 单元格中输入公式“=IF (ISODD(MID(C2,17,1)),"男","女")”（MID(C2,17,1)为身份证号从第 17 位截取 1 位，ISODD(MID(C2,17,1))为判断截取后的身份证第 17 位是否为奇数），如图 2.4.8 所示，按【Enter】键得出“性别”结果。选中 D2 单元格，拖动该单元格右下角的填充柄到 D56 单元格，填充 D3:D56 单元格区域；或者单击“公式”选项卡“函数库”选项组中的“插入函数”按钮，在打开的“函数参数”对话框中对 IF 函数进行设置，如图 2.4.9 所示。

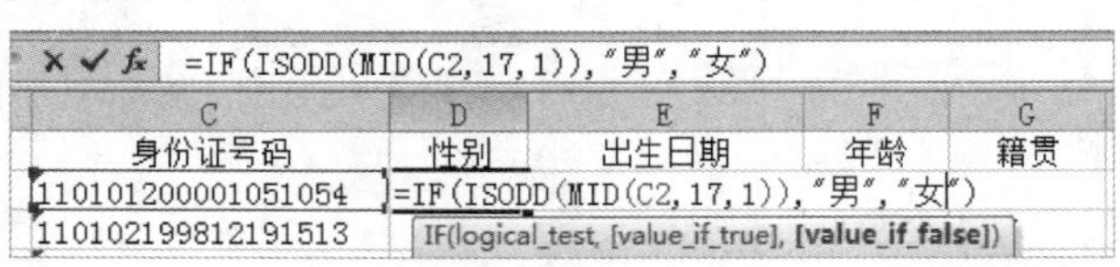

图 2.4.8 判断身份证号的第 17 位是否为奇数

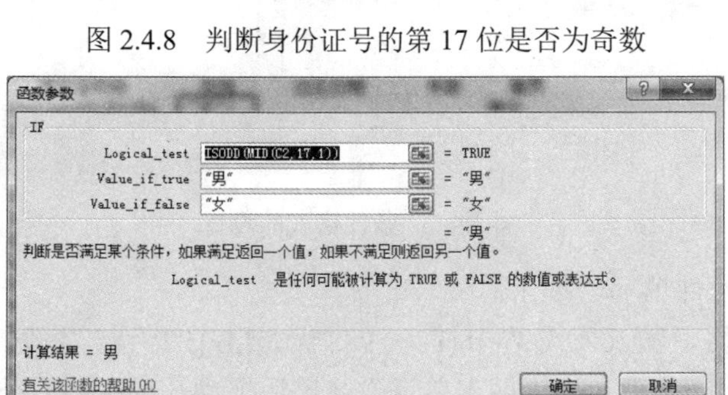

图 2.4.9 设置 IF 函数

② 在 E2 单元格中输入公式“=MID(C2,7,4)&"年"&MID(C2,11,2)&"月"&MID(C2,13,2)&"日"”，如图 2.4.10 所示，按【Enter】键得出“出生日期”，然后拖动 E2 单元格右下角的填充柄填充 E 列单元格即可。

③ 选中 F 列，设置单元格格式为“数值”后，在 F2 单元格中输入公式“=INT((TODAY()-E2)/365)”，如图 2.4.11 所示，按【Enter】键得出“年龄”，然后拖动 F2 单元格右下角的填充柄填充 F 列单元格即可。

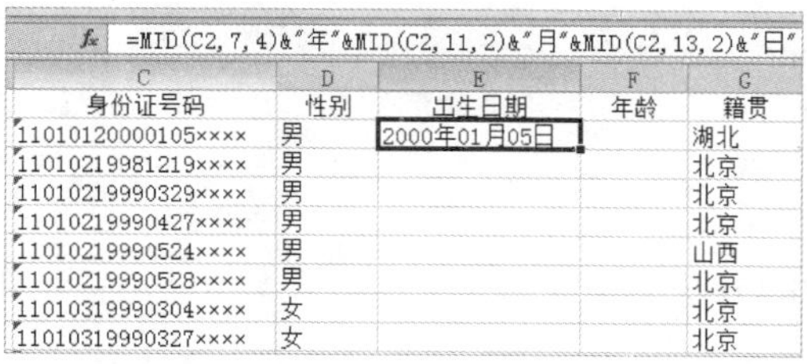

图 2.4.10　从身份证号中计算出生日期

图 2.4.11　利用公式计算“年龄”

公式解释：“年龄”列中需要计算的是周岁，不足 1 年的不计入年龄。一般情况下，1 年按 365 天计算。因此，首先通过 TODAY 函数获取当前日期，然后减去该学生的出生日期，差值除以 365 天得到年限，再通过 INT 函数向下取整，得到学生的周岁年龄。这样得到的年龄是动态变化的，当下一年的生日时，系统会自动增加 1 岁。

7）参照工作表“初三学生档案”，在工作表“学期成绩及排名”中输入与“学号”对应的“姓名”。

在工作表“学期成绩及排名”的 B2 单元格中输入公式“=VLOOKUP(A2,初三学生档案!A$1:C$56,2,FALSE)”，或在打开的 VLOOKUP 函数的“函数参数”对话框中进行设置，如图 2.4.12 所示，单击“确定”按钮，然后拖动 B2 单元格右下角的填充柄填充其他姓名即可。

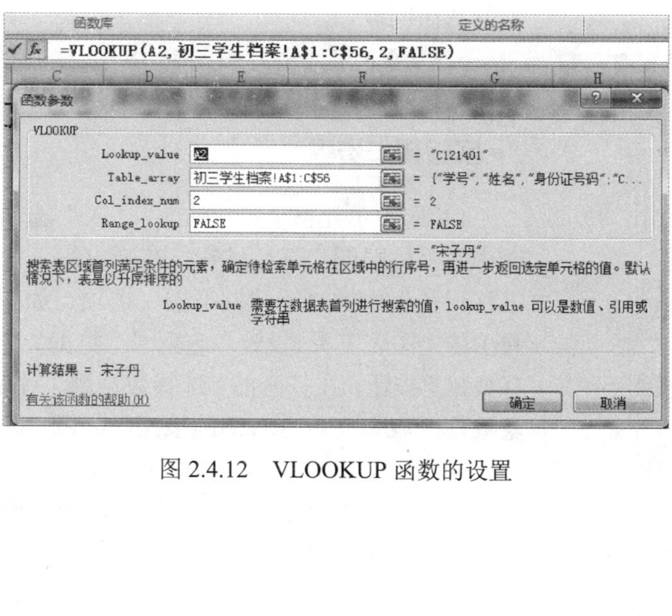

图 2.4.12　VLOOKUP 函数的设置

实验 5　Excel 图表

实验目的

1）掌握在 Excel 中插入图表的基本方法。

2）掌握创建基本图表和迷你图的方法。

3）掌握图表基本组成部分的设置与修改的方法。

4）掌握修饰与编辑图表的方法。

5）掌握图表位置的设置与移动的方法。

实验任务要求

依据“成绩分析”中的“总体情况表”工作表中的数据——2012 级法律专业班级期末成绩总体情况表，创建嵌入式图表和迷你图表。

1）在工作表 A9:M30 区域内插入二维的簇状柱形图，水平标签为各班级名称（法一、法二、法三、法四）、图例项为各课程名称（英语、体育等）。

2）在图表上方添加图表的标题为“各班成绩分析表”。

3）设置图表的横坐标轴标题为“各班级名称”、纵坐标轴标题为“各科成绩”。

4）为各科成绩显示“数据标签”，并放置在数据点结尾之外。

5）设置图表的纵坐标轴分数区间为[60～100]，主要刻度单位为 5，即以 5 分为一个分数区间段。

6）从 B8 单元格开始（B8:J8），为 4 个班级的各单科成绩插入迷你折线图。

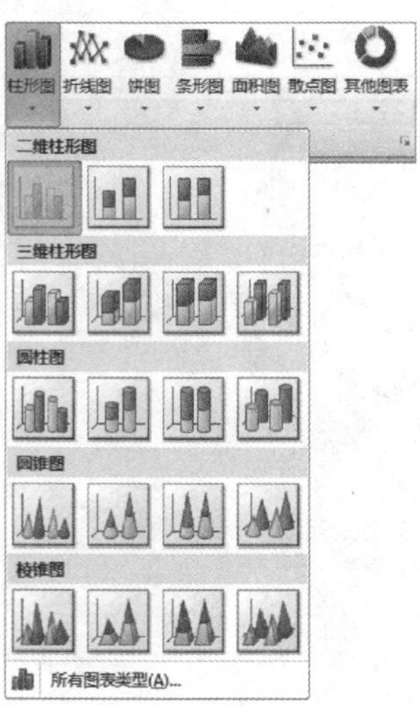

图 2.5.1　插入簇状柱形图

实验操作步骤

1）选中单元格 A9，单击“插入”选项卡“图表”选项组中的“柱形图”下拉按钮，在弹出的下拉列表中选择“二维柱形图”中的“簇状柱形图”选项，如图 2.5.1 所示。在弹出的“图表工具-设计”选项卡“数据”选项组中单击“选择数据”按钮，在打开的“选择数据源”对话框中，单击“图表数据区域”文本框右侧的按钮，如图 2.5.2 所示。根据题目要求，手动选择或输入“总体情况表”中的 A2:J6 数据区域，这部分数据为各班级和各科成绩的数据区域，如图 2.5.3 所示，然后返回“选择数据源”对话框，单击“确定”按钮即可。插入数据后的图表如图 2.5.4 所示。插入后的图表与题目要求的“行/列值”不符，需要单击“图表工具-设计”选项卡“数据”选项组中的“切换行/列”按钮，如图 2.5.5 所示，完成题目要求行、列值的设置。调整图表的位置和大小，在 A9:M30 区域填充。

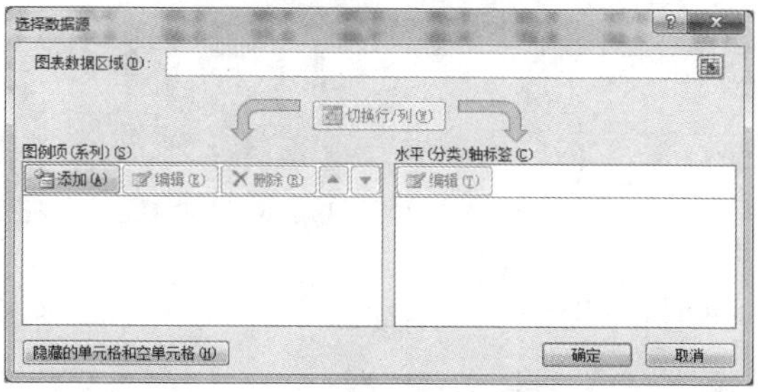

图 2.5.2　为图表选择数据源

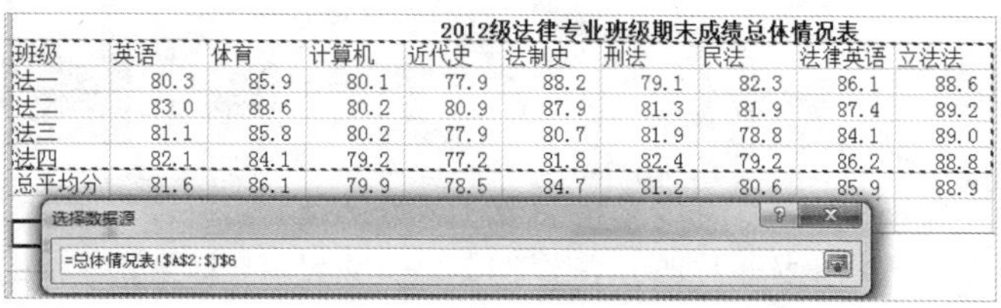

2012级法律专业班级期末成绩总体情况表

班级	英语	体育	计算机	近代史	法制史	刑法	民法	法律英语	立法法
法一	80.3	85.9	80.1	77.9	88.2	79.1	82.3	86.1	88.6
法二	83.0	88.6	80.2	80.9	87.9	81.3	81.9	87.4	89.2
法三	81.1	85.8	80.2	77.9	80.7	81.9	78.8	84.1	89.0
法四	82.1	84.1	79.2	77.2	81.8	82.4	79.2	86.2	88.8
总平均分	81.6	86.1	79.9	78.5	84.7	81.2	80.6	85.9	88.9

图 2.5.3　选择图表的数据区域

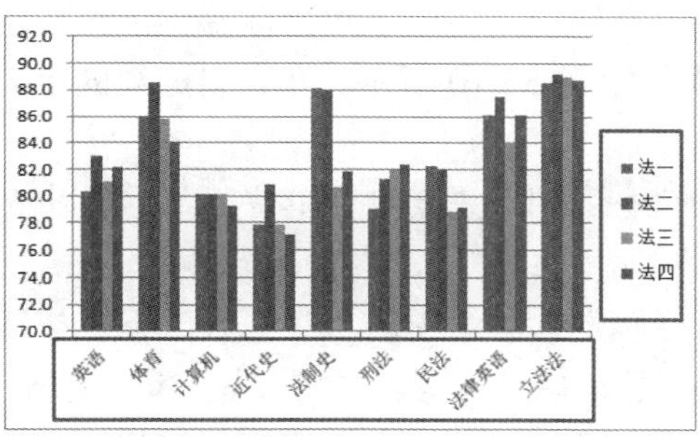

图 2.5.4　插入数据后的图表

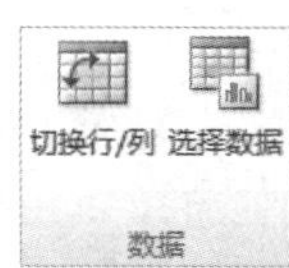

图 2.5.5　“数据”选项组

2）在图表上方添加图表的标题为“各班成绩分析表”。

选中图表，单击“图表工具-布局”选项卡“标签”选项组中的“图表标题”下拉按钮，在弹出的下拉列表中选择“图表上方”选项，如图 2.5.6 所示。在图表的上方出现了一个可编辑的“图表标题”，将光标定位到编辑框中，输入“各班成绩分析表”，结果如图 2.5.7 所示。

3）设置图表的横坐标轴标题为“各班级名称”、纵坐标轴标题为“各科成绩”。

单击“图表工具-布局”选项卡“标签”选项组中的“坐标轴标题”下拉按钮，在弹出的下拉列表中选择“主要横坐标轴标题”级联菜单中的“坐标轴下方标题”选项，如图 2.5.8 所示，在可编辑的坐标轴编辑框中输入“各班级名称”。使用相同的方法，设置“主要纵坐标轴标题”为“各科成绩”，结果如图 2.5.9 所示。

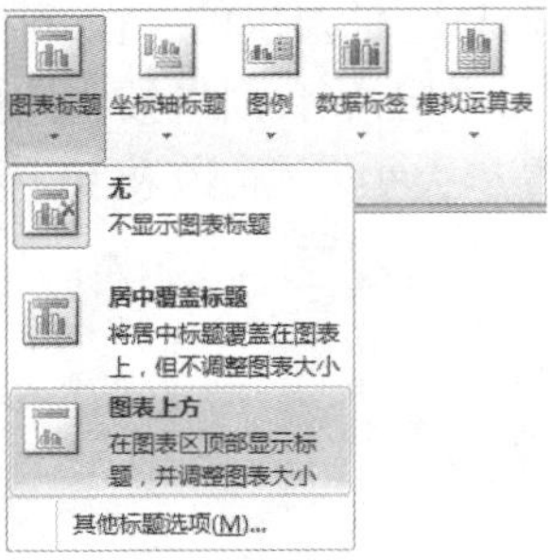

图 2.5.6 在图表上方设置图表标题

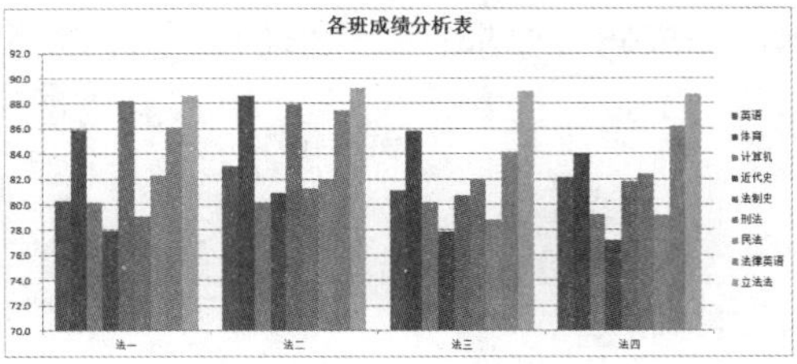

图 2.5.7 插入的图表

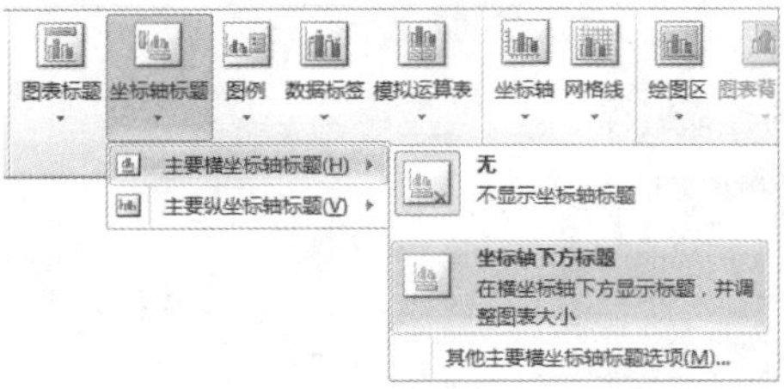

图 2.5.8 设置主要横坐标轴标题

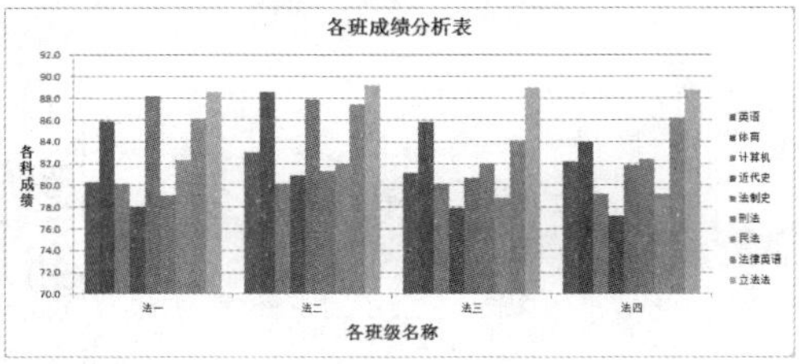

图 2.5.9 设置主要横坐标轴和主要纵坐标轴标题

4）为各科成绩显示“数据标签”，并放置在数据点结尾之外。

单击“图表工具-布局”选项卡“标签”选项组中的“数据标签”下拉按钮，在弹出的下拉列表中选择“数据标签外”选项，如图 2.5.10 所示。在各科成绩的上方显示数据标签（成绩分数）。

5）设置图表的纵坐标轴分数区间为[60～100]，主要刻度单位为 5，即以 5 分为一个分数区间段。

单击“图表工具-布局”选项卡“坐标轴”选项组中的“坐标轴”下拉按钮，在弹出的下拉列表中选择“主要纵坐标轴”级联菜单中的“其他主要纵坐标轴选项”选项，如图 2.5.11 所示。在打开的“设置坐标轴格式”对话框中，对“坐标轴选项”选项组中的选项进行相应的设置，如图 2.5.12 所示。设置“最小值”为固定值 60.0、“最大值”为固定值 100.0、“主要刻度单位”为固定值 5.0，然后单击“关闭”按钮即可。

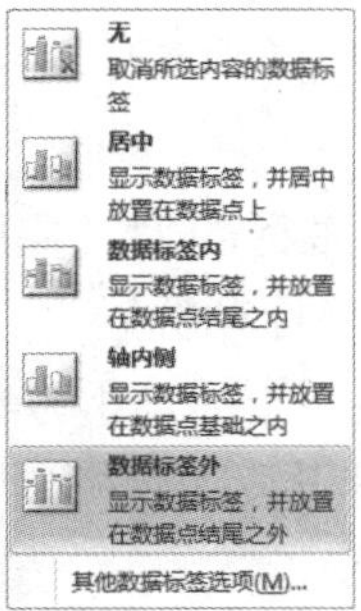

图 2.5.10 设置数据标签

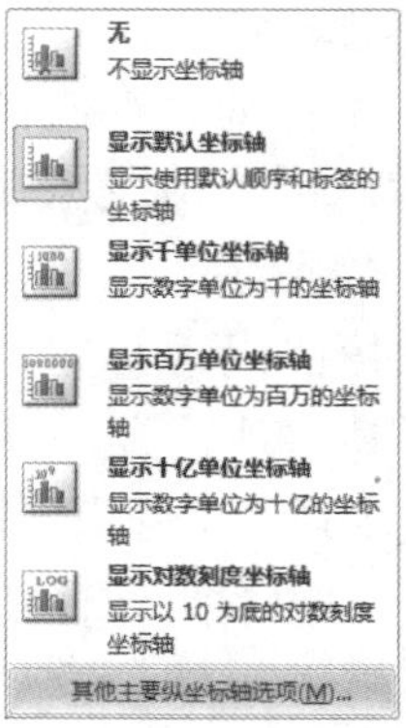

图 2.5.11 设置主要纵坐标选项

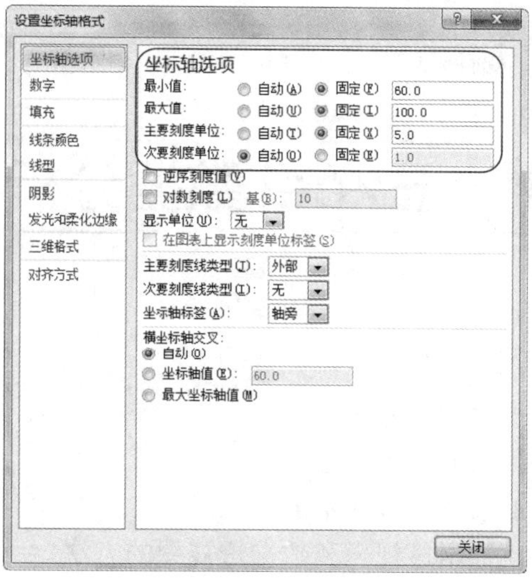

图 2.5.12 设置坐标轴选项

6）从 B8 单元格开始（B8:J8），为 4 个班级的各单科成绩插入迷你折线图。

选中 B8 单元格，单击“插入”选项卡“迷你图”选项组中的“折线图”按钮，在打开的“创建迷你图”对话框中，选择所需的数据，如图 2.5.13 所示，然后单击“确定”按钮即可。拖动 B8 单元格右下角的填充柄至 J8，完成 4 个班级各科成绩的迷你折线图的插入操作，结果如图 2.5.14 所示。

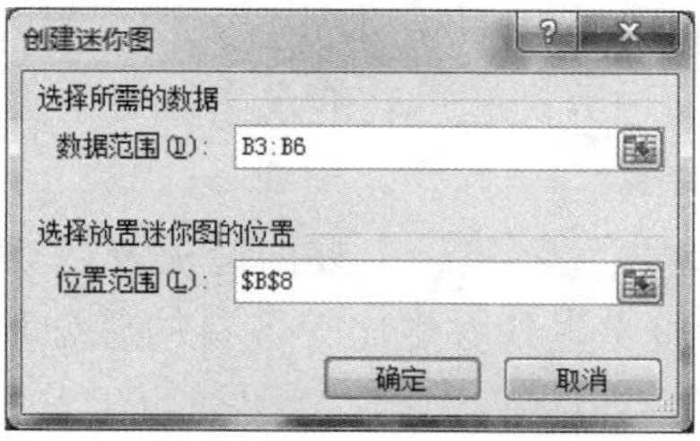

图 2.5.13 创建迷你折线图

2012级法律专业班级期末成绩总体情况表

班级	英语	体育	计算机	近代史	法制史	刑法	民法	法律英语	立法法	总分	平均分	排名
法一	80.3	85.9	80.1	77.9	88.2	79.1	82.3	86.1	88.6	748.5	83.2	2
法二	83.0	88.6	80.2	80.9	87.9	81.3	81.9	87.4	89.2	760.4	84.5	1
法三	81.1	85.8	80.2	77.9	80.7	81.9	78.8	84.1	89.0	739.5	82.2	4
法四	82.1	84.1	79.2	77.2	81.8	82.4	79.2	86.2	88.8	741.0	82.3	3
总平均分	81.6	86.1	79.9	78.5	84.7	81.2	80.6	85.9	88.9			
迷你折线图												

图 2.5.14 插入后的迷你折线图

实验 6　Excel 数据分析与处理

实验目的

1）掌握 Excel 数据排序的基本方法。

2）掌握 Excel 数据筛选的基本方法。

3）掌握 Excel 分类汇总与分级显示的方法。

4）掌握在 Excel 创建数据透视表和数据透视图的方法。

实验任务要求

对素材文件夹中的“期末成绩单-原始文档”进行整理和分析。

1）对“期末成绩表”中的各科成绩的最高分、次高分、最低分和次低分进行统计计算，统计结果区域为 D21:J24。

2）利用“条件格式”功能进行下列设置：将数学、英语、计算机基础 3 科中高于 90 分（包含 90 分）的成绩所在的单元格填充为绿色，将所有不及格的成绩数值设置为红色。

3）复制工作表“期末成绩表”，将副本放置到原表后，改变该副本表标签的颜色，并重命名为“分类汇总”。通过分类汇总功能求出班级中男生和女生的平均成绩，并将每组结果分页显示。

4）为工作表“期末成绩表”创建一个数据透视表，放在一个名为“数据透视分析表”的新工作表中，要求针对男生和女生比较各科的总分和平均分。其中，性别为筛选字段，姓名为行标签，数值为列标签，对总分和平均分求和。

实验操作步骤

1）在 D21 单元格中输入公式“=LARGE(D2:D19,1)”，如图 2.6.1 所示，按【Enter】键，然后拖动 D21 单元格右下角的填充柄到 J21 单元格，即可计算出各门课分数、总分和平均分中的最高分。使用同样的方法，运用 LARGE 函数，只需要将第三个参数修改为“2”，即可计算出“次高分”。在 D22 单元格中输入公式“=LARGE (D2:D19,2)”，按【Enter】键，然后拖动 D22 单元格右下角的填充柄到 J22 单元格，即可计算出各门课分数、总分和平均分中的次高分。

运用函数 SMALL 来计算最低分。在 D23 单元格中，输入公式“=SMALL(D2:D19,1)”，按【Enter】键，然后拖动 D23 单元格右下角的填充柄到 J23 单元格，即可计算各门课分数、总分和平均分的最低分。使用同样的方法，在 D24 单元格中输入公式“=SMALL(D2:D19,2)”，按【Enter】键，然后拖动 D24 单元格右下角的填充柄到 J24 单元格。计算出的各项结果如图 2.6.2 所示。

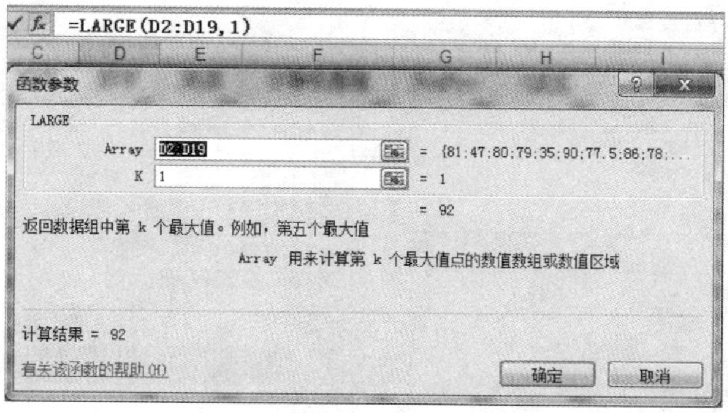

图 2.6.1　LARGE 函数的使用

最高分		92	90.5	98	91	98	436	87.2
次高分		90	90	95.5	90	90	426.5	85.3
最低分		35	42	39	35	40	270.5	54.1
次低分		47	50	49	48	60	275	55

图 2.6.2　计算出的最高分、次高分、最低分和次低分

2）利用“条件格式”功能进行下列设置：将数学、英语、计算机基础 3 科中高于 90 分（包含 90 分）的成绩所在的单元格填充为绿色，将所有不及格的成绩数值设置为红色。

选中单元格区域 D22:F19，单击“开始”选项卡“样式”选项组中的“条件格式”下拉按钮，在弹出的下拉列表中选择“突出显示单元格规则”级联菜单中的“其他规则”选项，如图 2.6.3 所示。

图 2.6.3　设置突出显示单元格规则

在打开的“新建格式规则”对话框中，选择“选择规则类型”列表框中的“只为包含以下内容的单元格设置格式”选项，在“编辑规则说明”选项组中将单元格值设置大于或等于 90。单击“格式”按钮，在打开的“设置单元格格式”对话框中，选择“填充”选项卡进行“绿色”填充，如图 2.6.4 所示，然后依次单击“确定”按钮即可。

选中 D2:J19 数据区域，使用与步骤 2）相同的方法，设置所有不及格成绩（<60）的数值为红色，结果如图 2.6.5 所示。

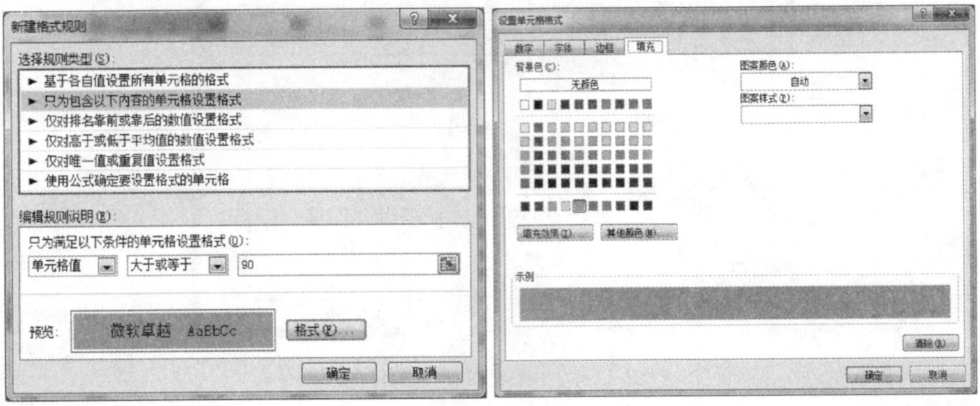

图 2.6.4　设置单元格条件格式为绿色填充

D	E	F	G	H	I	J
数学	英语	计算机基础	FoxPro	C语言	总分	平均分
81	80	90	86	80	417	83.4
47	50	39	63.5	71	270.5	54.1
80	90	98	88	80	436	87.2
79	80	88.5	91	87	425.5	85.1
35	50	68	61	76	290	58
90	80	92	87	68	417	83.4
77.5	85	90	81	60	393.5	78.7
86	88	49	89	80	392	78.4
78	90.5	94	79	85	426.5	85.3
60	80	53	35	86.5	314.5	62.9
86	88	85	78	79	416	83.2
70	80	75	60	88	373	74.6
58	57	70	86	90	361	72.2
88	80	86	70	85	409	81.8
56	42	78	59	40	275	55
69.5	88	85	90	90	422.5	84.5
92	72	95.5	48	98	405.5	81.1
78	80	92	70	88	408	81.6

图 2.6.5　设置条件格式后的结果

3）复制工作表“期末成绩表”，将副本放到原表后，改变该副本表标签的颜色为红色，并重命名为“分类汇总”。通过分类汇总功能求出班级中男生和女生的平均成绩，并将每组结果分页显示。

右击“期末成绩表”，在弹出的快捷菜单中选择“移动或复制”选项，在打开的“移动或复制工作表”对话框中，将新表的位置放在原表后，单击“确定”按钮，然后将复制后的“期末成绩表副本”重命名为“分类汇总”，并修改标签颜色为红色。

在执行分类汇总前，先将工作表的 A1:J19 单元格区域按照性别（男，女）排序。选中 A1:J19 数据区域，单击“数据”选项卡“排序和筛选”选项组中的“排序”按钮，在打开的“排序”对话框中，设置主要关键字为“性别”，如图 2.6.6 所示，单击“确定”按钮后，分类汇总表按照男生和女生进行了排序，如图 2.6.7 所示。

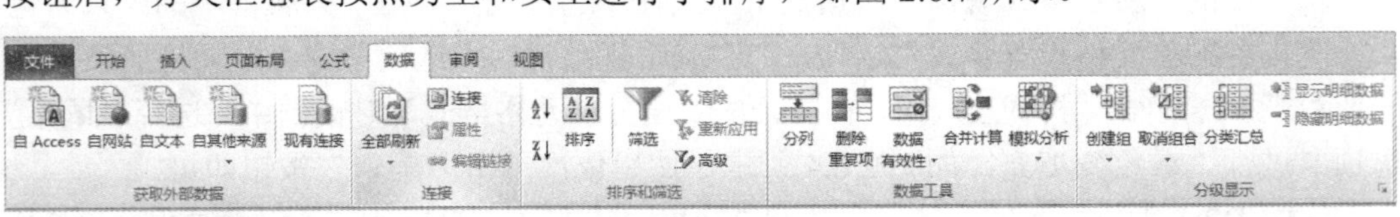

图 2.6.6　“数据”选项卡和“排序”对话框

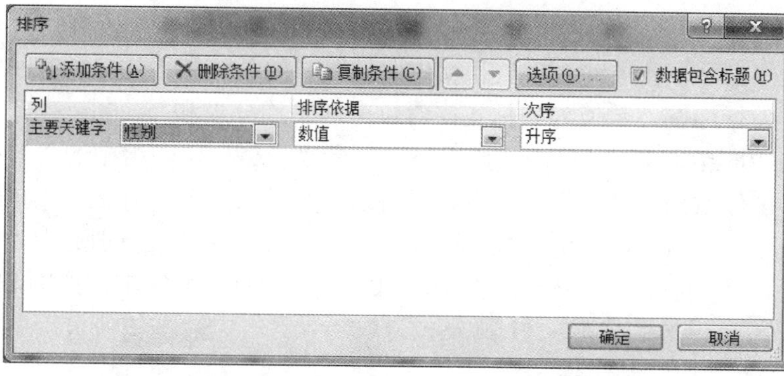

图 2.6.6（续）

学号	姓名	性别	数学	英语	计算机基础	FoxPro	C语言	总分	平均分
2014100123	王小牛	男	81	80	90	86	80	417	83.4
2014100120	刘彬	男	80	90	98	88	80	436	87.2
2014100107	杨小波	男	77.5	85	90	81	60	393.5	78.7
2014100102	刘少军	男	86	88	49	89	80	392	78.4
2014100124	王允	男	60	80	53	35	86.5	314.5	62.9
2014100119	胡一刀	男	86	88	85	78	79	416	83.2
2014100116	吴伟军	男	58	57	70	86	90	361	72.2
2014100109	杨一明	男	56	42	78	59	40	275	55
2014100106	李龙	男	69.5	88	85	90	90	422.5	84.5
2014100103	王一凡	男	92	72	95.5	48	98	405.5	81.1
2014100122	周晖	女	47	50	39	63.5	71	270.5	54.1
2014100114	胡小茜	女	79	80	88.5	91	87	425.5	85.1
2014100113	王婧	女	35	50	68	61	76	290	58
2014100108	杨慧	女	90	80	92	87	68	417	83.4
2014100125	李咏	女	78	90.5	94	79	85	426.5	85.3
2014100117	杨兰	女	70	80	75	60	88	373	74.6
2014100111	李琪	女	88	80	86	70	85	409	81.8
2014100101	朱茵	女	78	80	92	70	88	408	81.6

图 2.6.7　按照性别排序后的结果

单击“数据”选项卡“分级显示”选项组中的“分类汇总”按钮，在打开的“分类汇总”对话框中，设置“分类字段”为性别、“汇总方式”为平均值，在“选定汇总项”列表框中选择各项单科成绩，并选中“每组数据分页”复选框，如图 2.6.8 所示，单击“确定”按钮，设置分类汇总后的结果如图 2.6.9 所示。

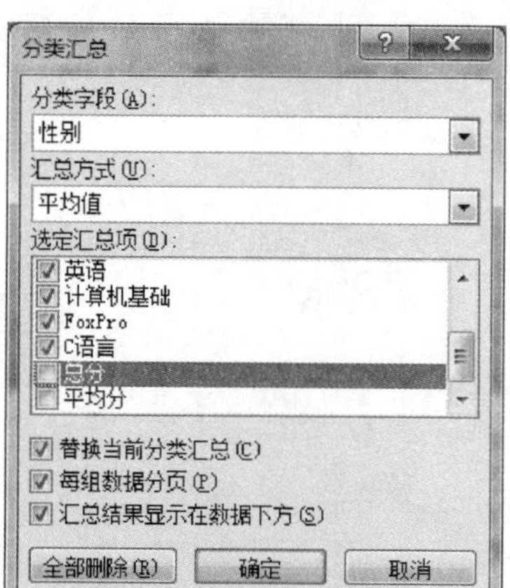

图 2.6.8　“分类汇总”对话框

性别	数学	英语	计算机基础	FoxPro	C语言
男 平均值	74.6	77	79.35	74	78.35
女 平均值	70.625	73.8125	79.3125	72.6875	81
总计平均值	72.8333	75.5833	79.33333333	73.416667	79.527778

图 2.6.9　设置分类汇总后的结果

4）为工作表“期末成绩表”创建一个数据透视表，并放在一个名为“数据透视分析表”的新工作表中，要求针对男生和女生比较各科的总分和平均分。其中，性别为筛选字段，姓名为行标签，数值为列标签，对总分和平均分求和。

选中 A1:J19 数据区域，单击“插入”选项卡“表格”选项组中的“数据透视表”按钮，打开“创建数据透视表”对话框，选择放置位置为“新工作表”，如图 2.6.10 所示，单击“确定”按钮后，弹出“数据透视表字段列表”窗格。分别选中“姓名”、“性别”、“总分”和“平均分”复选框，并拖动以上字段到相应的区域，如图 2.6.11 所示。

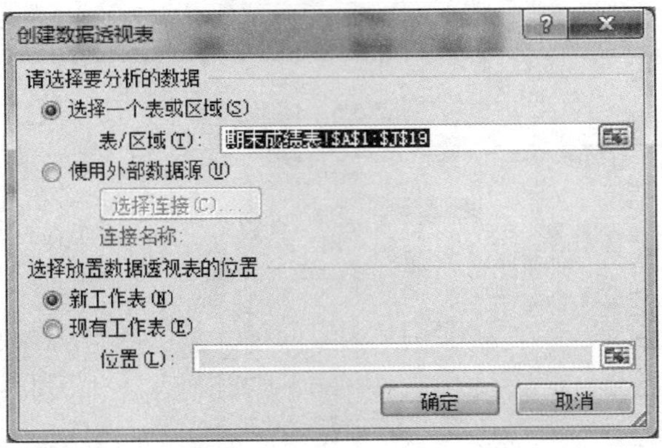

图 2.6.10　创建数据透视分析表

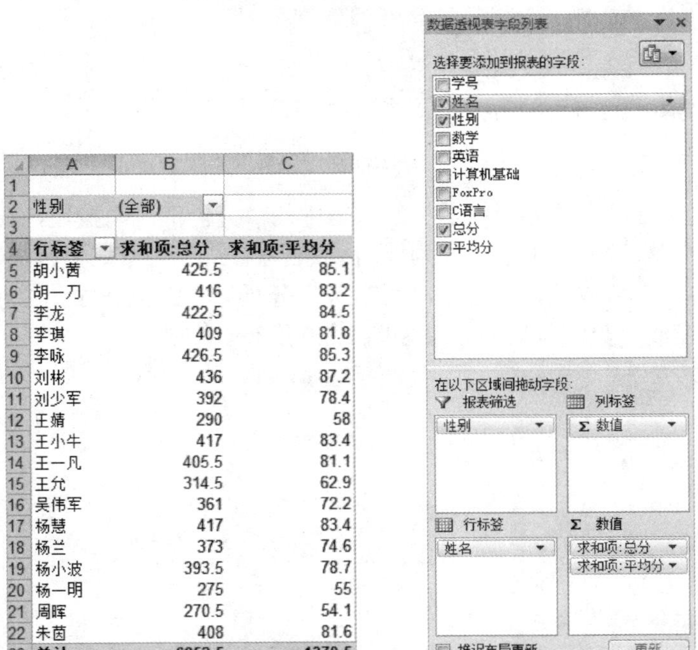

图 2.6.11　“数据透视表字段列表”窗格的设置

实验 7　Excel 与其他程序的协同与共享

实验目的

1）掌握在 Excel 中获取外部数据并分列的方法。

2）掌握共享、修订、批注工作簿的方法。

3）掌握在 Excel 中插入超链接的方法。

4）掌握 Excel 2010 与早期版本用户交换工作簿的方法。

5）掌握将 Excel 工作簿发布为 PDF 等格式的方法。

实验任务要求

打开工作簿“学生成绩-原始文档”，在最左侧插入一个空白工作表。

1）将以制表符分隔的文本文件“学生档案”自 A1 单元格开始导入空白工作表中，注意不得改变原始数据的排列顺序。将第 1 列数据从左到右依次分成“学号”和“姓名”两列显示。最后创建一个名为“档案”的工作表，同时删除外部链接。

2）设定多人共享“学生成绩”工作簿，并通过设置解决共享工作簿中的冲突修订。

3）启用工作簿修订，在工作时突出显示修订。

4）为“档案”工作表的 C1“身份证号码”插入批注，为其添加说明“身份证号的倒数第 2 位用于判断性别，奇数为男性，偶数为女性；身份证号的第 7～14 位代表出生年月日”。

5）在工作表“档案”的 H 列输入“个人主页/邮箱”，为每个同学插入超链接，链接到个人主页或个人邮箱地址。

6）与使用早期版本的 Excel 用户交换工作簿。

7）将工作簿发布为 PDF/XPS 格式。

实验操作步骤

1）打开工作簿，选中第一个工作表“语文”并右击，在弹出的快捷菜单中选择“插入”选项，在打开的“插入”对话框中选择“工作表”选项，单击“确定”按钮，在全部工作表前插入一个新的空白工作表 Sheet1。单击“数据”选项卡“获取外部数据”选项组中的“自文本”按钮，在打开的“导入文本文件”对话框中，选择“学生档案”文件，如图 2.7.1 所示，单击“导入”按钮。

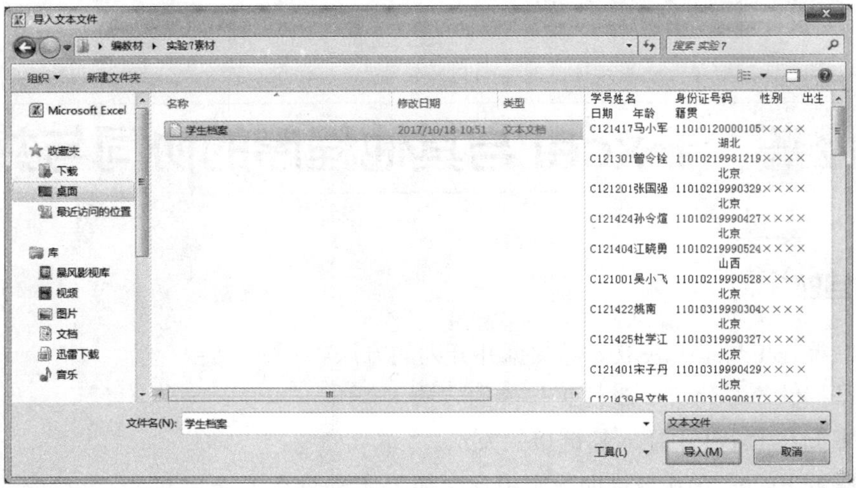

图 2.7.1 “导入文本文件”对话框

在打开的“文本导入向导-第 1 步，共 3 步”对话框中，设置“文件原始格式”为简体中文，单击“下一步”按钮；在“文件导入向导-第 2 步，共 3 步”对话框中，保留默认设置，单击“下一步”按钮；在“文件导入向导-第 3 步，共 3 步”对话框中对各列数据格式进行设置，如图 2.7.2 所示。单击“完成”按钮后，在打开的“导入数据”对话框中设置数据的放置位置为从 A1 位置开始，如图 2.7.3 所示，单击“确定”按钮。

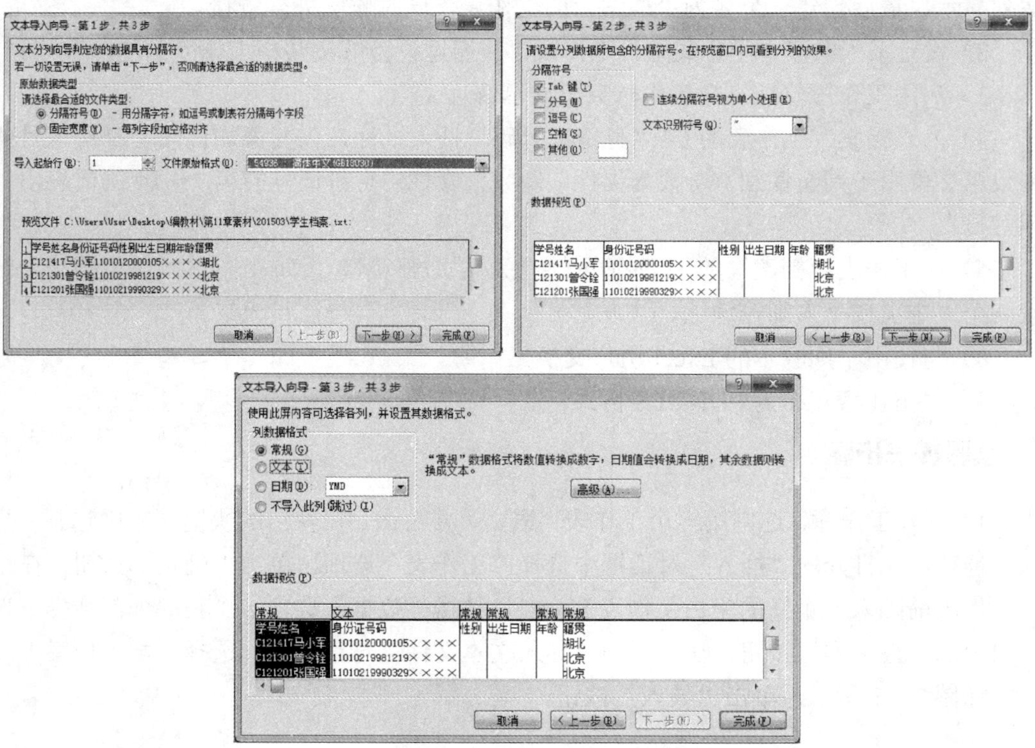

图 2.7.2 文本导入向导

在“学号姓名”列和“身份证号码”列之间插入一个空白列，使其名称为“B”列。选中A列，在“数据”选项卡“数据工具”选项组中，单击“分列”按钮，打开“文本分列向导-第1步，共3步”对话框，在“原始数据类型”选项组中，选中“固定宽度”单选按钮；单击“下一步”按钮，在“文本分列向导-第2步，共3步”对话框中的“数据预览”列表框中单击数据线段出现黑色竖线，拖动竖线到“学号”和“姓名”之间；单击“下一步”按钮，在“文件分列向导-第3步，共3步”对话框中设置“目标区域”为“A1”，如图2.7.4所示，单击“完成”按钮，在弹出的提示框中，单击“确定”按钮，完成A列的拆分。

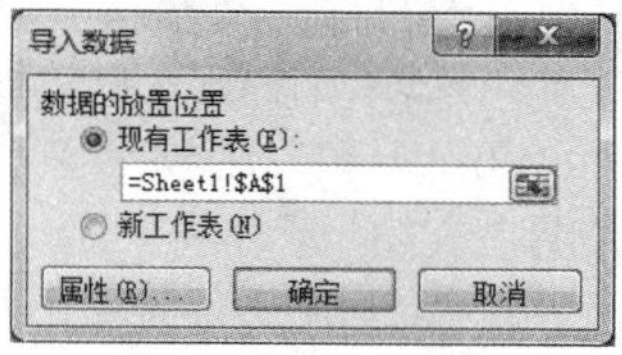

图2.7.3　设置数据的放置位置

选中A2:A56单元格区域，按照上述内容拆分学号和姓名的值。

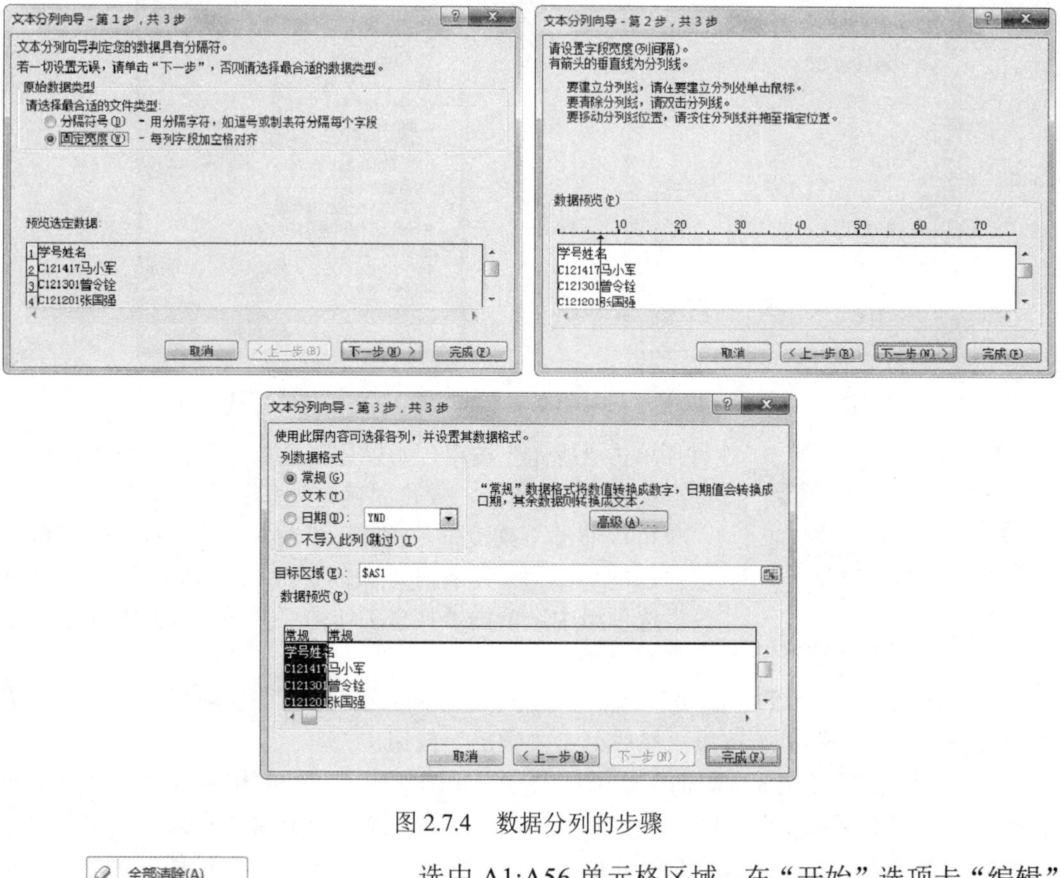

图2.7.4　数据分列的步骤

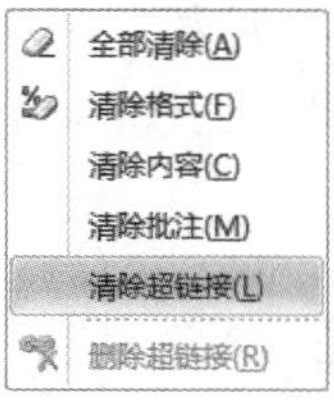

图2.7.5　清除导入文本的超链接

选中A1:A56单元格区域，在“开始”选项卡“编辑”选项组中，单击“清除”下拉按钮，在弹出的下拉列表中选择“清除超链接”选项，如图2.7.5所示，清除外部链接。重命名工作表Sheet1为“档案”。

2）设定多人共享“学生成绩”工作簿，并通过设置解决共享工作簿中的冲突修订。

在“审阅”选项卡“更改”选项组中，单击“共享工作簿”按钮，如图 2.7.6 所示，打开“共享工作簿”对话框。

在“编辑”选项卡中，选中“允许多用户同时编辑，同时允许工作簿合并”复选框，如图 2.7.7 所示。

在“高级”选项卡中，选择要用于跟踪和更新变化的选项，如图 2.7.8 所示。

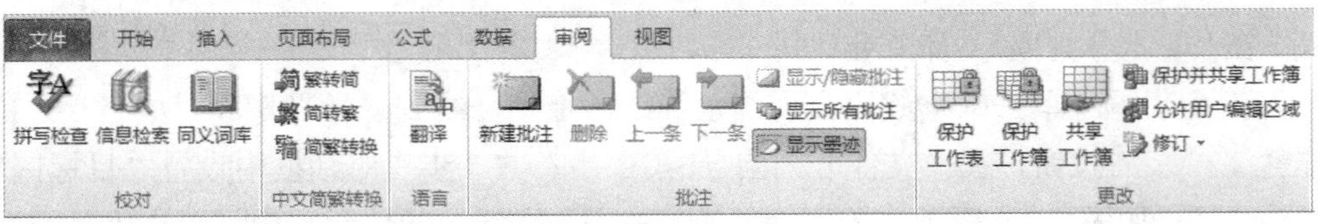

图 2.7.6 “审阅”选项卡

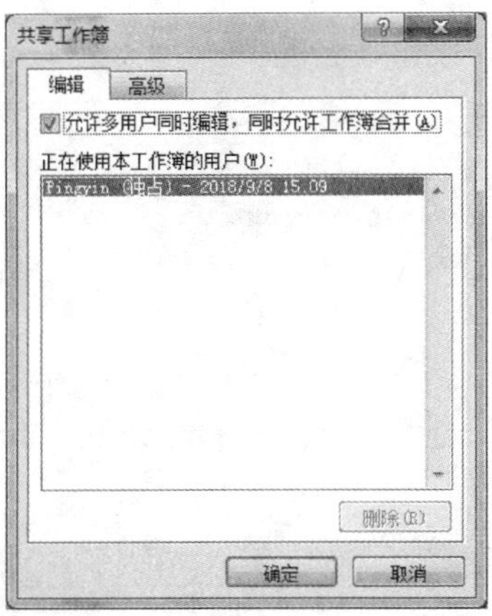

图 2.7.7 “编辑”选项卡

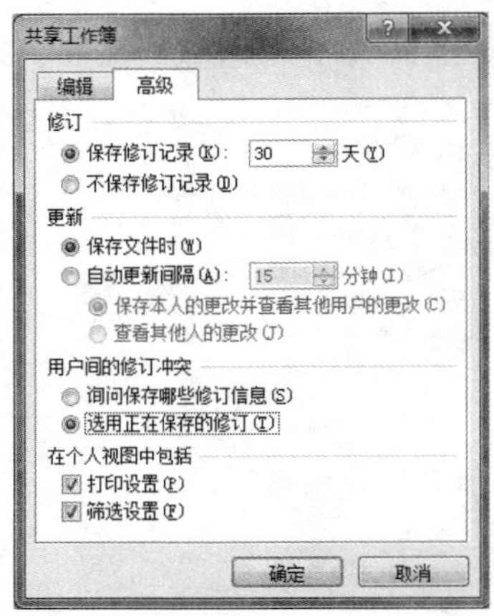

图 2.7.8 “高级”选项卡

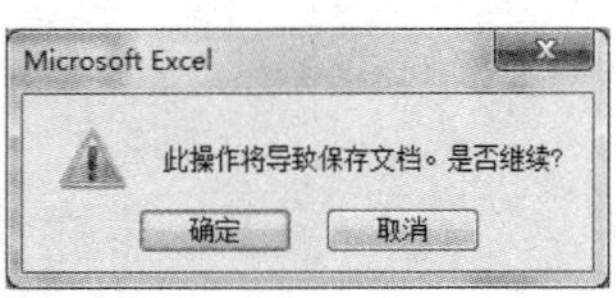

图 2.7.9 保存提示框

单击“确定”按钮，如果是新文档，则将弹出保存提示框，如图 2.7.9 所示，单击“确定”按钮进行保存。

可以通过下列设置不再显示“解决冲突”对话框而自动以自己的更改覆盖所有其他人的更改：在“审阅”选项卡“更改”选项组中，单击“共享工作簿”按钮，打开“共享工作簿”对话框。

在如图 2.7.8 所示的“高级”选项卡的“用户间的修订冲突”选项组中，选中“选用正在保存的修订”单选按钮，然后单击“确定”按钮。

若全部工作已经完成，取消工作簿的共享，要确保所有其他编辑者都已经完成了他们的工作，否则所有未保存的更改都将丢失。在如图 2.7.7 所示的“编辑”选项卡中，将其他编辑者删除，确保当前编辑者是“正在使用本工作簿的用户”列表框中列出的唯一用户。然后取消选中“允许多用户同时编辑，同时允许工作簿合并”复选框，单击“确定”按钮即可。

3）启用工作簿修订，在工作时突出显示修订。

提示：默认情况下，Excel 将修订记录保留 30 天并清除早于该天数的所有修订记录，如图 2.7.8 所示。如果希望将修订记录保留 30 天以上，可在该对话框中输入一个大于 30

的数字。

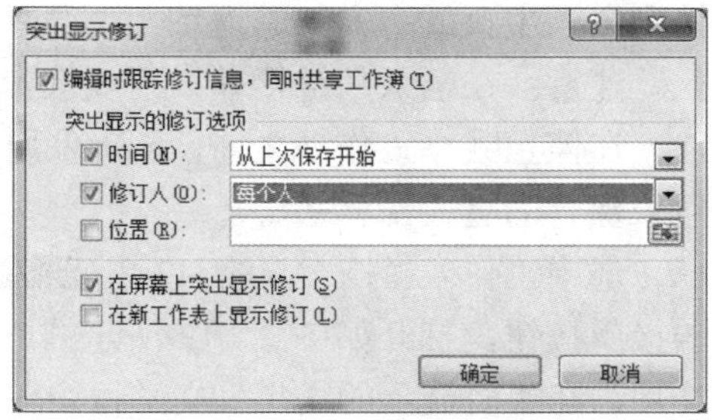

图 2.7.10　“突出显示修订”对话框

在“审阅”选项卡的“更改”选项组中，单击“修订”下拉按钮，在弹出的下拉列表中选择“突出显示修订”选项，打开“突出显示修订”对话框，如图 2.7.10 所示。

选中“编辑时跟踪修订信息，同时共享工作簿”复选框。

在“突出显示的修订选项”选项组中进行相关的设置。

① 选中“时间”复选框，然后在其右侧设置记录修订的起始时间。

② 选中“修订人”复选框，然后在其右侧指定为哪些编辑者突出显示修订。

③ 选中“位置”复选框，然后在其右侧选择或输入需要突出显示修订的工作表区域的单元格。

设置完成后，单击“确定”按钮，然后在工作表上进行相应的修订，修订位置将以不同的颜色突出显示，并自动添加修订批注。

4）为“档案”工作表的 C1“身份证号”插入批注，为其添加说明“身份证号的倒数第 2 位用于判断性别，奇数为男性，偶数为女性；身份证号的第 7～14 位代表出生年月日”。

选中 C1 单元格，单击“审阅”选项卡“批注”选项组中的“新建批注”按钮；或选中 C1 单元格并右击，在弹出的快捷菜单中选择“插入批注”选项，如图 2.7.11 所示。C1 单元格旁边出现批注框。在标注当前使用者名字的“：”后面输入文本“身份证号的倒数第 2 位用于判断性别，奇数为男性，偶数为女性；身份证号的第 7～14 位代表出生年月日”，如图 2.7.12 所示。插入批注后，可以在“批注”选项组中编辑批注、删除批注、查看上一条批注和下一条批注等。

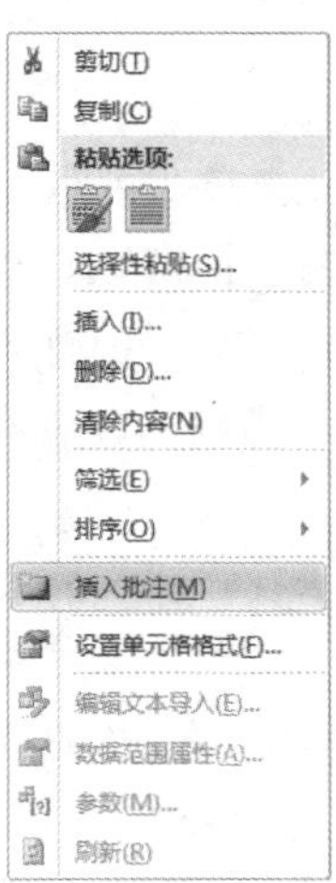

图 2.7.11　“插入批注”选项

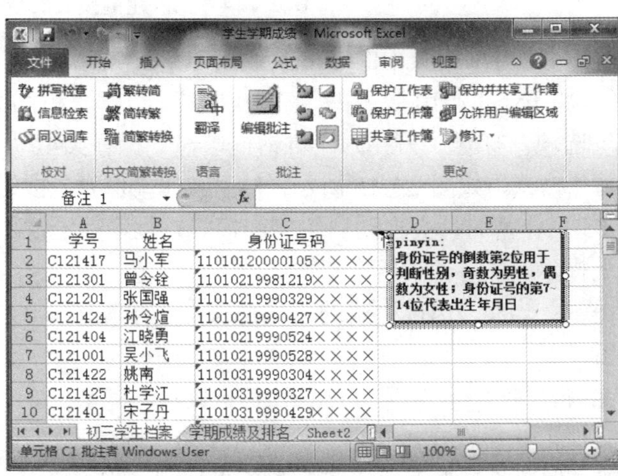

图 2.7.12　批注显示样例

5）在工作表“档案”的 H 列输入“个人主页/邮箱”，为每个学生插入超链接，链接到个人主页或个人邮箱地址。

注意：在插入超链接前，需要取消共享工作簿的设置。

在停止共享工作簿之前，要确保所有其他编辑者都已经完成了他们的工作，否则任何未保存的更改都将丢失。

选中工作表“档案”的 H2 单元格，在“插入”选项卡“链接”选项组中，单击“超链接”按钮，打开如图 2.7.13 所示的“插入超链接”对话框。选择“现有文件或网页”选项，在“要显示的文字”文本框中输入单元格内要显示的文字，在“地址”文本框中输入网页或邮箱的地址，然后单击“确定”按钮即可。插入超链接后的结果如图 2.7.14 所示。

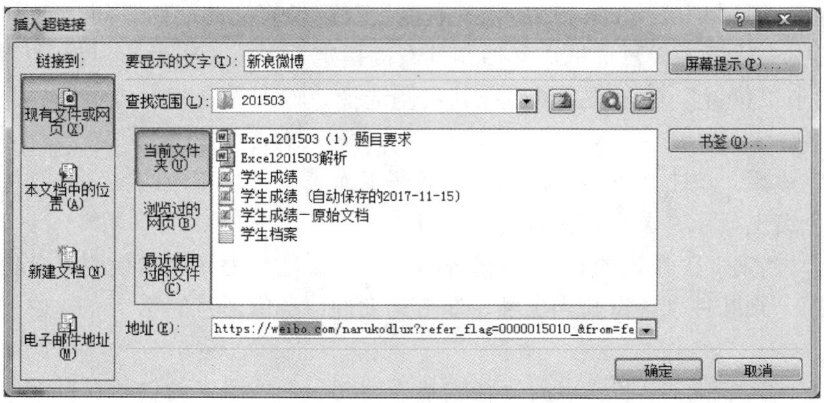

图 2.7.13 “插入超链接”对话框

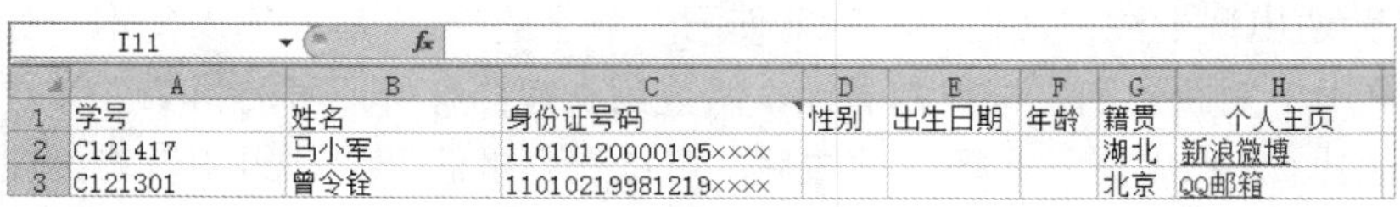

	A	B	C	D	E	F	G	H
1	学号	姓名	身份证号码	性别	出生日期	年龄	籍贯	个人主页
2	C121417	马小军	11010120000105××××				湖北	新浪微博
3	C121301	曾令铨	11010219981219××××				北京	QQ邮箱

图 2.7.14 插入超链接后的结果

6）与使用早期版本的 Excel 用户交换工作簿。

① 将 Excel 2010 版本的“学生成绩”工作簿保存为早期版本。选择“文件”→“另存为”选项，打开“另存为”对话框，在“保存类型”下拉列表中选择“Excel 97-2003 工作簿”格式，如图 2.7.15 所示，然后单击“保存”按钮。当在 Excel 2010 中打开 Excel 97-2003 工作簿时，会自动启用兼容模式，程序标题栏中的文件名右侧显示“兼容模式”的直观提示。

提示：当将 2010 格式的工作簿保存为早期版本的文件时，某些格式和功能可能不会保留。

② 将早期版本保存为 Excel 2010 版本。首先在 Excel 2010 中打开 Excel 97-2003 工作簿文件，然后选择“文件”→“另存为”选项，打开“另存为”对话框，在该对话框下方的“保存类型”下拉列表中选择“Excel 工作簿”格式，然后单击“保存”按钮即可。

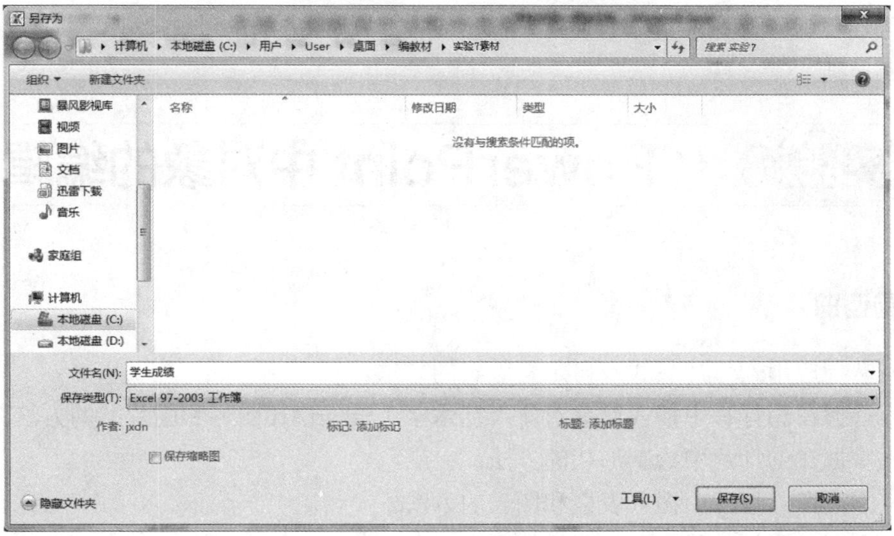

图 2.7.15 “另存为”对话框

7）将工作簿发布为 PDF/XPS 格式。

PDF 格式（可移植文件格式）可以保留文档格式并允许文件共享，他人无法轻易更改文件中的数据及格式。PDF 支持各种平台，要查看 PDF 文件，必须在计算机上安装 PDF 阅读器。

XPS（XML 文件规格书）格式（纸张规格）是一种平台独立技术，该技术也可以保留文档格式并支持文件共享，他人无法轻易更改文件中的数据。XPS 格式可以在文件中嵌入所有的字体并使这些字体能按预期显示而不必考虑接收者的计算机中是否安装了该字体。与 PDF 格式相比，XPS 格式能够在接收者的计算机上呈现更加精确的图像和颜色。

选择“文件”→“另存为”选项，打开“另存为”对话框，在“保存类型”下拉列表中选择“PDF”或“XPS 文档”格式，然后单击“保存”按钮，即可将当前工作簿保存为 PDF/XPS 文档格式。

实验 8　PowerPoint 中对象的编辑

实验目的

1）掌握应用幻灯片版式及自定义版式的方法。

2）掌握在幻灯片中插入简单对象（艺术字、SmartArt 图形和图片）的方法。

3）掌握在幻灯片中绘制形状的方法。

4）掌握在幻灯片中插入表格和图表的方法。

5）掌握设置幻灯片主题与背景的方法。

6）掌握幻灯片的页面设置方法。

7）掌握幻灯片母版的编辑方法。

实验任务要求

素材文件夹中有一份演示文稿“提高员工满意度”，请打开文档进行美化。

1）在第 1 张幻灯片前添加一张标题幻灯片，版式为“标题幻灯片”。

2）在第 2 张幻灯片中建立第 1～6 个方框的链接，单击方框时，可转到与其对应的幻灯片上，同时取消每张幻灯片单击切换的功能。为第 3～7 张幻灯片各自定义一个图形链接，要求图形中包含“返回”字样。

3）为演示文稿应用一个主题，使演示文稿更加美观。

4）除标题幻灯片外，为幻灯片添加编号、页脚及日期和时间（自动更新），页脚内容为“员工满意度方案”。

5）在第 3 张幻灯片“培训大纲”中，将文本框中包含的流程文字利用 SmartArt 图形展现。

6）将第 5 张幻灯片的内容通过一个 6 行 3 列的表格来显示。

7）为第 6 张幻灯片中的箭头（“五个层面”）图片设计一个进入的动画效果，将动画效果的显示时间适当地放慢，并设定一个自动播放的时间。

8）为第 7 张幻灯片的版式设计一个“图片与标题”，并插入素材文件夹中的“插图”到图片框中。

9）为第 8 张幻灯片设计一个切换效果，添加一个声音效果。

10）添加一张结尾幻灯片，版式为“仅标题”，然后插入包含“谢谢！”的艺术字，并设置其动画效果路径为圆形形状。

11）通过幻灯片母版为每张幻灯片增加艺术字的水印效果，水印文字中应包含“恒云科技”字样，并旋转一定的角度。

实验操作步骤

实验主要利用的工具选项为“插入”选项卡，如图 2.8.1 所示。

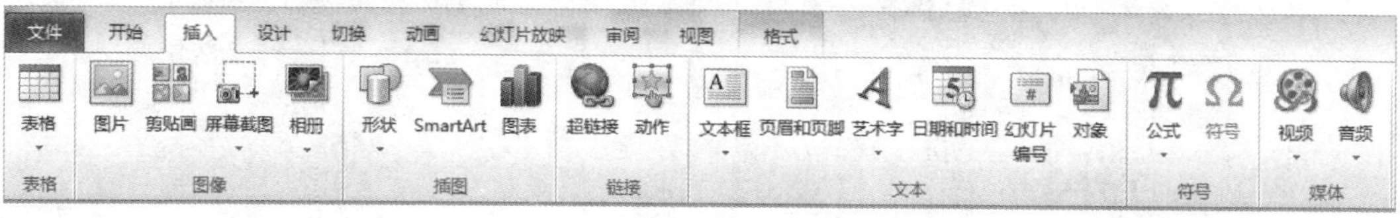

图 2.8.1　“插入”选项卡

1）在第 1 张幻灯片前添加一张标题幻灯片，版式为“标题幻灯片”。

选中当前幻灯片文件中的第 1 张幻灯片，单击“开始”选项卡“幻灯片”选项组中的“新建幻灯片”下拉按钮，在弹出的下拉列表中选择“标题幻灯片”选项，如图 2.8.2 所示，拖动新建的“标题幻灯片”使其为第 1 张幻灯片。

在“单击此处添加标题”占位符中输入“提高员工满意度方案”，在“单击此处添加副标题”占位符中输入“恒云科技发展公司”（文本右对齐），如图 2.8.3 所示。

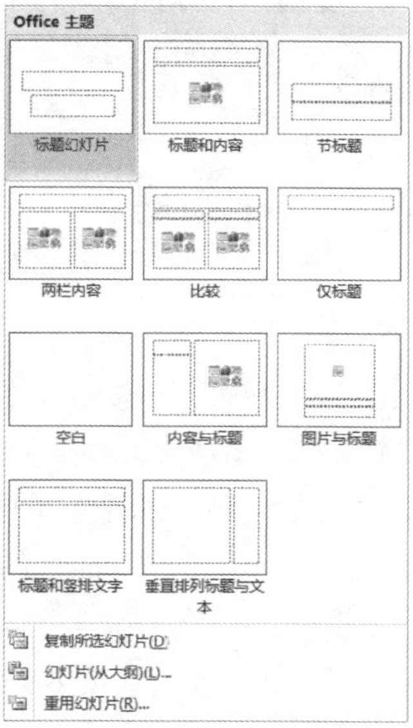

图 2.8.2　新建“标题幻灯片”

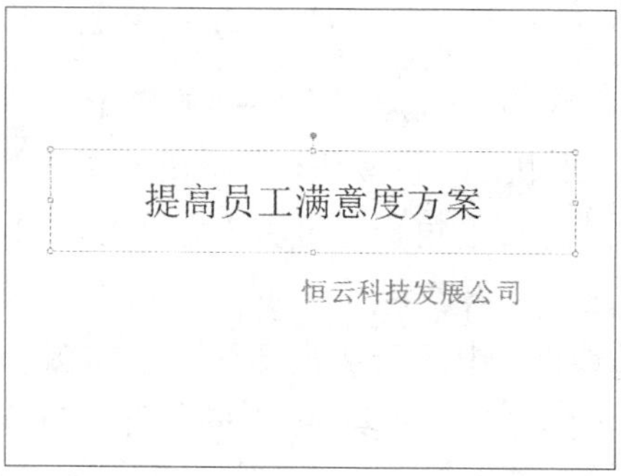

图 2.8.3　“标题幻灯片”样例

2）在第 2 张幻灯片中建立第 1～6 个方框的链接，单击方框时，可转到与其对应的幻灯片上，同时取消每张幻灯片单击切换的功能。为第 3～7 张幻灯片各自定义一个图形链接，要求图形中包含“返回”字样。

选中第 2 张幻灯片中的第 1 个方框（培训大纲），单击“插入”选项卡“链接”选项组中的“超链接”按钮，在打开的“插入超链接”对话框中，选择“本文档中的位置”选项，并选择第 3 张幻灯片“3．培训大纲”，如图 2.8.4 所示，单击“确定”按钮完成第 1 个方框的链接。

注意：选择第1～6个方框时，选择最里层的方框，否则“超链接”按钮呈灰色显示。

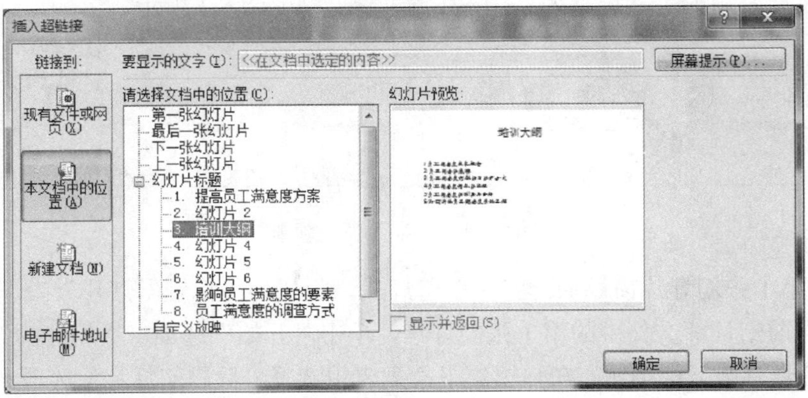

图2.8.4 “插入超链接”对话框

取消第3张幻灯片的单击切换功能：选中第3张幻灯片，在“切换”选项卡“计时”选项组中，取消选中“换片方式”中的“单击鼠标时”复选框，如图2.8.5所示。

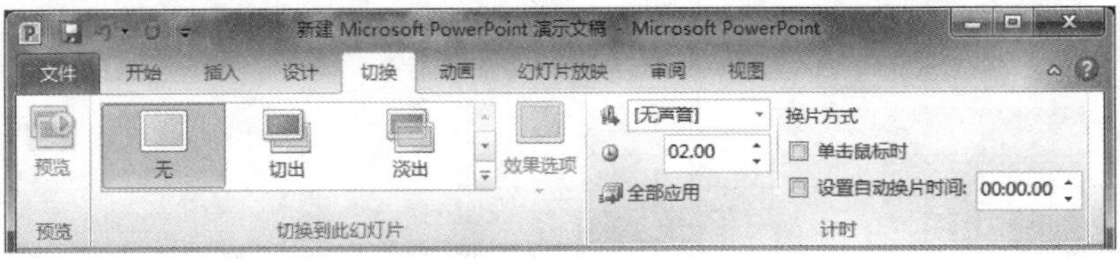

图2.8.5 取消选中“单击鼠标时”复选框

添加一个包含“返回”字样的自定义图形链接：单击“插入”选项卡“插图”选项组中的“形状”下拉按钮，在弹出的下拉列表中选择任意一个形状，如图2.8.6所示，添加到幻灯片右下角合适位置。选中插入的形状并右击，在弹出的快捷菜单中选择“编辑文字”选项，并在编辑区域中输入“返回”，如图2.8.7所示。选中插入的形状，将其链接到本文档中的第2张幻灯片，如图2.8.8所示。

按照上述方法，对第3～7张幻灯片进行设置，全部幻灯片设置后的效果如图2.8.9所示。

3）为演示文稿应用一个主题，使演示文稿更加美观。

在“设计”选项卡的“主题”选项组中，选择任意一款主题，或单击“其他”下拉按钮，在弹出的下拉列表中进行选择。想要获取更多主题，可以将专业PowerPoint主题网站的主题下载到本机，通过执行“浏览主题”和“保存当前主题”命令进行设置，如图2.8.10所示。

系统提供的主题颜色大多为“黑色”，可以通过修改“样式”选项组中的“颜色”、“字体”和“效果”来更改系统主题的色彩搭配和字体效果设置。

图 2.8.6　插入形状

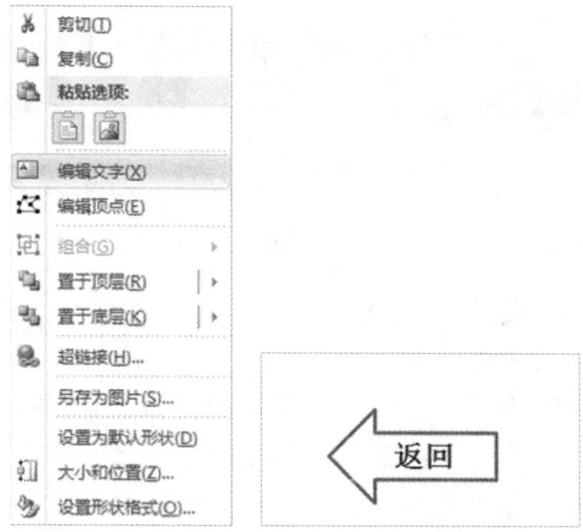

图 2.8.7　编辑插入形状中的文字

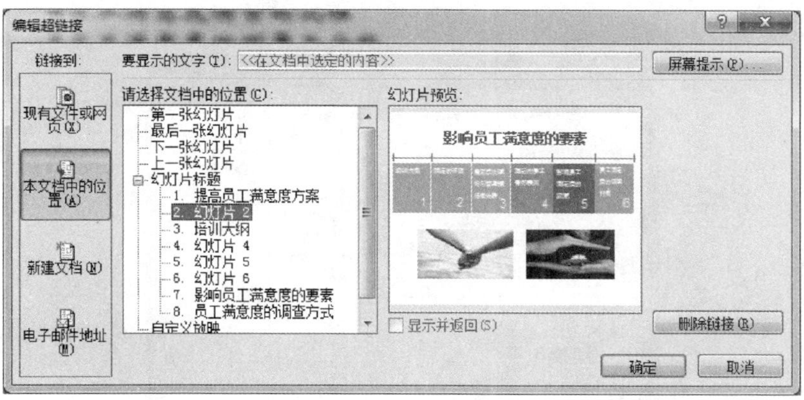

图 2.8.8　“编辑超链接”对话框

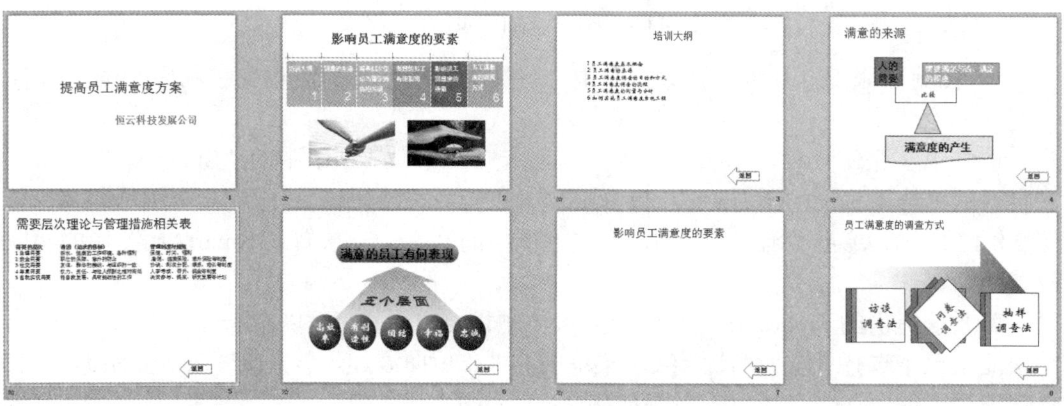

图 2.8.9　添加形状“返回”按钮后的效果图

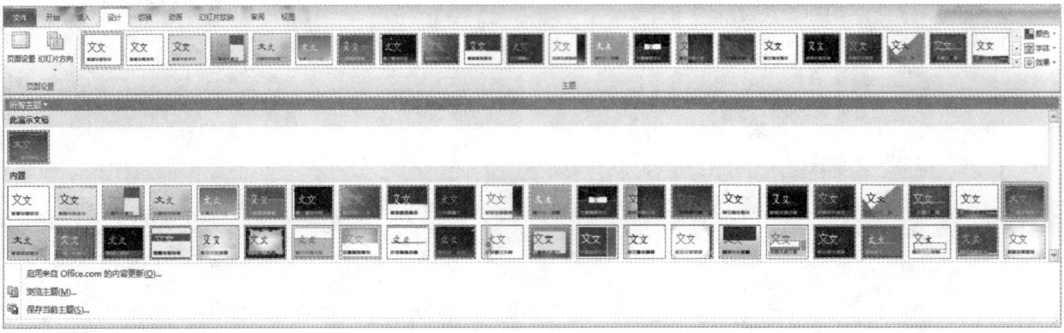

图 2.8.10 为幻灯片添加设计主题

4）除标题幻灯片外，为幻灯片添加编号、页脚及日期和时间（自动更新），页脚内容为“员工满意度方案”。

选中任意一张幻灯片，单击“插入”选项卡“文本”选项组中的“幻灯片编号”按钮，打开“页眉和页脚”对话框，在“幻灯片包含内容”选项组中选中“日期和时间”复选框和“自动更新”单选按钮，然后选中“幻灯片编号”“页脚”“标题幻灯片中不显示”3 个复选框，并在“页脚”复选框下方的文本框中输入“员工满意度方案”。全部内容设置完成后，单击“全部应用”按钮。若只应用于单张幻灯片，则单击“应用”按钮即可，如图 2.8.11 所示。

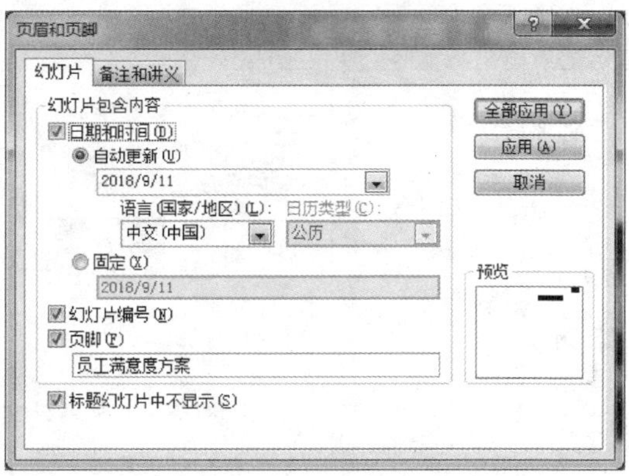

图 2.8.11 幻灯片页眉和页脚内容设置

5）在第 3 张幻灯片“培训大纲”中，将文本框中包含的流程文字利用 SmartArt 图形展现。

选中第 3 张幻灯片，单击“插入”选项卡“插图”选项组中的“SmartArt”按钮，在打开的“选择 SmartArt 图形”对话框中选择“流程”图形中的任意一个图形即可，如图 2.8.12 所示，单击“确定”按钮。将文本框中的文字一一放置在 SmartArt 图形的相应位置。

若系统提供的 SmartArt 流程图形数量与题目要求不符，可以右击任意图形，在弹出的快捷菜单中选择“添加形状”级联菜单中的“在后面添加形状”或“在前面添加形状”选项即可，如图 2.8.13 所示，效果如图 2.8.14 所示。

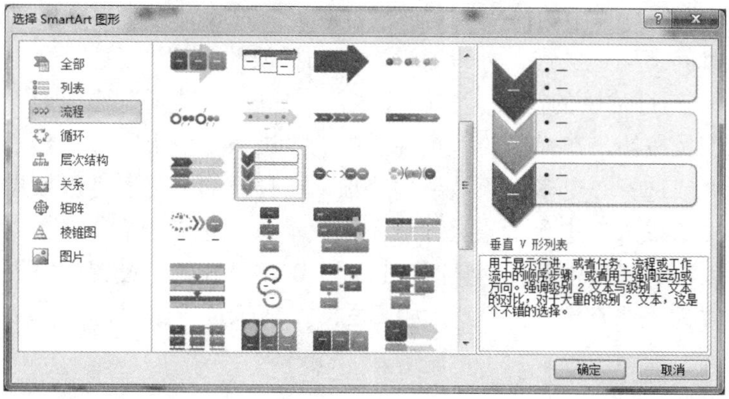

图 2.8.12　选择 SmartArt 图形

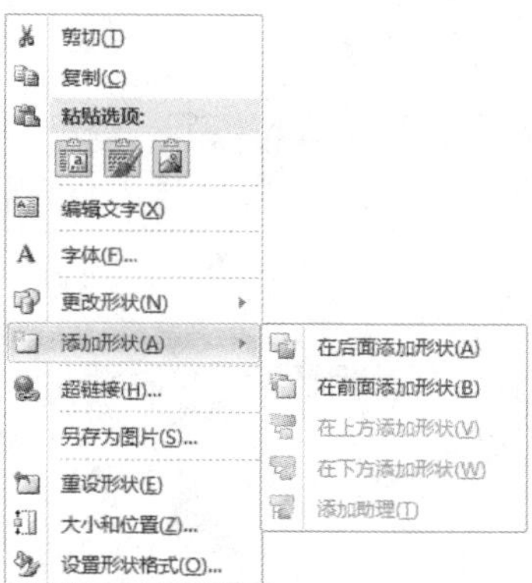

图 2.8.13　“添加形状”级联菜单

图 2.8.14　利用 SmartArt 图形展现效果

6）将第 5 张幻灯片的内容通过一个 6 行 3 列的表格来显示。

选中第 5 张幻灯片，单击“插入”选项卡“表格”选项组中的“表格”下拉按钮，在弹出的下拉列表中选择 3 列 6 行；或选择“插入表格”选项，在打开的“插入表格”对话框中设置“列数”为 3、“行数”为 6，单击“确定”按钮，插入表格后将文本框中的文字移入表格中的相应位置，结果如图 2.8.15 所示。

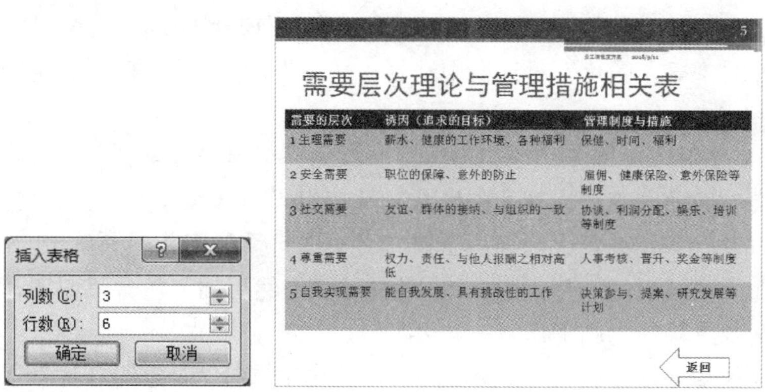

图 2.8.15　在幻灯片中插入表格

7）为第 6 张幻灯片中的箭头（“五个层面”）图片设计一个进入的动画效果，将动画效果的显示时间适当地放慢，并设定一个自动播放的时间。

选中第 6 张幻灯片中的箭头（“五个层面”），单击“动画”选项卡“动画”选项组中的“其他”下拉按钮，在弹出的下拉列表中的“进入”效果中选择一个进入方式，如图 2.8.16 所示；或选择“更多进入效果”选项，在打开的“更多进入效果”对话框中进行选择，如选择“飞入”进入效果。然后单击“动画”选项组右下角的对话框启动器，在打开的“飞入”对话框中选择“计时”选项卡，将“开始”设置为“上一动画之后”，将“期间”设置为“非常慢（5 秒）”，如图 2.8.17 所示，单击“确定”按钮。

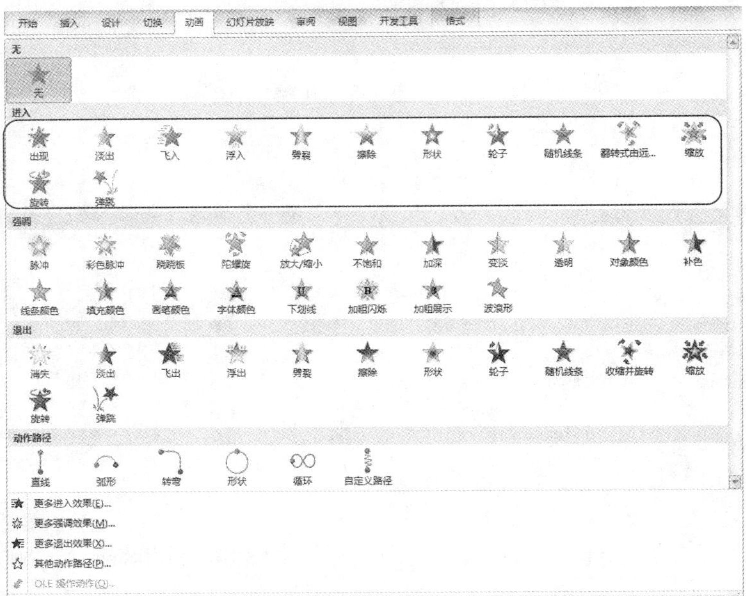

图 2.8.16 设置动画效果

8）为第 7 张幻灯片的版式设计一个“图片与标题”，并插入素材文件夹中的“插图”图片。

单击“开始”选项卡“幻灯片”选项组中的“版式”下拉按钮，在弹出的下拉列表中选择“图片与标题”选项，如图 2.8.18 所示。单击幻灯片中的“插入来自文件的图片”按钮，在打开的“插入图片”对话框中选择“插图”图片，如图 2.8.19 所示，单击“插入”按钮即可。

9）为第 8 张幻灯片设计一个切换效果，添加一个声音效果。

在“切换”选项卡“切换到此幻灯片”选项组中，选择任意一种效果；在“计时”选项组的“声音”下拉列表中选择一个声音效果即可，如图 2.8.20 所示。

10）添加一张结束幻灯片，版式为“仅标题”，然后插入包含“谢谢！”的艺术字，并设置其动画效果路径为圆形形状。

选中第 8 张幻灯片并右击，在弹出的快捷菜单中选择“新建幻灯片”选项，单击“开始”选项卡“幻灯片”选项组中的“版式”下拉按钮，在弹出的下拉列表中选择“仅标题”版式，如图 2.8.21 所示。

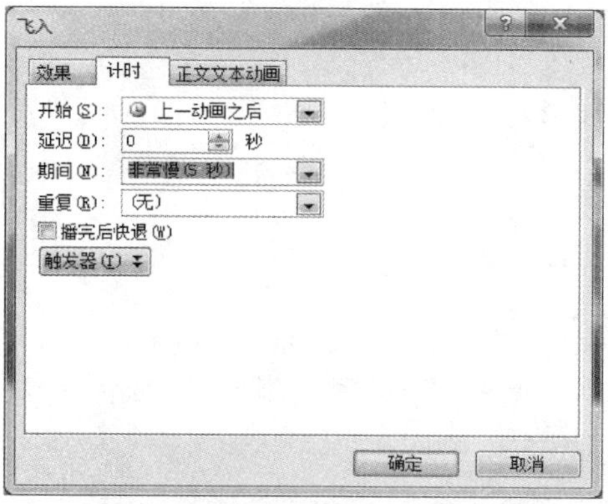

图 2.8.17　设置“飞入”动画效果

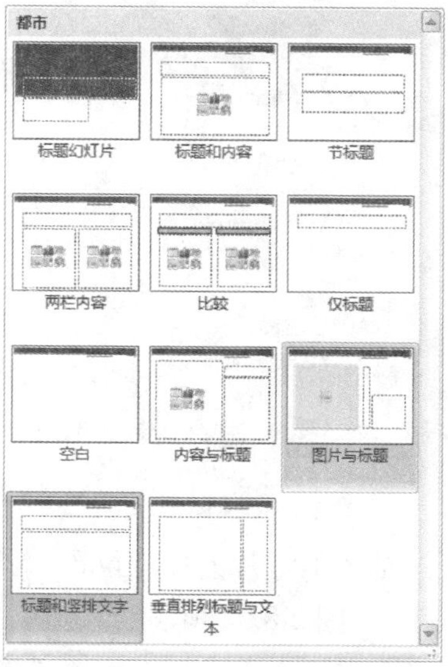

图 2.8.18　幻灯片版式设置

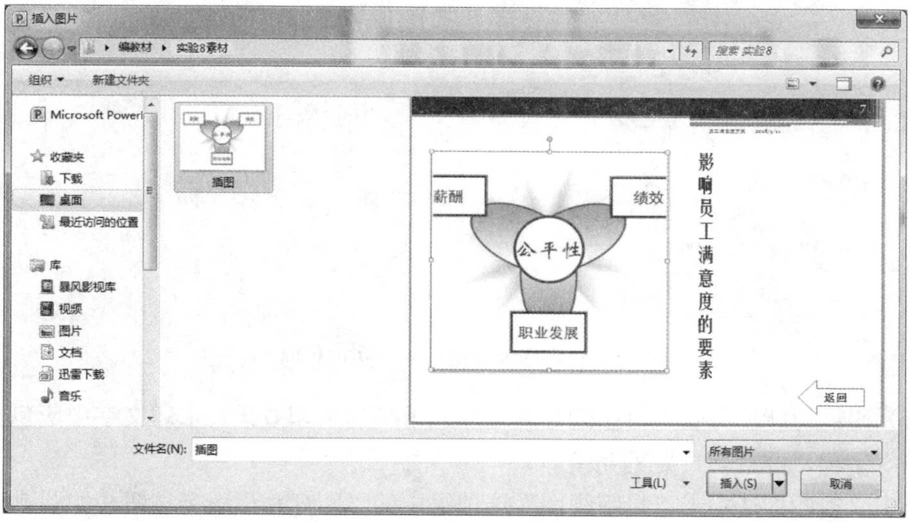

图 2.8.19　插入图片及效果

图 2.8.20　设置幻灯片切换和声音效果

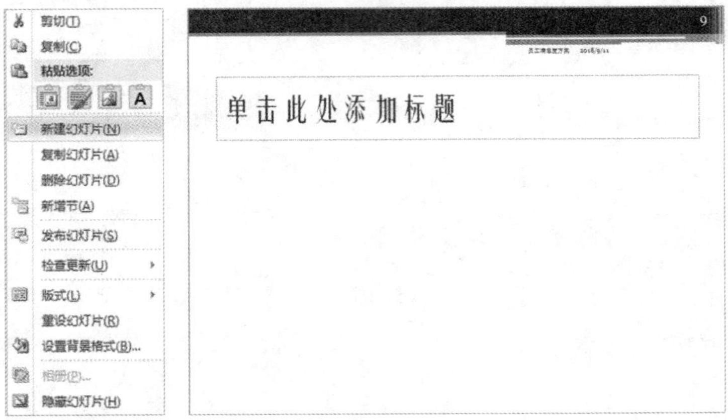

图 2.8.21　设置“新建幻灯片”

在新插入幻灯片的任意位置，插入艺术字“谢谢!”，设置动画效果的动作路径为“圆形扩展”，如图 2.8.22 所示。

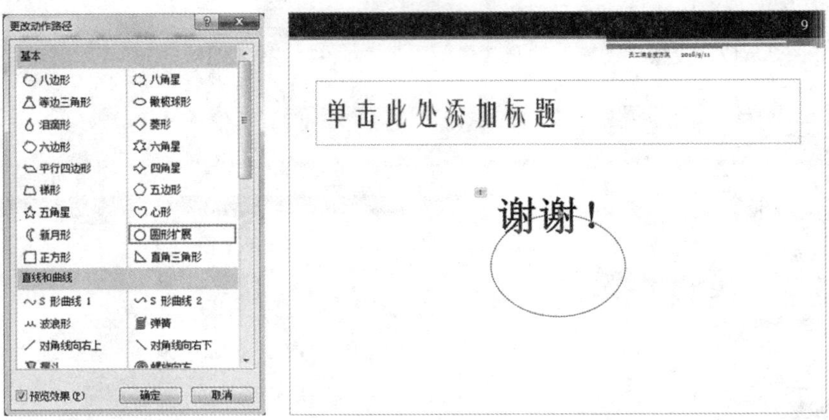

图 2.8.22　动画效果中的“圆形扩展”

11）通过幻灯片母版为每张幻灯片增加艺术字的水印效果，水印文字中应包含“恒云科技”字样，并旋转一定的角度。

单击“视图”选项卡“母版视图”选项组中的“幻灯片母版”按钮，如图 2.8.23 所示，选中任意一张幻灯片，单击“插入”选项卡“文本”选项组中的“艺术字”下拉按钮，在弹出的下拉列表中选择一种样式，在自动自成的艺术字图形区中输入“恒云科技”，并旋转一定的角度，如图 2.8.24 所示。

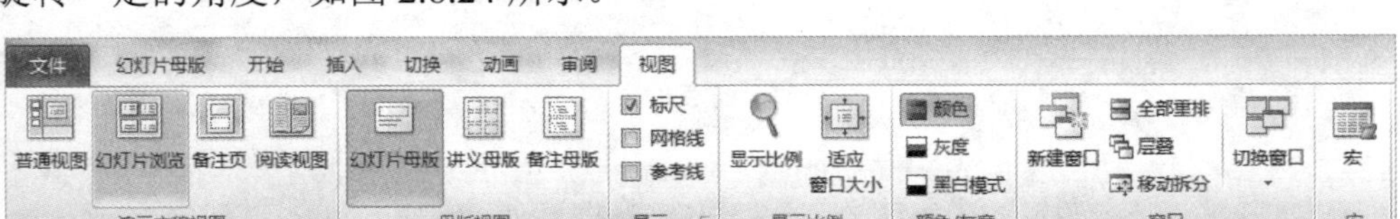

图 2.8.23　“视图”选项卡

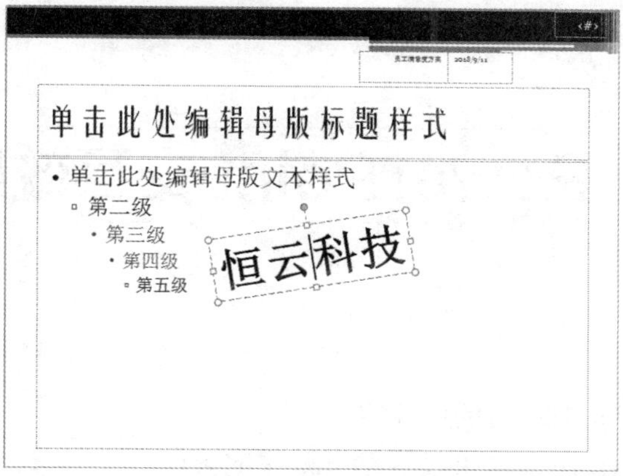

图 2.8.24　在幻灯片母版中设置水印艺术字效果

实验9 PowerPoint交互效果的设置

实验目的

1）掌握 PowerPoint 中相册的创建方法。

2）掌握为 SmartArt 图形对象设置动画效果的方法。

3）掌握在幻灯片中添加对象超链接的方法。

4）掌握在幻灯片中添加音频等对象的方法。

5）掌握为幻灯片设置节的方法。

实验任务要求

1）利用 PowerPoint 应用程序创建一个相册，并包含素材文件夹中的 Photo(1).jpg～Photo(12).jpg 共 12 张摄影作品。在每张幻灯片中包含 4 张图片，并将每张图片设置为"居中矩形阴影"相框形状。

2）设置相册主题为素材文件夹中的"相册主题"样式。

3）在标题幻灯片后插入一张新的幻灯片，将该幻灯片设置为"标题和内容"版式。在该幻灯片的标题位置输入"摄影社团优秀作品赏析"，并在该幻灯片的内容文本框中输入 3 行文字，分别为"湖光春色"、"冰雪消融"和"田园风光"。将"湖光春色"、"冰雪消融"和"田园风光"3 行文字转换为样式为"蛇形图片重点列表"的 SmartArt 对象，并将 Photo(1).jpg、Photo(6).jpg 和 Photo(9).jpg 定义为该 SmartArt 对象的显示图片。

4）为 SmartArt 对象添加自左至右的"擦除"进入动画效果，并要求在幻灯片放映时该 SmartArt 对象元素可以逐个显示。

5）在 SmartArt 对象元素中添加幻灯片跳转链接，使单击"湖光春色"标注形状可跳转至第 3 张幻灯片，单击"冰雪消融"标注形状可跳转至第 4 张幻灯片，单击"田园风光"标注形状可跳转至第 5 张幻灯片。

6）将素材文件夹中的"ELPHRG01.wav"声音文件作为该相册的背景音乐，并在幻灯片放映时开始播放。

实验操作步骤

1）打开 PowerPoint 应用程序，默认建立一个空白的演示文稿。单击"插入"选项卡"图像"选项组中的"相册"按钮，打开"相册"对话框。单击"插入图片来自"选项组中的"文件/磁盘"按钮，在打开的"插入新图片"对话框中选择 Photo(1).jpg～Photo(12).jpg 共 12 张图片，单击"插入"按钮。在"相册"对话框中的"相册版式"选项组中设置“图片版式”为“4 张图片”、“相框形状”为“居中矩形阴影”，如图 2.9.1 所示。单击“创建”按钮即可创建新相册，初步创建的相册效果如图 2.9.2 所示。

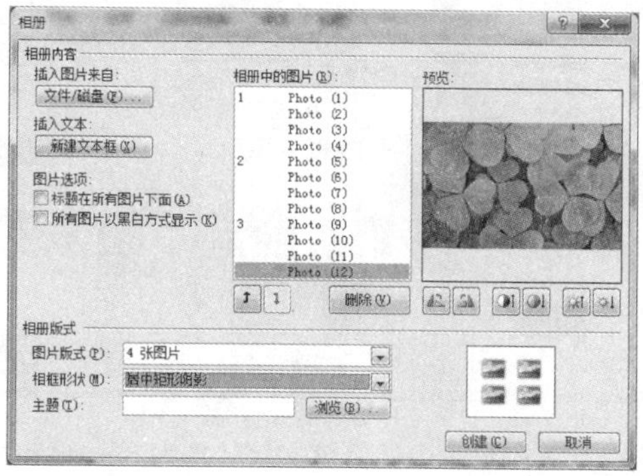

图 2.9.1 “相册”对话框

图 2.9.2 初步创建的相册效果

2）设置相册主题为素材文件夹中的“相册主题”样式。

单击“设计”选项卡“主题”选项组中的“其他”下拉按钮，在弹出的下拉列表中选择“浏览主题”选项，在打开的“选择主题或主题文档”对话框中设置素材文件夹中的“相册主题”为当前幻灯片主题。也可将“相册主题”保存在本机系统主题中，选择“保存当前主题”选项即可。

3）在标题幻灯片后插入一张新的幻灯片，将该幻灯片设置为“标题和内容”版式。在该幻灯片的标题位置输入“摄影社团优秀作品赏析”，并在该幻灯片的内容文本框中输入 3 行文字，分别为“湖光春色”、“冰雪消融”和“田园风光”。

单击第 1 张幻灯片，使其成为当前幻灯片。单击“开始”选项卡“幻灯片”选项组中的“新建幻灯片”下拉按钮，在弹出的下拉列表中选择“标题和内容”选项，在标题栏输入“摄影社团优秀作品赏析”，在内容文本框中输入 3 行文字，分别为“湖光春色”、“冰雪消融”和“田园风光”。

将“湖光春色”、“冰雪消融”和“田园风光”文字转换为 SmartArt 图形的操作如下。

① 选中幻灯片中的 3 行文字，单击“开始”选项卡“段落”选项组中的“转换为 SmartArt 图形”下拉按钮，在弹出的下拉列表中选择“其他 SmartArt 图形”选项，打开“选择 SmartArt 图形”对话框，选择“蛇形图片重点列表”图形，如图 2.9.3 所示，单击“确定”按钮。

② 单击 SmartArt 图形中的图片图标，如图 2.9.4 所示，在打开的“插入图片”对话框中依次将指定的图片 Photo(1).jpg、Photo(6).jpg 和 Photo(9).jpg 定义为该 SmartArt 对象的显示图片。

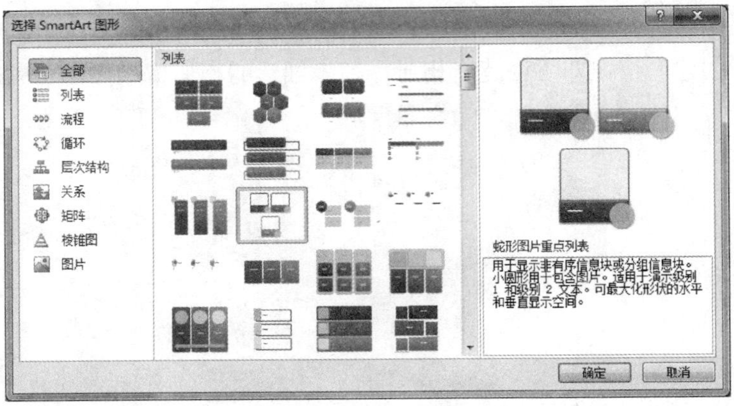

图 2.9.3 将幻灯片中的段落文字转换为 SmartArt 图形

4）为 SmartArt 对象添加自左至右的“擦除”进入动画效果，并要求在幻灯片放映时该 SmartArt 对象元素可以逐个显示。

选中 SmartArt 对象，选择“动画”选项卡“动画”选项组中的“擦除”效果，单击“效果选项”下拉按钮，在弹出的下拉列表中选择方向为“自左侧”、序列为“逐个”，如图 2.9.5 所示。

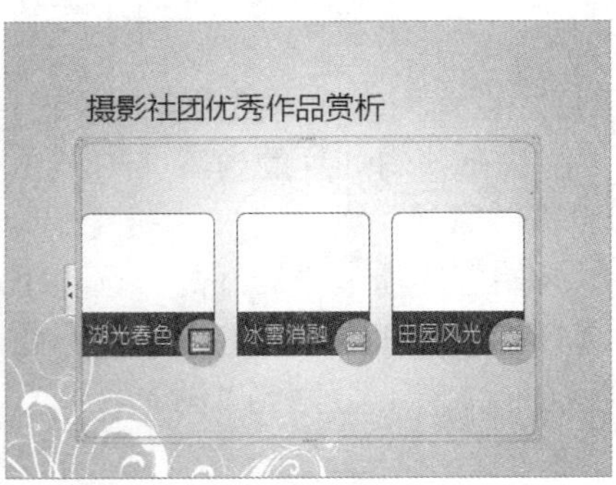

图 2.9.4 SmartArt 图形中的图片图标

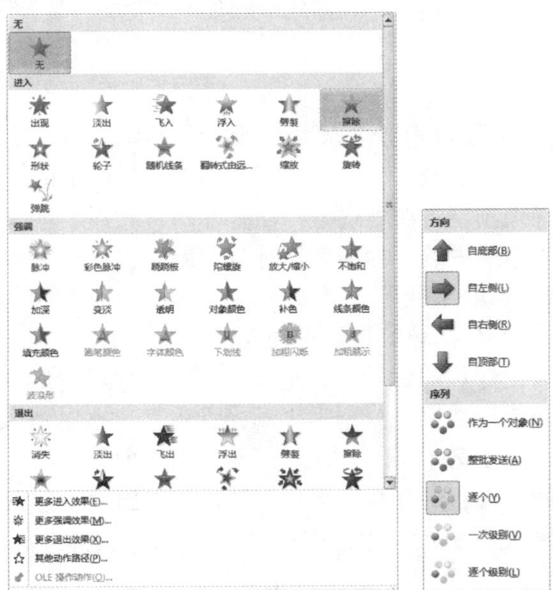

图 2.9.5 设置动画效果选项

5）在 SmartArt 对象元素中添加幻灯片跳转链接，使单击“湖光春色”标注形状可跳转至第 3 张幻灯片，单击“冰雪消融”标注形状可跳转至第 4 张幻灯片，单击“田园风光”标注形状可跳转至第 5 张幻灯片。

① 切换到第 2 张幻灯片，选中“湖光春色”标注形状（注意不是选中文字）并右击，在弹出的快捷菜单中选择“超链接”选项，或在“插入”选项卡“链接”选项组中单击“超链接”按钮，打开“插入超链接”对话框。

② 在“链接到”列表框中选择“本文档中的位置”选项，在“请选择文档中的位置”列表框中选择“3. 幻灯片 3”，如图 2.9.6 所示，单击“确定”按钮即可插入超链接。

③ 使用上述方法将“冰雪消融”标注形状链接到第 4 张幻灯片，将“田园风光”标注形状链接到第 5 张幻灯片。

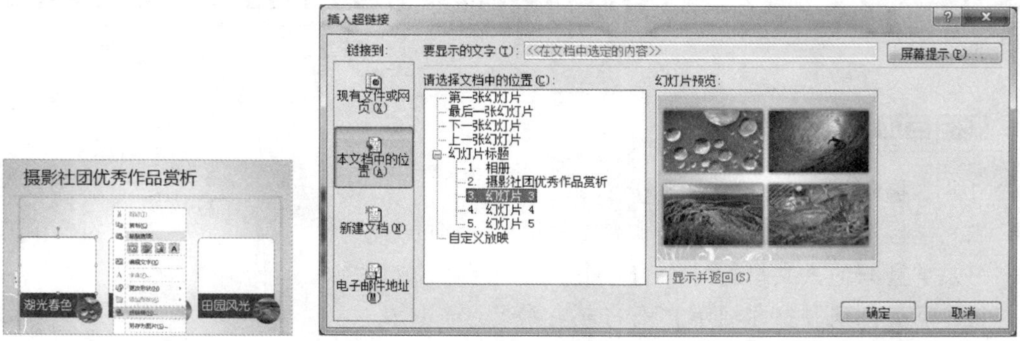

图 2.9.6 为 SmartArt 添加图形超链接

6）将素材文件夹中的“ELPHRG01.wav”声音文件作为该相册的背景音乐，并在幻灯片放映时开始播放。

① 切换到第 1 张幻灯片，单击“插入”选项卡“媒体”选项组中的“音频”下拉按钮，在弹出的下拉列表中选择“文件中的音频”选项，在打开的“插入音频”对话框中选择“ELPHRG01.wav”声音文件，单击“插入”按钮将音频插入幻灯片，结果如图 2.9.7 所示。

图 2.9.7 在幻灯片中插入文件中的音频

② 选中音频（显示为喇叭图标），在“音频工具-播放”选项卡“音频选项”选项组中设置开始方式为“自动”，选中“循环播放，直到停止”和“放映时隐藏”两个复选框即可，如图 2.9.8 所示。

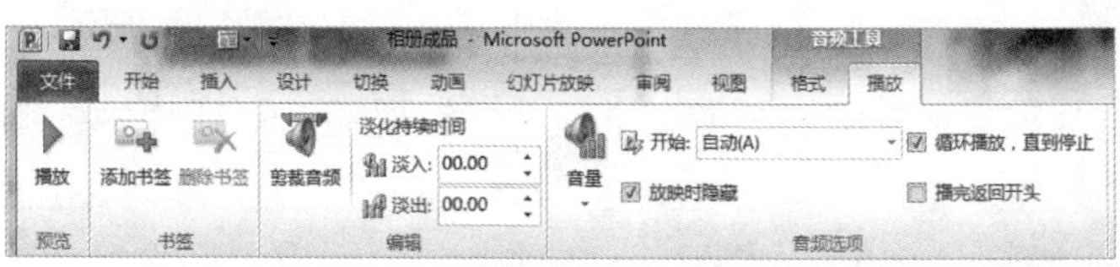

图 2.9.8 设置音频播放

最后，将全部完成后的相册幻灯片以“相册成品”为名进行保存。

实验 10 PowerPoint幻灯片的放映与共享

实验目的

1）掌握幻灯片放映的设置方法。

2）掌握演示文稿转换为其他格式并打包输出的方法。

3）掌握与他人共享幻灯片的方法。

4）掌握创建并打印演示文稿的方法。

实验任务要求

根据素材文件夹中的幻灯片，按照以下要求完成操作。

1）设置幻灯片的宽度为 25 厘米、高度为 18 厘米，幻灯片为横向，备注、讲义和大纲为纵向。

2）设置幻灯片的放映方式为“在展台浏览（全屏幕）”，激光笔颜色为“绿色”。

3）在该演示文稿中创建一个演示方案，该演示方案包含第 1、2、3、9 张幻灯片，并将该演示方案命名为“放映方案 1”。

4）在该演示文稿中创建一个演示方案，该演示方案包含第 1、2、3、4、6、7 张幻灯片，并将该演示方案命名为“放映方案 2”。

5）将素材文件夹中的演示文稿发送至 Word 并进行打印选项的设置。

6）将整个演示文稿转换为直接放映格式，双击即可放映。

实验操作步骤

1）设置幻灯片的宽度为 25 厘米、高度为 18 厘米，幻灯片为横向，备注、讲义和大纲为纵向。

选中任意一张幻灯片，单击“设计”选项卡“页面设置”选项组中的“页面设置”按钮，在打开的“页面设置”对话框中进行宽度、高度和方向的设置，如图 2.10.1 所示，设置完成后单击“确定”按钮即可。

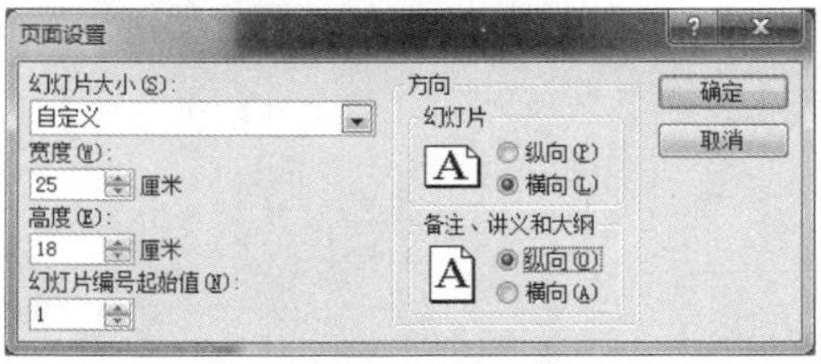

图 2.10.1　幻灯片页面设置

2）设置幻灯片的放映方式为“在展台浏览（全屏幕）”，激光笔颜色为“绿色”。

单击“幻灯片放映”选项卡“设置”选项组中的“设置幻灯片放映”按钮，在打开的“设置放映方式”对话框中进行“放映类型”和“激光笔颜色”的设置，如图 2.10.2 所示，设置完成后单击“确定”按钮即可。

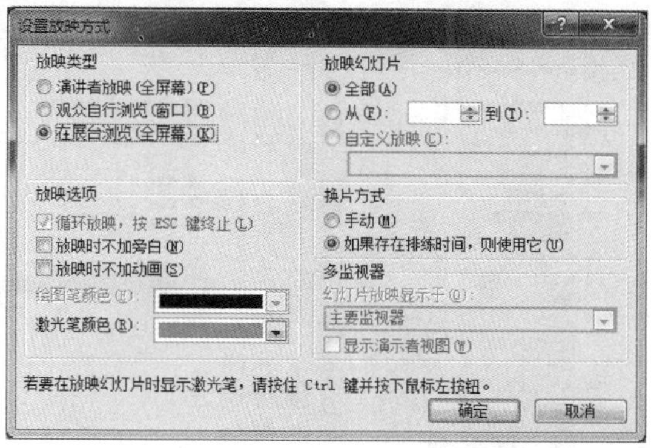

图 2.10.2　设置幻灯片放映方式

3）在该演示文稿中创建一个演示方案，该演示方案包含第 1、2、3、9 张幻灯片，并将该演示方案命名为“放映方案 1”。

单击“幻灯片放映”选项卡“开始放映幻灯片”选项组中的“自定义幻灯片放映”下拉按钮，在弹出的下拉列表中选择“自定义放映”选项，打开“自定义放映”对话框。单击“新建”按钮，打开“定义自定义放映”对话框，在“幻灯片放映名称”文本框中输入名称“放映方案 1”，将第 1、2、3、9 张幻灯片添加到“在自定义放映中的幻灯片”列表框中，如图 2.10.3 所示，单击“确定”按钮。

“放映方案 1”制作完成后，想要播放“放映方案 1”，单击“幻灯片放映”选项卡“开始放映幻灯片”选项组中的“自定义幻灯片放映”下拉按钮，在弹出的下拉列表中选择“放映方案 1”选项即可，如图 2.10.4 所示。

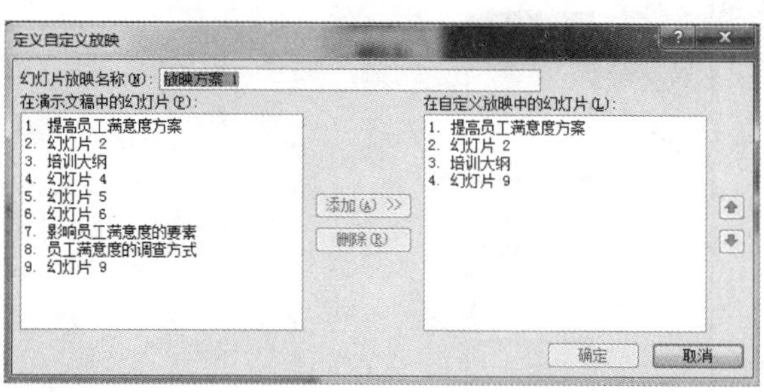

图 2.10.3　自定义幻灯片放映

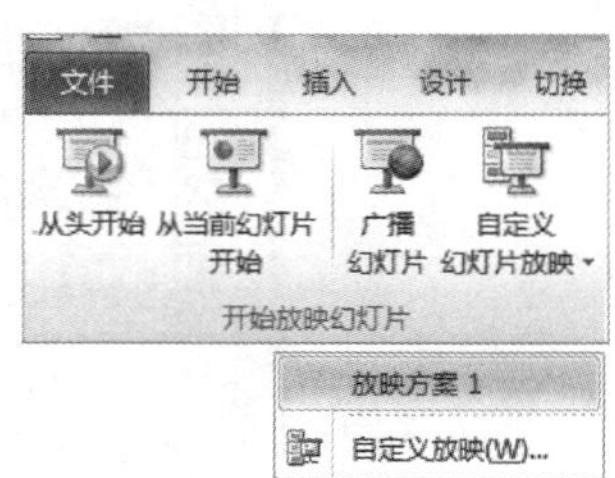

图 2.10.4　播放自定义幻灯片“放映方案 1”

4）在该演示文稿中创建一个演示方案，该演示方案包含第 1、2、3、4、6、7 张幻灯片，并将该演示方案命名为“放映方案 2”。

按照步骤 3）设置“放映方案 1”的步骤和方法，完成“放映方案 2”的设置。

5）将素材文件夹中的演示文稿发送至 Word 并进行打印选项设置。

① 在 PowerPoint 中，选择“文件”→“选项”选项，在打开的“PowerPoint 选项”

对话框中，选择“快速访问工具栏”→“从下列位置选择命令”→“不在功能区中的命令”选项，然后在其列表框中选择相应的选项，单击“添加”按钮，相应选项即可显示在快速访问工具栏中，如选择“使用 Microsoft Word 创建讲义”选项，如图 2.10.5 所示，单击“确定”按钮。

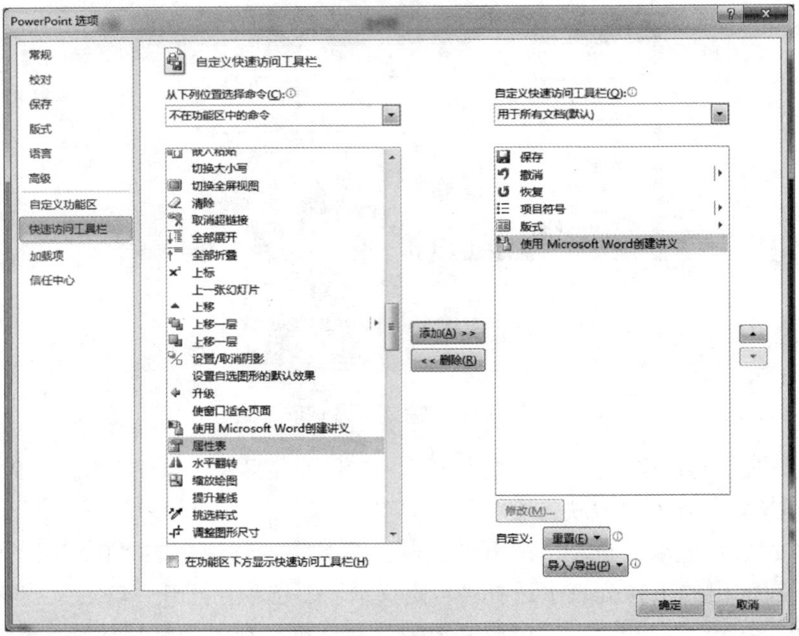

图 2.10.5 在快速访问工具栏中添加“使用 Microsoft Word 创建讲义”按钮

② 单击快速访问工具栏中新增加的“使用 Microsoft Word 创建讲义”按钮，打开“发送到 Microsoft Word”对话框。选择合适的讲义版式后，单击“确定”按钮，幻灯片按固定版式从 PowerPoint 中发送至 Word 文档中，如图 2.10.6 所示。

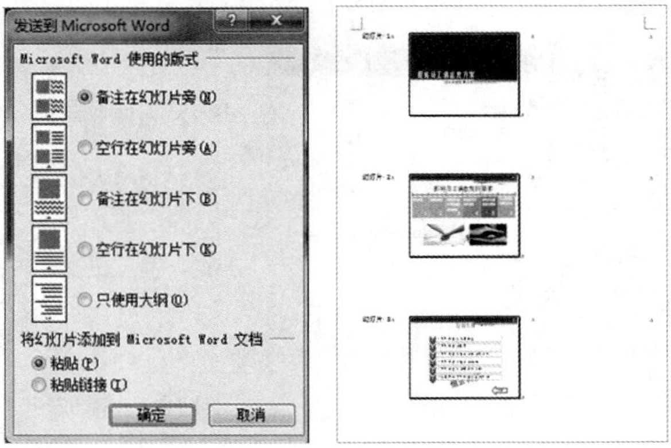

图 2.10.6 将 PowerPoint 发送至 Microsoft Word 文档

③ 在 Word 中，选择“文件”→“打印”选项，进行设置后即可将演示文稿打印输出。

6）将整个演示文稿转换为直接放映格式，双击即可放映。

将演示文稿转换为直接放映格式，就可以在没有安装 PowerPoint 的计算机上直接放映。

① 打开素材中的演示文稿，选择“文件”→“另存为”选项。

② 在打开的“另存为”对话框中，将“保存类型”设置为“PowerPoint 放映”，如图 2.10.7 所示。

③ 选择存放路径、输入文件名后单击“保存”按钮。

双击放映格式（*.ppsx）文件即可放映该演示文稿。

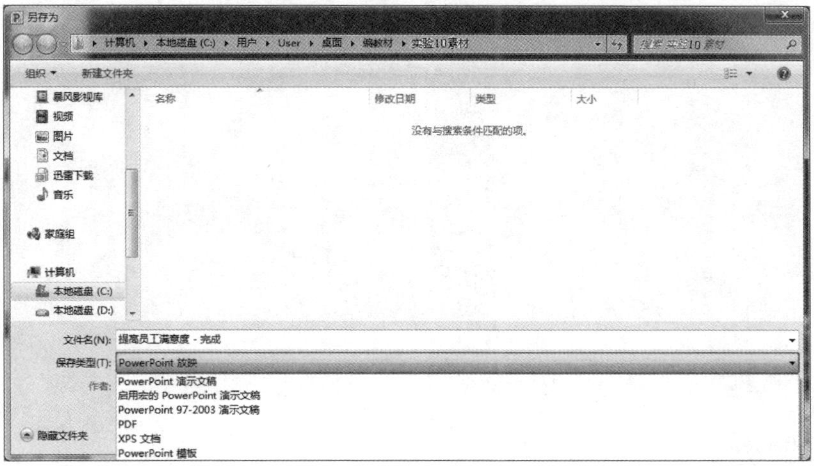

图 2.10.7　设置演示文稿保存类型为 PowerPoint 放映

第 3 部分　综 合 练 习

本部分结合了主教材各章所介绍的知识和操作，并参考全国计算机等级考试的需要而设计，包括 Word 部分综合练习题目、Excel 部分综合练习题目、PowerPoint 部分综合练习题目。每个题目都描述出了具体的应用环境和功能要求，学生需利用所掌握的知识并加以综合运用，实现指定的功能，以提高分析问题、处理问题的综合能力。

综合练习 1　Word 综合练习

练习 1：（练习题目所需文件在“综合练习素材/Word 综合练习/练习 1”文件夹下）

在“综合练习素材/Word 综合练习/练习 1”文件夹下打开文档 Word.docx，按照要求完成下列操作并以该文件名（Word.docx）保存文档。

某高校为了丰富学生的课余生活，开展了艺术与人生论坛系列讲座，校学工处于 2013 年 12 月 29 日 14:00～16:00 在校国际会议中心举办题为“大学生形象设计”的讲座。

请根据上述活动的描述，利用 Word 制作一份宣传海报（宣传海报的参考样式请参考练习 1 文件夹下样图 1 和样图 2 文件），要求如下。

1）调整文档版面，要求页面高度为 20 厘米、页面宽度为 16 厘米，上、下页边距为 5 厘米，左、右页边距为 3 厘米，并将练习 1 文件夹下的图片“Word-海报背景图片.jpg”设置为海报背景。

2）根据“Word-海报参考样式.docx”文件，调整海报内容文字“报告题目”“报告人”“报告日期”“报告时间”“报告地点”的字号为四号、字体为宋体。

3）根据页面布局需要，调整海报内容中“报告题目”“报告人”“报告日期”“报告时间”“报告地点”信息的段前、段后间距均为 0 行。

4）在“报告人：”位置后面输入报告人姓名（郭云）。

5）在“主办：校学工处”位置后另起一页，并设置第 2 页的页面纸张大小为 A4 篇幅，纸张方向设置为“横向”，页边距为“普通”页边距定义。

6）在新页面的“日程安排”段落下面，复制本次活动的日程安排表（请参考“Word-活动日程安排.xlsx”文件），要求表格内容引用 Excel 文件中的内容，如若 Excel 文件中的内容发生变化，Word 文档中的日程安排信息随之发生变化。

7）在新页面的“报名流程”段落下面，利用 SmartArt 制作本次活动的报名流程（学工处报名、确认坐席、领取资料、领取门票）。

8）插入报告人照片（练习 1 文件夹下的 Pic2.png 照片），环绕方式为嵌入式，将该照片调整到适当位置，不要遮挡文档中的文字内容。

9）保存本次活动的宣传海报设计为 Word.docx。

练习 2：（练习题目所需文件在“综合练习素材/Word 综合练习/练习 2”文件夹下）

在练习 2 文件夹下新建文档 Word.docx，按照要求完成下列操作并以该文件名（Word.docx）保存文档。

注意：Word.docx 文件中设置显示第一位客户代表姓名（石磊）的预览结果。

奥新公司将于年底举办一场“企业年度联欢晚会”的活动，拟邀请一批客户参加。因此，销售部需制作一批邀请函，并分别递送给相应的客户代表。

请按如下要求，完成邀请函的制作。

1）调整文档版面，要求页面高度为 15 厘米、宽度为 28 厘米，上、下页边距为 2.5 厘米，左、右页边距为 2.8 厘米。

2）将练习 2 文件夹下的图片“邀请函背景.jpg”设置为邀请函背景。

3）根据练习 2 文件夹下的“Word-邀请函参考样式”文件，调整“企业年度联欢晚会”内容文字的字号为 22、字体为微软雅黑、颜色为蓝色。

4）调整邀请函中“我公司……大力支持”文字段落的对齐方式为左对齐。

5）根据页面布局需要，调整内容“企业年度联欢晚会”的段后间距为 0.5 行。

6）在“尊敬的”和“（客户）”文字之间插入拟邀请的客户代表姓名（删除多余空格，拟邀请的客户代表姓名在练习 2 文件夹下的“邀请客户通讯录.xlsx”文件中）。每页邀请函中只能包含 1 位客户代表的姓名，所有的邀请函页面请保存在一个名为“Word 邀请函.docx”文件中。

7）邀请函文档制作完成后，请保存 Word.docx 文件。

练习 3：（练习题目所需文件在“综合练习素材/Word 综合练习/练习 3”文件夹下）

小许正在撰写一篇有关质量管理的论文，按照如下要求帮助小许对论文进行编辑排版。

1）打开练习 3 文件夹下的“Word 素材.docx”文件，后续操作均基于此文件，文件原路径不变。

2）调整纸张大小为 A4，左、右页边距为 2 厘米，上、下页边距为 2.3 厘米。

3）将表格外的所有中文字体及段落格式设为仿宋、四号、首行缩进 2 字符、单倍行距，将表格外的所有英文字体设为 Times New Roman、四号。

4）为第一段“企业质量管理浅析”应用样式“标题 1”，并居中对齐；为“一”“二”“三”“四”“五”“六”对应的段落应用样式“标题 2”。

5）为文档中蓝色文字添加项目符号。

6）将表格及其上方的表格标题“表 1 质量信息表”排版在一页内，并将该页纸张方向设为横向，将标题段“表 1 质量信息表”置于表上方居中，删除表格最下面的空行。

7）将表格按“反馈单号”从小到大的顺序排序，并为表格应用一种“浅色网格-强调文字颜色 3”的表格样式，所有单元格内容为水平和垂直都居中对齐。

8）在文档标题“企业质量管理浅析”之后、正文“有人说：产量是……”之前插入仅包含第 2 级标题的目录，目录及其上方的文档标题单独作为一页，将目录项设为三号字、3 倍行距。

9）为目录页添加首页页眉“质量管理”，居中对齐。在文档的底部位置插入页码，右对齐，页码形式为“第几页共几页”（注意：页码和总页数应当能够自动更新），目录页不显示页码且不计入总页数，正文页码从第 1 页开始，最后更新目录页码。

10）为表格所在的页面添加编辑限制保护，不允许随意对该页内容进行编辑修改，并设置保护密码为空。

11）为文档添加文字水印“质量是企业的生命”，字体为宋体、字号为 80、倾斜、黄色、半透明。

练习 4：（练习题目所需文件在“综合练习素材/Word 综合练习/练习 4”文件夹下）

某国际学术会议将在某高校大礼堂举行，拟邀请部分专家、老师和学生代表参加。因此，学术会议主办方将需要制作一批邀请函，并分别递送给相关的专家、老师和学生代表。

请按照如下要求，完成邀请函的制作。

注意：Word.docx 文件中设置显示第一位受邀请人（邓建）的预览结果。

1）调整文档的版面，要求页面高度为 20 厘米、宽度为 28 厘米，上、下页边距为 3 厘米，左、右页边距为 4 厘米。

2）将练习 4 文件夹下的图片“背景图片.jpg”设置为邀请函背景图。

3）根据样图，调整邀请函“尊敬的……大力支持”文字的字体为黑体、字号为 12、颜色为黑色-文字 1。

4）调整正文中“国际学术交流会议”和“邀请函”两个段落的段前、段后间距为 0.5 行。

5）调整邀请函中内容文字段落的对齐方式为左对齐。

6）在“尊敬的”和“同志”文字之间，插入拟邀请的专家、老师和学生代表的姓名（删除多余空格），姓名在练习 4 文件夹下的“通讯录.xlsx”文件中。每页邀请函中只能包含 1 个姓名，所有的邀请函页面请另外保存在一个名为“Word 邀请函.docx”的文件中。

练习 5：（练习题目所需文件在“综合练习素材/Word 综合练习/练习 5”文件夹下）

注意：以下的文件必须保存在练习 5 文件夹下。Word.docx 文件中设置显示第一位受邀请人（王选）的预览结果，并严格按照样图中的文字内容制作请柬。

书娟是海明公司的前台文秘，她的主要工作是管理各种档案，为总经理起草各种文件。新年将至，公司定于 2019 年 2 月 1 日下午 2:00，在中关村海龙大厦办公大楼五层多功能厅举办一个联谊会，重要客人名录保存在名为“重要客户名录.docx”的 Word 文档中，公司联系电话为 010-66668888。

根据上述内容制作请柬，具体要求如下。

1）制作一份请柬，以“董事长：王海龙”的名义发出邀请，请柬中需要包含标题、收件人名称、联谊会时间、联谊会地点和邀请人。

2）对请柬进行适当的排版，具体要求：改变字体、加大字号，且标题部分（“请柬”）的字体为黑体、字号为三号，正文部分（以“尊敬的×××”开头）的字体为方正姚体、字号为 12；设置“新年将至……联谊会”的行距为 1.5 倍行间距且段间距为 0.5 行。

3）在请柬的左下角位置插入一张图片（图片自选），环绕方式为嵌入型，调整其大小及位置，不影响文字排列、不遮挡文字内容。

4）进行页面设置，加大文档的上边距（3.00 厘米）；为文档添加页眉，要求页眉内容包含本公司的联系电话。

5）运用邮件合并功能制作内容相同、收件人不同（收件人为“重要客户名录.docx”中的每个人，采用导入方式）的多份请柬，要求先将合并主文档以 Word.docx 为文件名进行保存，在进行效果预览后生成可以单独编辑的单个文档“请柬.docx”。

练习6:(练习题目所需文件在"综合练习素材/Word综合练习/练习6"文件夹下)

制作一份泰山旅游攻略，其中包括游玩线路和泰山几大景点的简单介绍。

根据上述描述，利用已有的Word.docx文档制作泰山旅游攻略。

1）调整文档版面，要求页面高度为18厘米，宽度为28厘米，上、下页边距为2.54厘米，左、右页边距为3.17厘米。

2）根据"泰山旅游攻略参考样式.docx"文件，调整正文内容文字的字号为五号、字体为微软雅黑、颜色为红色。

3）将练习6文件夹下的"泰山风景图.jpg"设为背景。

4）根据页面布局需要，调整泰山旅游攻略中"制作人"和"制作日期"的段前、段后间距为0.5行。

5）在"制作人:"位置后面输入报告人姓名（张蒿）。

6）更换制作人照片为练习6文件夹下的"zh.jpg"照片，将该照片调整到适当的位置，环绕方式为衬于文字上方，以不要遮挡文档中的文字内容为宜。

练习7:(练习题目所需文件在"综合练习素材/Word综合练习/练习7"文件夹下)

在某旅行社就职的小许为了开发德国旅游业务，在Word中整理了介绍德国主要城市的文档，请按照如下要求帮助他对这篇文档进行完善。

1）打开练习7文件夹下的"Word素材.docx"，后续操作均基于此文件，源文件路径不变。

2）修改文档的页边距，上、下为2.5厘米，左、右为3厘米。

3）将文档标题"德国主要城市"设置为如下格式：

字体	微软雅黑，加粗
字号	小初
对齐方式	居中
文本效果	填充橄榄色，强调文字颜色3，轮廓-文本2
字符间距	加宽，6磅
段落间距	段前间距为1行，段后间距为1.5行

4）将文档第1页中的绿色文字内容转换为2列4行的表格，并进行如下设置（效果可参考练习7文件夹下的"表格效果.png"）。

① 设置表格居中对齐，表格宽度为页面的80%，并取消所有的框线。

② 使用练习7文件夹下的"项目符号.png"作为表格中文字的项目符号，并设置项目符号的字号为小一号。

③ 设置表格中的文字，字体为方正姚体、字号为二号，其在单元格内中部两端对齐，并左侧缩进2.5字符。

④ 修改表格中内容的中文版式，将文本对齐方式调整为居中对齐。

⑤ 在表格的上、下方插入边框宽为0.25磅、网格型的横线。

⑥ 在表格后插入分页符，使正文内容从新的页面开始。

5）为文档中所有红色文字内容应用新建的样式，要求如下（效果可参考练习 7 文件夹下的“城市名称.png”）：

样式名称	城市名称
字体	微软雅黑，加粗
字号	三号
字体颜色	深蓝，文字 2
段落格式	段前、段后间距为 0.5 行，行距为固定值 18 磅，并取消相对于文档网格的对齐，设置与下段同页，大纲级别为 1 级
边框	边框类型为方框，颜色为“深蓝，文字 2”，左框线宽度为 4.5 磅，下框线宽度为 1 磅，框线紧贴文字（到文字间距磅值为 0），取消上方和右侧框线
底纹	填充颜色为蓝色强调文字颜色 1，图案样式为 5%、颜色为自动

6）为文档正文中除了蓝色的所有文本应用新建立的样式，要求如下：

样式名称	城市介绍
字号	小四号
段落格式	两端对齐，首行缩进 2 字符，段前、段后间距为 0.5 行，并取消相对于文档网格的对齐

7）取消标题“柏林”下方蓝色文本段中的所有超链接，并按如下要求设置格式（效果可参考练习 7 文件夹下的“柏林一览.png”）。

设置并应用段落制表位	8 字符，左对齐，第 5 个前导符样式 18 字符，左对齐，无前导符 28 字符，左对齐，第 5 个前导符样式
设置文字宽度	将第 1 列文字宽度设置为 5 字符 将第 3 列文字宽度设置为 4 字符

8）将标题“慕尼黑”下方的文本“Muenchen”修改为“Munchen”。

9）在标题“波斯坦”下方显示名为“会议图片”的隐藏图片。

10）为文档设置“阴影”型页面边框及“茶色，背景 2，深色 25%”的页面颜色，并设置打印时可以显示；将其保存为“Word 素材.docx”文件。

11）将“Word 素材.docx”文件另存为“笔画顺序.docx”到练习 7 文件夹，在“笔画顺序.docx”中将所有的城市名称标题（包含下方的介绍文字）按照笔画顺序升序排列，并删除该文档第一页中的表格对象。

练习 8：（练习题目所需文件在“综合练习素材/Word 综合练习/练习 8”文件夹下）

某高校学生会计划举办一场“大学生网络创业交流会”的活动，拟邀请部分专家和老师给在校学生进行演讲。因此，校学生会外联部需制作一批邀请函，并分别递送给相关的专家和老师。

请按如下要求，完成邀请函的制作。

1）调整文档版面，要求页面高度为18厘米、宽度为30厘米，上、下页边距为2厘米，左、右页边距为3厘米。

2）将练习8文件夹下的图片“背景图片.jpg”设置为邀请函背景。

3）根据“Word-邀请函参考样式.docx”文件，调整邀请函中内容文字的字体为微软雅黑、字号为五号。

4）调整邀请函中内容文字段落的对齐方式为两端对齐。

5）根据页面布局需要，调整邀请函中“大学生网络创业交流会”的字体为蓝色、一号、微软雅黑，“邀请函”的字体为微软雅黑、一号，并将两段居中对齐。两个段落的段前段后间距均为0.5行。

6）在“尊敬的”和“（老师）”文字之间，插入拟邀请的专家和老师姓名，拟邀请的专家和老师姓名在练习8文件夹下的“通讯录.xlsx”文件中。每页邀请函中只能包含1位专家或老师的姓名，所有的邀请函页面请另外保存在一个名为“Word-邀请函.docx”的文件中预览（要求预览第一个人名）。

7）邀请函文档制作完成后，请保存Word.docx文件。

练习9：（练习题目所需文件在“综合练习素材/Word综合练习/练习9”文件夹下）

在练习9文件夹下打开文档Word.docx，按照要求完成下列操作并以该文件名（Word.docx）保存文档。文件的原路径不允许改变，文件名不允许改变。

为召开云计算技术交流大会，小王需制作一批邀请函，要邀请的人员名单见“Word人员名单.xlsx”，邀请函的样式参见“邀请函参考样式.docx”，大会定于2019年10月19日至20日在武汉举行。

请根据上述活动的描述，利用Word制作一批邀请函，要求如下。

1）修改标题邀请函文字为楷体、一号，并设置为加粗，字体的颜色为红色、黄色阴影、居中。

2）设置正文各段落为15磅行距，段后间距为0.5倍行距；设置正文首行缩进2字符。

3）落款和日期位置为右对齐、右侧缩进3字符。

4）将文档中“×××大会”替换为“云计算技术交流大会”。

5）设置页面高度为27厘米、宽度为27厘米，上、下页边距为3厘米，左、右页边距为3厘米。

6）将电子表格“Word人员名单.xlsx”中的姓名信息自动填写到邀请函中“尊敬的”3个字后面，并根据性别信息在姓名后添加“先生”（性别为男）或“女士”（性别为女）。

7）设置页面边框为“★”。

练习10：（练习题目所需文件在“综合练习素材/Word综合练习/练习10”文件夹下）

北京计算机大学组织专家对《学生成绩管理系统》的需求方案进行评审，为使参会人员对会议流程和内容有一个清晰的了解，需要会议会务组提前制作一份有关评审会的秩序手册。

请根据练习 10 文件夹下的文档“秩序册文本素材.docx”和相关素材完成编排任务，具体要求如下。

1）单击答题按钮调用“评审会会议秩序册.docx”文件进行答题，并保存于练习 10 文件夹下（文件原路径不变），以下的操作均基于“评审会会议秩序册.docx”文档进行。

2）设置页面的纸张大小为 16 开，上、下页边距为 2.8 厘米，左、右页边距为 3 厘米，并指定文档每页为 36 行。

3）会议秩序册由封面、目录、正文三大块内容组成。其中，正文又分为 4 个部分，每部分的标题均已经以中文大写数字一、二、三、四进行编排。要求将封面、目录及正文中包含的 4 个部分分别独立设置为 Word 文档的一节。页码编排要求为封面无页码；目录采用罗马数字编排（采用格式-1-）；正文从第一部分内容开始连续编码，起始页码为 1（采用格式-1-）。

4）按照素材中“封面.jpg”所示的样例，将封面上的文字“北京计算机大学《学生成绩管理系统》需求评审会”设置为二号、华文中宋；将文字“会议秩序册”放置在一个文本框中，设置为竖排文字、华文中宋、小一；将其余文字设置为四号、仿宋，并将封面所有段落调整到居中的位置。

5）将正文中的标题“一、报到、会务组”设置为单倍行距、悬挂缩进 2 字符，并以自动编号格式“一、二、……”替代原来的手动编号。其他 3 个标题“二、会议须知”“三、会议安排”“四、专家及会议代表名单”格式均参照第一个标题设置。

6）将第一部分（“一、报到、会务组”）和第二部分（“二、会议须知”）中的正文内容设置为宋体、五号字，行距为固定值 16 磅，左、右各缩进 2 字符，首行缩进 2 字符，对齐方式设置为左对齐。

7）参照素材图片“表 1.jpg”中的样例完成会议安排表的制作，并插入第三部分相应位置中，格式要求为合并单元格、序号自动排序并居中、表格标题行采用黑体。表格中的内容可从素材文档“秩序册文本素材.docx”中获取。

8）参照素材图片“表 2.jpg”中的样例完成专家及会议代表名单的制作，并插入第四部分相应位置中。格式要求为合并单元格、序号自动排序并居中、表格单元格高度为 0.8 厘米（其中彩色填充的行高为 1.2 厘米），为表格第二行和第十一行分别设置深红底纹和橙色-强调文字颜色 6 深色 25%，所有列内容水平居中、表格标题行采用黑体。表格中的内容可从素材文档“秩序册文本素材.docx”中获取。

9）根据素材中的要求自动生成文档的目录，插入目录页中的相应位置，并将目录内容设置为四号字。

练习 11：（练习题目所需文件在“综合练习素材/Word 综合练习/练习 11”文件夹下）

在练习 11 文件夹下打开文档 Word.docx，按照下列要求完成操作并以该文件名（Word.docx）保存文档。

某高校为了使学生更好地进行职场定位和职业准备，提高就业能力，该校学工处将于 2019 年 4 月 29 日 19:30～21:30 在校国际会议中心举办题为“领慧讲堂——大学生人生规划”的就业讲座，特别邀请资深媒体人、著名艺术评论家赵蕈先生担任演讲嘉宾。

请根据上述活动的描述，利用 Word 制作一份宣传海报（宣传海报的参考样式请参考“Word-海报参考样式.docx”文件），要求如下。

1）调整文档版面，要求页面高度为 35 厘米、宽度为 27 厘米，上、下页边距为 5 厘米，左、右页边距为 3 厘米，并将练习 11 文件夹下的图片“Word-海报背景图片.jpg”设置为海报背景。

2）根据“Word-海报参考样式.docx”文件，调整海报标题内容文字的字号为 48、字体为微软雅黑、颜色为红色加粗并居中。

3）根据页面布局需要，调整海报内容中“报告题目”“报告人”“报告日期”“报告时间”“报告地点”信息的段前、段后间距均为 1.5 行，字体为黑体，字号为 28 并加粗，字体颜色为 RGB（127，150，152）。将“欢迎大家踊跃参加！”的字体设置为华文行楷、60，并居中；将“主办：校学工处”的字体设置为黑体、28，并右对齐。

4）在“报告人：”位置后面输入报告人姓名（赵蕈）。

5）在“主办：校学工处”位置后另起一页，并设置第 2 页的页面纸张大小为 A4 篇幅，纸张方向设置为“横向”，页边距为“普通”页边距定义。

6）在新页面的“日程安排”段落下面，复制本次活动的日程安排表（请参考“Word-活动日程安排.xlsx”文件），要求表格内容引用 Excel 文件中的内容，如若 Excel 文件中的内容发生变化，Word 文档中的日程安排信息随之发生变化。

7）在新页面的“报名流程”段落下面，利用 SmartArt 制作本次活动的报名流程（学工处报名、确认座席、领取资料、领取门票）。

8）设置“报告人介绍”段落下面的文字排版布局为首行缩进 22 磅，字号为 5 号，字体颜色为白色背景 1。

9）插入练习 11 文件夹下的“Pic2.jpg”照片，调整图片在文档中的大小即图片高度为 109.35、图片宽度为 123.6，并放于适当位置，不要遮挡文档中的文字内容。

10）调整所插入图片的主题颜色为深色主色 1，图片样式与“Word-海报参考样式.docx”文件中的示例一致。

练习 12：（练习题目所需文件在“综合练习素材/Word 综合练习/练习 12”文件夹下）

刘老师正准备制作家长会通知，根据练习 12 文件夹下的相关资料及示例，按下列要求帮助刘老师完成编辑操作。

1）打开练习 12 文件夹下的“Word 素材.docx”文件，除特殊指定外后续操作均基于此文件，文件原路径不变。

2）将纸张大小设为 A4，上、左、右边距均为 2.5 厘米，下边距为 2 厘米，页眉、页脚分别距边距 1 厘米。

3）插入“空白（三栏）”型页眉，在左侧的内容控件中输入学校名称“北京市向阳路中学”，删除中间的内容控件，在右侧插入练习 12 文件夹下的图片“Logo.gif”代替原来的内容控件，适当裁剪图片的长度使其与学校名称共占用一行，将页眉下方的分隔线设为标准红色、2.25 磅、上宽下细的双线型。插入“瓷砖型”页脚，输入学校地址“北京市海淀区中关村北大街55号 邮编：100871”。

4）对包含绿色文本的成绩报告单表格进行下列操作：根据窗口大小自动调整表格宽度，且令语文、数学、英语、物理、化学各科成绩所在的列等宽，并设置表格标题“期中考试成绩报告单”为黑体、二号，字体加粗并居中显示。

5）将通知最后的蓝色文本转换为一个6行6列的表格，并参照练习12文件夹下的“回执样例.png”进行版式设置。

6）在“尊敬的”和“学生家长”之间插入学生姓名，在“期中考试成绩报告单”的相应单元格中分别插入学生姓名、学号、各科成绩、总分，以及各科的班级平均分，要求通知中所有成绩均保留两位小数。学生姓名、学号、成绩等信息存放在练习12文件夹下的Excel文档“学生成绩表.xlsx中（提示：班级各科平均分位于成绩表的最后一行，预览第一个人名）。

7）按照中文的行文习惯，把标题“家长会通知”设置为黑体、二号并加粗，居中，颜色为黑色。文本内容修改为宋体、五号，行距为18磅，首行缩进2字符，使其看起来美观且易于阅读。

8）仅为其中学号为C121401～C121405、C121416～C121420、C121440～C121444的15位学生生成家长会通知，要求每位学生占1页内容。将所有通知页面另外保存在一个名为“正式家长会通知.docx”的文档中（如果有必要，应删除“正式家长会通知.docx”文档中的空白页面）。

9）文档制作完成后，分别保存Word.docx和“正式家长会通知.docx”两个文档至练习12文件夹下。

练习13：（练习题目所需文件在“综合练习素材/Word综合练习/练习13”文件夹下）

公司于2019年举办“创新产品展示说明会”，市场部助理小王需要将会议邀请函制作完成，并寄送给相关的客户。现在，请按照如下需求，在Word.docx文档中完成相关的制作工作。

1）将文档中“会议议程：”段落后的7行文字转换为3列7行的表格，并调整表格列宽为5.79厘米。

2）设置制作完成的表格中的字体颜色为“紫色，强调文字颜色4，深色25%”，使表格更加美观。

3）将文档末尾处的日期调整为可以根据邀请函生成日期而自动更新的格式，日期格式显示为“2019年4月20日”。

4）在“尊敬的”文字后面插入拟邀请的客户姓名和称谓。拟邀请的客户姓名在练习13文件夹下的“通讯录.xlsx”文件中，客户称谓则根据客户性别自动显示为“先生”或“女士”，如“范俊弟（先生）”“黄雅玲（女士）”。

5）每个客户的邀请函占1页内容，且每页邀请函中只能包含1位客户姓名，所有的邀请函页面另外保存在一个名为“Word-邀请函.docx”的文件中。如有需要，删除“Word-邀请函.docx”文件中的空白页面。

6）本次会议邀请的客户均来自台资企业，因此将“Word-邀请函.docx”中的所有文字内容设置为繁体中文格式，以便于客户阅读。

7）文档制作完成后，分别保存 Word.docx 文件和“Word-邀请函.docx”文件。Word.docx 文件预览结果为通讯录中的第一个人李辉，并进行保存。

8）关闭 Word 应用程序，并保存所提示的文件。

综合练习 2 Excel 综合练习

练习 1：（练习题目所需文件在“综合练习素材/Excel 综合练习/练习 1”文件夹下）

小王今年毕业后，在一家计算机图书销售公司担任市场部助理，其主要的工作职责是为部门经理提供销售信息的分析和汇总。

请根据销售统计表（“Excel.xlsx”文件），按照如下要求完成统计和分析工作。

1）将 Sheet1 工作表命名为“销售情况”，将 Sheet2 工作表命名为“图书定价”。

2）在“图书名称”列右侧插入一个空列，输入列标题为“单价”。

3）将工作表标题跨列合并后居中，并调整其字体为黑体、字号为 16，改变字体颜色为紫色。设置数据表对齐方式及单价和小计的数值格式（保留两位小数）。根据图书编号，请在“销售情况”工作表的“单价”列中，使用 VLOOKUP 函数完成图书单价的填充。“单价”和“图书编号”的对应关系在“图书定价”工作表中。

4）运用公式计算工作表“销售情况”中 H 列的小计。

5）为工作表“销售情况”中的销售数据创建一个数据透视表，并将其放在一个名为“数据透视分析”（置于“销售情况”工作表左侧）的新工作表中，要求针对各书店比较各类书每天的销售额。其中，书店名称为列标签，日期和图书名称为行标签，并对销售额求和。

6）根据生成的数据透视表，在透视表下方创建一个簇状柱形图，图表中仅对博达书店一月份的销售额小计进行比较。

7）保存“Excel.xlsx”文件。

练习 2：（练习题目所需文件在“综合练习素材/Excel 综合练习/练习 2”文件夹下）

小赵是一名参加工作不久的大学生，他习惯使用 Excel 表格来记录每月的个人开支情况。在 2018 年底，小赵将每个月各类支出的明细数据输入文件名为“开支明细表.xlsx”的 Excel 工作簿文档中。请根据下列要求帮助小赵对明细表进行整理和分析。

1）在工作表“小赵的美好生活”的第一行添加表标题“小赵 2018 年开支明细表”，并通过合并单元格，放于整个表的上端、居中。

2）为工作表应用一种主题，并设置表标题字号为 18，列标题字体为方正姚体、字号为 12，行高为 18，列宽为 10，设置列标题为居中对齐方式。除表标题“小赵 2018 年开支明细表”外，为工作表设置细边框和浅绿底纹，以使工作表更加美观。

3）将每月各类支出及总支出对应的单元格数据类型都设为“货币”类型，无小数、有人民币货币符号。

4）通过函数计算每个月的总支出、各个类别月均支出、每月平均总支出，并按每个月总支出升序对工作表进行排序。

5）利用“条件格式”功能将月单项开支金额中大于1000元的数据所在单元格，以字体颜色RGB（156,0,6）与RGB（255,199,206）的填充颜色突出显示；将月总支出额中大于月均总支出110%的数据所在单元格，以RGB（255,235,156）的填充颜色显示。

6）在“年月”与“服装服饰”列之间插入新列“季度”，数据根据月份由函数生成，如1～3月对应“1季度”，4～6月对应“2季度”等。

7）复制工作表“小赵的美好生活”，将副本放置到原表右侧；改变该副本表标签颜色为深蓝，并重命名为“按季度汇总”；删除“月均开销”对应的行。

8）通过分类汇总功能，按季度升序求出每个季度各类开支的月均支出金额。

9）在“按季度汇总”工作表后面新建名为“折线图”的工作表，在该工作表中以分类汇总结果为基础，创建一个带数据标记的折线图，水平轴标签为各类开支，对各类开支的季度平均支出进行比较，给每类开支的最高季度月均支出值添加数据标签。

练习3：（练习题目所需文件在“综合练习素材/Excel综合练习/练习3”文件夹下）

李东阳是某家用电器企业的战略规划人员，正在参与制订本年度的生产与营销计划。为此，他需要对上一年度不同产品的销售情况进行汇总和分析，从中提炼出有价值的信息。根据下列要求，帮助李东阳运用已有的原始数据完成上述分析工作。

1）打开练习3文件“Excel.xlsx”，之后所有的操作均基于此文档，否则不得分。

2）在Sheet1工作表中，从B3单元格开始导入“数据源.txt”中的数据，并将工作表名称修改为“销售记录”。

3）在“销售记录”工作表的A3单元格中输入文字“序号”，从A4单元格开始，为每笔销售记录插入001、002、003……格式的序号；将B列（日期）中数据的数字格式修改为只包含月和日的格式（3/14）；在E3单元格和F3单元格中，分别输入文字“价格”和“金额”；对标题行区域A3:F3应用单元格的上框线和下框线，对数据区域的最后一行A891:F891应用单元格的下框线；其他单元格无边框线；不显示工作表的网格线。

4）在“销售记录”工作表的A1单元格中输入文字“2018年销售数据”，并使其显示在A1:F1单元格区域的正中间（注意：不要合并上述单元格区域）；将“标题”单元格样式的字体修改为“微软雅黑”，并应用于A1单元格中的文字内容；隐藏第2行。

5）在“销售记录”工作表的E4:E891单元格中，应用函数输入C列（类型）所对应的产品价格，价格信息可以在“价格表”工作表中进行查询；然后将填入的产品价格设为货币格式，并保留零位小数。

6）在“销售记录”工作表的F4:F891单元格区域中，计算每笔订单记录的金额，并应用货币格式保留零位小数，计算规则为金额=价格×数量×(1−折扣百分比)，折扣百分比由订单中的订货数量和产品类型决定，可以在“折扣表”工作表中进行查询。例如，某个订单中产品A的订货量为1510，则折扣百分比为2%（提示：为便于计算，可对“折扣表”工作表中表格的结构进行调整）。

7）将“销售记录”工作表的A3:F891单元格区域中所有记录居中对齐，并将发生在周六或周日的销售记录的单元格的填充颜色设为黄色。

8）在名为“销售量汇总”的新工作表中自 A3 单元格开始创建数据透视表，按照月份和季度对“销售记录”工作表中的 3 种产品的销售数量进行汇总；在数据透视表右侧创建数据透视图，图表类型为“带数据标记的折线图”，并为产品 B 系列添加线性趋势线，显示“公式”和“R2 值”（数据透视表和数据透视图的样式可参考练习 3 文件夹中的样张 2）；将“销售量汇总”工作表移动到“销售记录”工作表的右侧。

9）在“销售量汇总”工作表右侧创建一个名为“大额订单”的新工作表；在这个工作表中使用高级筛选功能，筛选出“销售记录”工作表中产品 A 数量在 1550 以上、产品 B 数量在 1900 以上及产品 C 数量在 1500 以上的记录（请将条件区域放在 1～4 行，筛选结果放在从 A6 单元格开始的区域）。

练习 4：（练习题目所需文件在“综合练习素材/Excel 综合练习/练习 4”文件夹下）

某公司销售部门主管大华拟对本公司产品前两季度的销售情况进行统计，按下述要求帮助大华完成统计工作。

1）打开练习 4 文件夹下的文件“一二季度销售统计表.xlsx”，后续操作均基于此文件。

2）参照“产品基本信息表”所列，运用公式或函数分别在工作表“一季度销售情况表”“二季度销售情况表”中填入各型号产品对应的单价，计算各月销售额并填入 F 列中。其中，单价和销售额均为数值、保留两位小数、使用千位分隔符（注意：不得改变这两个工作表中的数据顺序）。

3）在“产品销售汇总表”中分别计算各型号产品的一、二季度销量、销售额及合计数，填入相应列中（使用公式）。所有销售额均设为数值型、小数位数为 0.00，使用千位分隔符，右对齐。

4）在“产品销售汇总表”中，在不改变原有数据顺序的情况下，按一、二季度销售总额从高到低对销售额进行排名，填入 I 列相应单元格中。将排名前 10 位的产品名次字体加粗，标准绿色填充。

5）为“产品销售汇总表”的数据区域 A1:I21 套用表格样式中等深浅 3，包含表标题，并取消列标题行的筛选标记。

6）根据“产品销售汇总表”中的数据，在一个名为“透视分析”的新工作表中创建数据透视表，统计每个产品类别的一、二季度销售额及总销售额，透视表自 A3 单元格开始并按一、二季度销售总额从高到低进行排序。结果参见文件“样张 5.png”。

7）将“透视分析”工作表标签颜色设为标准紫色，并移动到“产品销售汇总表”的右侧。

练习 5：（练习题目所需文件在“综合练习素材/Excel 综合练习/练习 5”文件夹下）

文涵是大地公司的销售部助理，负责对全公司的销售情况进行统计分析，并将结果提交给销售部经理。年底，她根据各门店提交的销售报表进行统计分析。

打开“计算机设备全年销量统计表.xlsx”，帮助文涵完成以下操作。

1）将 Sheet1 工作表命名为“销售情况”，将 Sheet2 工作表命名为“平均单价”。

2）在“店铺”列左侧插入一个空列，输入列标题为“序号”，并以001、002、003……的方式向下填充该列到最后一个数据行。

3）将工作表标题跨列合并后居中并设置其字体为黑体、字号为14、字体颜色为红色。调整数据表行高为20、列宽为12，设置文字对齐方式（居中）及销售额数据列的数值格式（保留两位小数），并为数据区域添加细边框线。

4）将工作表“平均单价”中的B3:C7单元格区域定义名称为“商品均价”。运用公式计算工作表“销售情况”中F列的销售额，要求在公式中通过VLOOKUP函数自动在工作表“平均单价”中查找相关商品的单价并在公式中引用所定义的名称“商品均价”。

5）为工作表“销售情况”中的销售数据创建一个数据透视表，并放在一个名为“数据透视分析”的新工作表（置于“销售情况”工作表左侧）中，要求针对各类商品比较各门店每个季度的销售额。其中，商品名称为报表筛选字段，店铺为行标签，季度为列标签，并对销售额求和。设置数据透视表样式为浅色19。

6）根据生成的数据透视表，在透视表下方创建一个簇状柱形图，图表中仅对各门店4个季度笔记本的销售额进行比较。

7）保存“计算机设备全年销量统计表.xlsx”文件。

练习6：（练习题目所需文件在“综合练习素材/Excel综合练习/练习6”文件夹下）

小林是北京某师范大学财务处的会计，计算机系计算机基础室提交了该教研室2018年的课程授课情况，希望财务处尽快核算并发放他们室的课时费。请根据练习6文件夹下“课时费.xlsx”中的各种情况，帮助小林核算出计算机基础室2018年度每个教员的课时费情况。具体要求如下。

1）打开练习6文件“课时费.xlsx”，所有的操作基于此文件。

2）将“课时费统计表”标签颜色更改为红色，将第一行根据表格情况合并为一个单元格，并设置字体为黑体、字号为14，使其成为该工作表的标题。对A2:I22区域套用表样式中等深浅5，带标题行的表格样式。前6列对齐方式设为居中；其余与数值和金额有关的列标题为居中，值为右对齐，学时数为整数，金额为货币样式并保留两位小数。

3）“课时费统计表”中的F～I列中的空白内容必须采用公式的方式计算结果。根据“教师基本信息”工作表和“课时费标准”工作表计算“职称”和“课时标准”列内容，根据“授课信息表”工作表和“课程基本信息”工作表计算“学时数”列内容，最后完成“课时费”列的计算（提示：建议对“授课信息表”中的数据按姓名排序后增加“学时数”列，并通过VLOOKUP函数查询课程基本信息表获得相应的值）。

4）为“课时费统计表”创建一个数据透视表，保存在新工作表中（置于“课时费统计表”左侧）。其中，报表筛选条件为“年度”，列标签为“教研室”，行标签为“职称”，求和项为“课时费”。在该透视表下方的A12:F24单元格区域内插入一个饼图，显示计算机基础室课时费对职称的分布情况。将该工作表命名为“数据透视图”，表标签颜色为蓝色。

5）保存“课时费.xlsx”文件。

练习 7：（练习题目所需文件在“综合练习素材/Excel 综合练习/练习 7”文件夹下）

小李是某政法学院教务处的工作人员，为了更好地掌握各个教学班级学习的整体情况，教务处领导要求她制作成绩分析表。请根据练习 7 文件夹下的“素材.xlsx”文件，帮助小李完成学生期末成绩分析表的制作。具体要求如下。

1）打开“素材.xlsx”文件，所有的操作基于此文件。

2）在“法一”“法二”“法三”“法四”工作表中表格内容的右侧，分别按序插入“总分”“平均分”“班内排名”列；并在这 4 个工作表表格内容的最下面添加“平均分”行。所有列的对齐方式设为居中，其中“班内排名”列数值格式为整数，其他成绩统计列的数值均保留一位小数。

3）为“法一”“法二”“法三”“法四”工作表内容套用“表样式中等深浅 15”的表格样式，并设置表包含标题。

4）在“法一”“法二”“法三”“法四”工作表中，利用公式分别计算“总分”“平均分”“班内排名”列的值和最后一行“平均分”的值。对学生成绩不及格（小于 60）的单元格突出显示为橙色（标准色）填充色，红色（标准色）文本格式。

5）在“总体情况表”工作表中，更改工作表标签为红色，并将工作表内容套用“表样式中等深浅 15”的表格样式，设置表包含标题；将所有列的对齐方式设为居中；并设置“排名”列数值格式为整数，其他成绩列的数值格式保留一位小数。

6）在“总体情况表”工作表的 B3:J6 单元格区域内，计算填充各班级每门课程的平均成绩；并使用公式计算“总分”“平均分”“总平均分”“排名”所对应单元格的值。

7）依据各课程的班级平均分，在“总体情况表”工作表 A9:M30 单元格区域内插入二维的簇状柱形图，水平簇标签为各班级名称，图例项为各课程名称。

8）将该文件中所有工作表的第一行根据表格内容合并为一个单元格，并改变默认的字体为微软雅黑、字号为 14，使其成为当前工作表的标题。

9）保存“素材.xlsx”文件。

练习 8：（练习题目所需文件在“综合练习素材/Excel 综合练习/练习 8”文件夹下）

销售部助理小王需要针对 2017 年和 2018 年的公司产品销售情况进行统计分析，以便制订新的销售计划和工作任务。现在，请按照如下需求完成工作。

1）打开“Excel-素材”文件，之后所有的操作均在“Excel-素材”文件中进行。

2）在“订单明细”工作表中，删除订单编号重复的记录（保留第一次出现的那条记录），但须保持原订单明细的记录顺序。

3）在“订单明细”工作表的“单价”列中，利用 VLOOKUP 函数计算并填写相对应图书的单价金额。图书名称与图书单价的对应关系可参考工作表“图书定价”。

4）如果每订单的图书销量超过 40 本（含 40 本），则按照图书单价的 9.3 折进行销售；否则，按照图书单价的原价进行销售。按照此规则，计算并填写“订单明细”工作表中每笔订单的“销售额小计”，保留两位小数。要求该工作表中的金额以显示精度参与后续的统计计算。

5）根据“订单明细”工作表的“发货地址”列信息，并参考“城市对照”工作表中省市与销售区域的对应关系，利用 VLOOKUP 函数计算并填写“订单明细”工作表中每笔订单的“所属区域”。

6）根据“订单明细”工作表中的销售记录，分别创建名为“北区”、“南区”、“西区”和“东区”的工作表，在这 4 个工作表中分别统计本销售区域各类图书的累计销售金额，统计格式请参考“Excel-素材”文件中的“统计样例”工作表。将这 4 个工作表中的金额设置为带千分位的、保留两位数的数值格式。

7）在“统计报告”工作表中，分别根据“统计项目”列的描述，利用 SUMIFS 函数计算并填写所对应的“统计数据”单元格中的信息。

练习 9：（练习题目所需文件在“综合练习素材/Excel 综合练习/练习 9”文件夹下）

销售部助理小王需要根据 2017 年和 2018 年的图书产品销售情况进行统计分析，以便制订新一年的销售计划和工作任务。现在，请你按照如下需求，在文档“Excel.xlsx”中完成以下工作并保存。

1）在“销售订单”工作表的“图书编号”列中，使用 VLOOKUP 函数填充所对应“图书名称”的“图书编号”，“图书名称”和“图书编号”的对照关系请参考“图书编目表”工作表。

2）将“销售订单”工作表的“订单编号”列按照数值升序方式排序，并将所有唯一的订单编号数值所在单元格填充为橙色（标准色），然后将其排列在销售订单列表区域的顶端。

3）在“2018 年图书销售分析”工作表中，使用 SUMIFS 函数统计 2018 年各类图书在每月的销售量，并将统计结果填充在所对应的单元格中。为该表添加汇总行，使用 SUM 函数在汇总行单元格中分别计算每月图书的总销量。

4）在“2018 年图书销售分析”工作表中的 N4:N11 单元格区域中，插入用于统计销售趋势的迷你折线图，各单元格中迷你图的数据范围为所对应图书的 1～12 月销售数据，并为各迷你折线图标记销量的最高点和最低点。

5）根据“销售订单”工作表的销售列表创建数据透视表，并将创建完成的数据透视表放在新工作表中，以 A1 单元格为数据透视表的起点位置。将工作表重命名为“2017 年书店销量”（置于“销售订单”和“2017 年书店销量”之间）。

6）在“2017 年书店销量”工作表的数据透视表中，设置“日期”字段为列标签，“书店名称”字段为行标签，“销量（本）”字段为求和汇总项，并在数据透视表中显示 2017 年期间各书店每季度的销量情况。

提示：为了统计方便，请勿对完成的数据透视表进行额外的排序操作。

练习 10：（练习题目所需文件在“综合练习素材/Excel 综合练习/练习 10”文件夹下）

小伟在自己就读的学院中勤工助学，兼职当副院长的助理一职，平时主要负责对各种文案或数据的整理。现在，信息与计算科学专业的期末考试的部分成绩需要输入文件名为“考生成绩单.xlsx”的 Excel 工作簿文档中。

请根据下列要求帮助小伟对该成绩单进行分析整理。

1）利用“条件格式”功能进行下列设置：将大学物理和大学英语两科中低于80分的成绩所在的单元格以红色填充，其他5科中大于或等于95分的成绩以绿色填充。

2）对工作表“考生成绩单.xlsx”中的数据列表进行如下格式化操作：将第一列“学号”设置为文本，设置成绩列为保留两位小数的数值。改变数据列表中的行高为15、列宽为8，改变列表名字体为黑体、字号为12，设置外边框为细实线，底纹为浅蓝，设置对齐方式为居中。

3）利用SUM函数和AVERAGE函数计算每一个学生的总分及平均成绩。

4）复制工作表“考生成绩单.xlsx”，将副本放于原表之后，并重命名新表为“成绩单分类汇总”。

5）通过分类汇总功能求出每个班各科的平均成绩，并将每组结果分页显示。

6）创建一个簇状柱形图，对每个班各科平均成绩进行比较。

练习11：（练习题目所需文件在“综合练习素材/Excel综合练习/练习11”文件夹下）

小李今年毕业后，在一家计算机图书销售公司担任市场部助理，其主要的工作职责是为部门经理提供销售信息的分析和汇总。

请根据销售数据报表（“Excel.xlsx”文件），按照如下要求完成统计和分析工作。

1）请对“订单明细表”工作表进行格式调整，通过套用表格样式的方法将所有的销售记录调整为一致的外观格式，套用表格样式浅色9。将“单价”列和“小计”列所包含的单元格调整为“会计专用”（人民币）数字格式。

2）根据图书编号，请在“订单明细表”工作表的“图书名称”列中，使用VLOOKUP函数完成图书名称的自动填充。“图书名称”和“图书编号”的对应关系在“编号对照”工作表中。

3）根据图书编号，请在“订单明细表”工作表的“单价”列中，使用VLOOKUP函数完成图书单价的自动填充。“单价”和“图书编号”的对应关系在“编号对照”工作表中。

4）在“订单明细表”工作表的“小计”列中，计算每笔订单的销售额（销售额=单价×销量）。

5）根据“订单明细表”工作表中的销售数据，使用SUM函数统计所有订单的总销售金额，并将其填写在“统计报告”工作表的B3单元格中。

6）根据“订单明细表”工作表中的销售数据，使用SUMIFS函数统计《MS Office高级应用》图书在2018年的总销售额，并将其填写在“统计报告”工作表的B4单元格中。

7）根据“订单明细表”工作表中的销售数据，使用SUMIFS函数统计隆华书店在2017年第3季度的总销售额，并将其填写在“统计报告”工作表的B5单元格中。

8）根据“订单明细表”工作表中的销售数据，统计隆华书店在2017年的每月平均销售额（保留两位小数），并将其填写在“统计报告”工作表的B6单元格中。

9）保存Excel文件。

练习 12：（练习题目所需文件在“综合练习素材/Excel 综合练习/练习 12”文件夹下）

小赵是某书店的销售人员，负责计算机类图书的销售情况，并按月份上报分析结果。2019 年 1 月份时，她需要将 2018 年 12 月份的销售情况进行汇总，请根据提供的“Excel.xlsx”文件帮助她完成下列工作。

1）打开练习 12 文件“计算机类图书 12 月份销售情况统计.xlsx”，以下操作均基于此文件。

2）对“计算机类图书 12 月份销售情况统计.xlsx”进行如下设置：将“销售统计”表中的“单价”列数值的格式设为会计专用、保留两位小数。

3）对数据表“销售统计”进行适当的格式化，操作如下：合并 A1:E1 单元格，为标题名“12 月份计算机图书销售情况统计表”设置居中的对齐方式，字体为隶书、字号为 14、颜色为紫色；为数据区域设置细实线外边框和 RGB（196,189,151）的底纹，以使工作表更加美观。

4）将工作表“销量”中的 B3:D16 单元格区域定义名称为“销量信息”。在“销售统计”表中的“销量”列右侧增加一列“销售额”，根据公式“销售额=销量×单价”计算出各类图书的销售额。要求在公式中通过 VLOOKUPI 函数自动在工作表“销量”中查找相关商品的具体销量，并在公式中引用所定义的名称“销量信息”。

5）为“销售统计”工作表创建一个数据透视表，并放在一个名为“数据透视分析”（置于“销售统计”工作表左侧）的新工作表中。

6）为数据透视表数据创建一个类型为饼图的数据透视图，设置数据标签显示在外侧，将图表的标题改为“12 月份计算机图书销量”。

练习 13：（练习题目所需文件在“综合练习素材/Excel 综合练习/练习 13”文件夹下）

销售部助理小王需要针对公司上半年产品销售情况进行统计分析，并根据全年销售计划执行进行评估。按照如下要求完成该项工作。

1）打开练习 13 文件“Excel.xlsx”，之后所有的操作均基于此文件，否则不得分。

2）在“销售业绩表”工作表的“个人销售总计”列中，通过公式计算每名销售人员 1～6 月的销售总和。

3）依据“个人销售总计”列的统计数据，在“销售业绩表”工作表的“销售排名”列中通过公式计算销售排行榜，个人销售总计排名第一的显示“第 1 名”，个人销售总计排名第二的显示“第 2 名”，以此类推。

4）在“按月统计”工作表中，利用公式计算 1～6 月的销售达标率，即销售额大于 60000 元的人数所占比例，并填写在“销售达标率”行中。要求以百分比格式显示计算数据，并保留两位小数。

5）在“按月统计”工作表中，分别通过公式计算各月排名第 1、第 2 和第 3 的销售业绩，并填写在“销售第一名业绩”、“销售第二名业绩”和“销售第三名业绩”所对应的单元格中。要求使用人民币会计专用数据格式，并保留两位小数。

6）依据“销售业绩表”中的数据明细，在“按部门统计”工作表中创建一个数据透视表，并将其放于 A1:C5 单元格。要求可以统计出各部门的人员数量，以及各部门的销售额占销售总额的比例，数据透视表效果可参考样张 3。

7）在“销售评估”工作表中创建一标题为“销售评估”的图表，借助此图表可以清晰反映每月“A 类产品销售额”和“B 类产品销售额”之和，以及“计划销售额”的对比情况。图表效果可参考样张 4。

练习 14：（练习题目所需文件在“综合练习素材/Excel 综合练习/练习 14”文件夹下）

为让利消费者，提供更优惠的服务，某大型收费停车场规划调整收费标准，拟从原来“不足 15 分钟按 15 分钟收费”调整为“不足 15 分钟部分不收费”的收费政策。市场部抽取了 5 月 26 日至 6 月 1 日的停车收费记录进行数据分析，以期掌握该项政策调整后营业额的变化情况。

请根据练习 14 文件夹下“停车场收费政策调整情况分析.xlsx”中的各种表格，帮助市场分析员小罗完成此项工作。具体要求如下。

1）打开练习 14 文件“停车场收费政策调整情况分析.xlsx”，所有的操作基于此文件。

2）在“停车收费记录”表中，涉及金额的单元格格式均设置为保留两位的数值类型。依据“收费标准”表，利用公式将收费标准对应的金额填入“停车收费记录”表中的“收费标准”列；利用出场日期、时间与进场日期、时间的关系，计算“停放时间”列，单元格格式为时间类型的“××时××分”。

3）依据停放时间和收费标准，计算当前收费金额并填入“收费金额”列；计算拟采用的收费政策的预计收费金额并填入“拟收费金额”列；计算拟调整后的收费与当前收费之间的差值并填入“差值”列（均使用公式）。

4）将“停车收费记录”表中的内容套用表格样式“表样式中等深浅 12”，并添加汇总行，最后 3 列“收费金额”、“拟收费金额”和“差值”汇总值均为求和。

5）在“收费金额”列中，将单次停车收费达到 100 元的单元格突出显示为黄底红字的货币类型。

6）新建名为“数据透视分析”的表（置于“停车收费记录”表左侧），在该表中创建 3 个数据透视表，起始位置分别为 A3、A11、A19 单元格。第一个透视表的行标签为“车型”，列标签为“进场日期”，求和项为“收费金额”，可以提供当前的每天收费情况；第二个透视表的行标签为“车型”，列标签为“进场日期”，求和项为“拟收费金额”，可以提供调整收费政策后的每天收费情况；第三个透视表行标签为“车型”，列标签为“进场日期”，求和项为“差值”，可以提供收费政策调整后每天的收费变化情况。

练习 15：（练习题目所需文件在“综合练习素材/Excel 综合练习/练习 15”文件夹下）

财务部助理小王需要向主管汇报 2018 年度公司差旅报销情况，现在请按照如下需求，在 Excel.xlsx 文档中完成工作。

1）在“费用报销管理”工作表“日期”列的所有单元格中，标注每个报销日期属于星期几，如日期为“2018 年 1 月 21 日”的单元格应显示为“2018 年 1 月 21 日星期日”，日期为“2018 年 1 月 22 日”的单元格应显示为“2018 年 1 月 22 日星期一”。

2）如果“日期”列中的日期为星期六或星期日，则在“是否加班”列的单元格中显示“是”，否则显示“否”（必须使用 IF 函数）。

3）使用公式统计每个活动地点所在的省份或直辖市，并将其填写在“地区”列所对应的单元格中，如“北京市”“浙江省”。

4）依据“费用类别编号”列内容，使用 VLOOKUP 函数生成“费用类别”列内容。对照关系参考“费用类别”工作表。

5）在“差旅成本分析报告”工作表 B3 单元格中，使用 SUMIFS 函数统计 2018 年第二季度发生在北京市的差旅费用总金额。

6）在“差旅成本分析报告”工作表 B4 单元格中，使用 SUMIFS 函数统计 2018 年员工钱顺卓报销的火车票费用总额。

7）在“差旅成本分析报告”工作表 B5 单元格中，使用 SUMIFS 函数统计 2018 年差旅费用中，飞机票费用占所有报销费用的比例，并保留两位小数。

8）在“差旅成本分析报告”工作表 B6 单元格中，使用 SUMIFS 函数统计 2018 年发生在周末（星期六和星期日）的通信补助总金额。

练习 16：（练习题目所需文件在“综合练习素材/Excel 综合练习/练习 16”文件夹下）

滨海市对重点中学组织了一次物理统考，并生成了所有考生和每一个题目的得分。市教委要求小罗根据已有数据，统计分析各学校及班级的考试情况。请根据练习 16 文件夹下“滨海市 2015 年春高二物理统考情况分析.xlsx”中的数据帮助小罗完成此项工作。具体要求如下。

1）打开练习 16 文件“滨海市 2015 年春高二物理统考情况分析.xlsx”文件，后续操作均基于此文件。

2）利用“成绩单”、“小分统计”和“分值表”工作表中的数据，完成“按班级汇总”和“按学校汇总”工作表中相应空白列的数值计算。具体提示如下。

① “考试学生数”列必须利用公式计算，“平均分”列由“成绩单”工作表数据计算得出（利用公式）。

② “分值表”工作表中给出了本次考试各题的类型及分值。

③ “小分统计”工作表中包含各班级每一道小题的平均得分，通过其可计算出各班级的“客观题平均分”和“主观题平均分”（备注：由于系统生成每题平均得分时已经进行了四舍五入操作，因此通过其计算“客观题平均分”和“主观题平均分”之和时，可能与根据“成绩单”工作表的计算结果存在一定的误差）。

④ 利用公式计算“按学校汇总”工作表中的“客观题平均分”和“主观题平均分”，计算方法为每个学校的所有班级相应平均分乘以对应班级人数，相加后再除以该校的总考生数。

⑤ 计算“按学校汇总”工作表中的每题得分率，即每个学校所有学生在该题上的得分之和除以该校总考生数，再除以该题的分值。

⑥ 所有工作表中“考试学生数”“最高分”“最低分”显示为整数；各类平均分显

示为数值格式，并保留两位小数；各题得分率显示为百分比数据格式，并保留两位小数。

练习 17：（练习题目所需文件在“综合练习素材/Excel 综合练习/练习 17”文件夹下）

小蒋是一位中学教师，在教务处负责初一年级学生的成绩管理。由于学校地处偏远地区，缺乏必要的教学设施，只有一台配置不太高的个人计算机可以使用。他在这台计算机中安装了 Microsoft Office，决定通过 Excel 来管理学生成绩，以弥补学校缺少数据库管理系统的不足。现在，第一学期期末考试刚刚结束，小蒋将初一年级 3 个班的成绩均输入文件名为“学生成绩单.xlsx”的 Excel 工作簿文档中。

请根据下列要求帮助小蒋老师对该成绩单进行整理和分析。

1）对工作表“第一学期期末成绩”中的数据列表进行格式化操作：将第一列“学号”列设为文本，将所有成绩列设为保留两位小数的数值；设置行高为 15、列宽为 10，设置字体为黑体、字号为 12、对齐方式为居中，设置外边框为细实线、底纹为浅绿，以使工作表美观。

2）利用“条件格式”功能进行下列设置：将语文、数学、英语 3 科中不低于 110 分的成绩所在的单元格以橙色填充，其他 4 科中高于 95 分的成绩以红色字体标出。

3）利用 SUM 函数和 AVERAGE 函数计算每一个学生的总分及平均成绩。

4）学号第 3、4 位代表学生所在的班级，如“120105”代表 12 级 1 班 5 号。请通过函数提取每个学生所在的班级并按下列对应关系填写在“班级”列中。

“学号”的 3、4 位	对应班级
01	1 班
02	2 班
03	3 班

5）复制工作表“第一学期期末成绩”，将副本放到原表之后；改变该副本表标签的颜色为深蓝，并重命名，新表名需包含“分类汇总”字样。

6）通过分类汇总功能求出每个班各科的平均成绩，并将每组结果分页显示。

7）以分类汇总结果为基础，创建一个簇状柱形图，对每个班各科平均成绩进行比较，并将该图表放在一个名为“柱状分析图”的新工作表中。

练习 18：（练习题目所需文件在“综合练习素材/Excel 综合练习/练习 18”文件夹下）

小李在东方公司担任行政助理，年底小李统计了公司员工档案信息的分析和汇总。

请根据东方公司员工档案表（“Excel.xlsx”文件），按照如下要求完成统计和分析工作。

1）请对“员工档案表”工作表进行格式调整，将所有工资列设为保留两位小数的数值，调整列宽为 10。

2）根据身份证号，请在“员工档案表”工作表的“出生日期”列中，使用 MID 函数提取员工生日，单元格式类型为“yyyy 年 m 月 d 日”。

3）根据入职时间，请在“员工档案表”工作表的“工龄”列中，使用 TODAY 函数和 INT 函数计算员工的工龄，工作满一年才计入工龄。

4）引用“工龄工资”工作表中的数据来计算“员工档案表”工作表员工的工龄工

资，在“基础工资”列中，计算每个人的基础工资（基础工资=基本工资+工龄工资）。

5）根据“员工档案表”工作表中的工资数据，统计所有人的基础工资总额，并将其填写在“统计报告”工作表的 B2 单元格中。

6）根据“员工档案表”工作表中的工资数据，统计职务为项目经理的基本工资总额，并将其填写在“统计报告”工作表的 B3 单元格中。

7）根据“员工档案表”工作表中的数据，统计东方公司本科生平均基本工资，并将其填写在“统计报告”工作表的 B4 单元格中。

8）通过分类汇总功能求出每个职务的平均基本工资。

9）创建一个饼图，对每个员工的基本工资进行比较，并将该图表放在“统计报告”中。

练习 19：（练习题目所需文件在“综合练习素材/Excel 综合练习/练习 19”文件夹下）

期末考试结束了，初三（14）班的班主任助理王老师需要对本班学生的各科考试成绩进行统计分析，并为每个学生制作一份成绩通知单下发给家长。

按照下列要求完成该班的成绩统计工作，并按原文件名进行保存。

1）打开工作簿“学生成绩.xlsx”，在最左侧插入一个空白工作表，重命名为“初三学生档案”，并将该工作表标签颜色设为紫色（标准色）。

2）将以制表符分隔的文本文件“学生档案.txt”自 A1 单元格开始导入工作表“初三学生档案”中，注意不得改变原始数据的排列顺序。将第 1 列数据从左到右依次分成“学号”和“姓名”两列显示。最后创建一个名为“档案”、包含数据区域 A1:G56、包含标题的表，同时删除外部链接。

3）在工作表“初三学生档案”中，利用公式及函数依次输入每个学生的性别“男”或“女”、出生日期“××××年××月××日”和年龄。其中，身份证号的倒数第 2 位用于判断性别，奇数为男性，偶数为女性；身份证号的第 7～14 位代表出生年月日；年龄需要按周岁计算，满 1 年才计 1 岁。最后调整工作表的行高为 15、列宽为 18，对齐方式为居中。

4）参考工作表“初三学生档案”，在工作表“语文”中输入与学号对应的“姓名”；按照平时、期中、期末成绩各占 30%、30%、40%的比例使用公式计算每个学生的“学期成绩”并填入相应单元格中；按成绩由高到低的顺序使用公式统计每个学生的“学期成绩”排名，并按“第×名”的形式填入“班级名次”列中；按照下列条件填写“期末总评”。

语文、数学的学期成绩	其他科目的学期成绩	期末总评
大于等于 102	大于等于 90	优秀
大于等于 84	大于等于 75	良好
大于等于 72	大于等于 60	及格
小于 72	小于 60	不合格

5）将工作表“语文”的格式全部应用到其他科目工作表中，包括行高（各行行高均为 22 默认单位）和列宽（各列列宽均为 14 默认单位）。按上述 4）中的要求依次输入或统计其他科目的“姓名”、“学期成绩”、“班级名次”和“期末总评”。

6）分别将各科的“学期成绩”引入到工作表“期末总成绩”的相应列中，在工作表“期末总成绩”中依次引入姓名、计算各科的平均分、每个学生的总分（使用公式），并按成绩由高到低的顺序统计每个学生的总分排名（并以 1、2、3 的形式标识名次），最后将所有成绩的数字格式设为数值、保留两位小数。

7）在工作表“期末总成绩”中分别用浅绿（标准色）填充和加粗格式标出各科前10 名成绩，同时将前 10 名的总分成绩用浅蓝色（标准色）填充。

8）调整工作表“期末总成绩”的页面布局以便打印：纸张方向为横向，缩减打印输出使所有列只占一个页面宽（但不得缩小列宽），水平居中打印在纸上。

练习 20：（练习题目所需文件在“综合练习素材/Excel 综合练习/练习 20”文件夹下）

中国的人口发展形势非常严峻，为此国家统计局每 10 年进行一次全国人口普查，以掌握全国人口的增长速度及规模。按照下列要求完成对第五次、第六次人口普查数据的统计分析。

1）打开“全国人口普查数据分析.xlsx”文档，将工作表 Sheet1 重命名为“第五次普查数据”，将工作表 Sheet2 重命名为“第六次普查数据”，并将该文档进行保存。

2）浏览网页“第五次全国人口普查公报.htm”，将其中的“2000 年第五次全国人口普查主要数据”表格导入工作表“第五次普查数据”中；浏览网页“第六次全国人口普查公报.htm”，将其中的“2010 年第六次全国人口普查主要数据”表格导入工作表“第六次普查数据”中（要求均从 A1 单元格开始导入，不得对两个工作表中的数据进行排序）。

3）对两个工作表中的数据区域套用表格样式中等深浅 3，要求数据区域四周有较粗的实线边框，且偶数行为橙色底纹，并将所有人口数列的数字格式设为带千分位分隔符的整数。

4）将两个工作表内容合并，合并后的工作表放置在新工作表“比较数据”中（自A1 单元格开始），且保持最左列仍为地区名称、A1 单元格中的列标题为“地区”，对合并后的工作表调整行高为 15、A 列列宽为 15、G 列列宽为 10，列标题字体为黑体、字号为 12、双线边框，偶数行底纹为黄色等。以“地区”为关键字对工作表“比较数据”进行升序排列。

5）在合并后的工作表“比较数据”中的数据区域最右侧依次增加“人口增长数”和“比重变化”两列，计算这两列的值，并设置数字格式为小数点后 4 位。其中，人口增长数=2010 年人口数-2000 年人口数；比重变化=2010 年比重-2000 年比重。

6）打开工作簿“统计指标 xlsx”，将工作表“统计数据”插入正在编辑的文档“全国人口普查数据分析.xlsx”中工作表“比较数据”的右侧。

7）在工作簿“全国人口普查数据分析.xlsx”的工作表“比较数据”中的相应单元格内填入统计结果。

8）基于工作表“比较数据”创建一个数据透视表，将其单独存放在一个名为“透视分析”的工作表中。透视表中要求筛选出 2010 年人口数超过 5000 万的地区及其人口数、2010 年所占比重、人口增长数，并按人口数从多到少排序。最后调整透视表中求和项比重的数字格式为 0.00%（提示：行标签为“地区”，数值项依次为 2010 年人口数、2010 年比重、人口增长数）。

练习 21：（练习题目所需文件在“综合练习素材/Excel 综合练习/练习 21”文件夹下）

小李是东方公司的会计，利用自己所学的办公软件进行记账管理，为节省时间同时又确保记账的准确性，她使用 Excel 编制了 2018 年 3 月员工工资表 Excel.xlsx。

请根据下列要求帮助小李对该工资表进行整理和分析（提示：本题中若出现排序问题则采用升序方式）。

1）通过合并单元格，将表名“东方公司 2018 年 3 月员工工资表”放于整个表的上端、居中，并设置字体为黑体、字号为 16。

2）在“序号”列中分别填入 1～15，将其数据格式设置为数值、保留零位小数、居中。

3）将“基础工资”（含）往右各列设置为会计专用格式、保留两位小数、无货币符号。

4）设置表格各列宽度均为 12、对齐方式为居中，并设置纸张大小为 A4、横向，整个工作表需调整在一个打印页内。

5）参考练习 21 文件夹下的“工资薪金所得税率.xlsx”，利用 IF 函数计算“应交个人所得税”列（提示：应交个人所得税=应纳税所得额×对应税率-对应速算扣除数）。

6）利用公式计算“实发工资”列，公式为实发工资=应付工资合计-扣除社保-应交个人所得税。

7）复制工作表“2018 年 3 月”，将副本放到原表的右侧，并命名为“分类汇总”。

8）在“分类汇总”工作表中通过分类汇总功能求出各部门“应付工资合计”“实发工资”的和，每组数据不分页。

练习 22：（练习题目所需文件在“综合练习素材/Excel 综合练习/练习 22”文件夹下）

小李是公司的出纳，单位没有购买财务软件，因此她只能用手工记账。为了节省时间并保证记账的准确性，小李使用 Excel 编制银行存款日记账。请根据该公司 9 月份的“银行流水账表格.docx”，并按照下述要求在 Excel 中建立银行存款日记账。

1）打开练习 22 文件下的文件“银行存款日记账.xlsx”。

2）按照“银行流水账表格.docx”中所示依次输入原始数据，其中在“月”列中以填充的方式输入“九”，将表中的数值格式设为数值、保留两位小数。

3）输入并填充公式：在“余额”列输入计算公式，余额=上期余额+本期借方本期贷方，以自动填充方式生成其他公式。

4）“方向”列中只能有借、贷、平 3 种选择，首先用数据有效性控制该列的输入范围为借、贷、平 3 种中的一种，然后通过正函数输入“方向”列内容，判断条件如下所列。

余额	大于 0	等于 0	小于 0
方向	借	平	贷

5）设置格式：将第一行中的各个标题居中显示，为数据列表自动套用格式后将其转换为区域。

6）通过分类汇总，按日计算借方、贷方发生额总计并将汇总行放于明细数据下方。

7）以文件名“银行存款日记账.xlsx”进行保存。

练习23：（练习题目所需文件在“综合练习素材/Excel综合练习/练习23”文件夹下）

小李是北京某政法学院教务处的工作人员，法律系提交了2018级4个法律专业教学班的期末成绩单，为了更好地掌握各个教学班学习的整体情况，教务处领导要求她制作成绩分析表，供学院领导掌握宏观情况。

请根据“素材.xlsx”文件，帮助小李完成2018级法律专业学生期末成绩分析表的制作。具体要求如下。

1）打开“素材.xlsx”文件，以下所有操作均基于此文件。

2）在“2018级法律”工作表最右侧依次插入“总分”“平均分”“年级排名”列；将工作表的第一行根据表格实际情况合并居中为一个单元格，并设置字体为黑体、字号为16，使其成为该工作表的标题。对班级成绩区域套用带标题行的“表样式中等深浅15”的表格样式。设置所有列的对齐方式为居中，其中排名为整数，其他成绩的数值保留一位小数。

3）在“2018级法律”工作表中，利用公式分别计算“总分”“平均分”“年级排名”列的值。对学生成绩不及格（小于60）的单元格套用格式突出显示为黄色（标准色）填充色。

4）在“2018级法律”工作表中，利用公式、根据学生的学号，将其班级的名称填入“班级”列，规则为学号的第3位为专业代码、第4位为班级序号，即01为“法律一班”、02为“法律二班”、03为“法律三班”、04为“法律四班”。

5）根据“2018级法律”工作表，创建一个数据透视表，放于表名为“班级平均分”的新工作表（位于“2018级法律”工作表左侧）中，工作表标签颜色设置为红色。要求数据透视表中按照英语、体育、计算机、近代史、法制史、刑法、民法、法律英语、立法法的顺序统计各班各科成绩的平均分，其中行标签为班级。为数据透视表格内容套用带标题行的“数据透视表样式中等深浅15”的表格样式，所有列的对齐方式设为居中，成绩的数值保留一位小数。

6）在“班级平均分”工作表中，针对各课程的班级平均分创建二维的簇状柱形图，其中水平簇标签为班级，图例项为课程名称，并将图表放在表格下方的A10:H30单元格区域中。

练习24：（练习题目所需文件在“综合练习素材/Excel综合练习/练习24”文件夹下）

小刘是一所初中的学生处负责人，负责本院学生的成绩管理。他通过Excel来管理学生成绩，现在第一学期期末考试刚刚结束，小刘将初一年级3个班级部分学生成绩输入文件名为“第一学期期末成绩.xlsx”的Excel工作簿文档中。

请根据下列要求帮助小刘同学对该成绩单进行整理和分析。

1）请对“第一学期期末成绩”工作表进行格式调整，套用表样式浅色16，并将所有的成绩记录调整为一致的外观格式，对该工作表中的数据列表进行格式化操作，即将第一列“学号”列设为文本，将所有成绩列设为保留两位小数的数值，设置对齐方式为居中，增加双实线外边框和RGB（148,138,84）底纹以使工作表更加美观。

2）利用“条件格式”功能进行下列设置：将语文、数学、外语 3 科中不低于 110 分的成绩所在的单元格以红色填充。

3）利用 SUM 函数和 AVERAGE 函数计算每个学生的总分及平均成绩。

4）学号第 4、第 5 位代表学生所在的班级，如“C170101”代表 17 级 1 班，请通过函数提取每个学生所在的专业并按下列对应关系填写在“班级”列中。

学号的第 4、第 5 位	对应班级
01	1 班
02	2 班
03	3 班

5）根据学号，请在“第一学期期末成绩”工作表的“姓名”列中，使用 VLOOKUP 函数完成姓名的自动填充。“姓名”和“学号”的对应关系在“学号对照”工作表中。

6）在“成绩分类汇总”中通过分类汇总功能求出每个班各科的最大值，并将汇总结果显示在数据下方。

7）以分类汇总结果为基础，创建一个簇状条形图，对每个班各科最大值进行比较。

练习 25：（练习题目所需文件在“综合练习素材/Excel 综合练习/练习 25”文件夹下）

正则明事务所的统计员小任需要对本所外汇报告的完成情况进行统计分析，并据此计算员工奖金。按照下列要求帮助小任完成相关的统计工作并对结果进行保存。

1）打开 Excel.xlsx 文件，进行如下操作，除特殊指定外，后续操作均基于此文件，否则不得分。

2）将文档中以每位员工姓名命名的 5 个工作表内容合并到一个名为“全部统计结果”的新工作表中，合并结果自 A2 单元格开始，保持 A2:G2 单元格中的列标题依次为报告文号、客户简称、报告收费（元）、报告修改次数、是否填报、是否审核、是否通知客户，然后将其他 5 个工作表隐藏。

3）在“客户简称”和“报告收费（元）”两列之间插入一个列标题为“责任人”的新列，限定该列中的内容只能是员工姓名高小丹、刘君赢、王铬争、石明砚、杨晓柯中的一个，并提供输入用下拉箭头，然后根据原始工作表名依次输入每个报告所对应的员工责任人姓名。

4）利用条件格式“浅红色填充”标记重复的报告文号，按“报告文号”升序、“客户简称”笔画降序排列数据区域。将重复的报告文号后依次增加(1)(2)格式的序号进行区分［使用西文括号，如 13(1)］。

5）在数据区域的最右侧增加“完成情况”列，在该列中按以下规则运用公式和函数填写统计结果：当左侧 3 项“是否填报”“是否审核”“是否通知客户”全部为“是”时，显示“完成”；否则，为“未完成”，将所有“未完成”的单元格以标准红色文本突出显示。

6）在“完成情况”列的右侧增加“报告奖金”列，按照下列要求对每个报告的员工奖金数进行统计计算（以元为单位）。另外，当完成情况为“完成”时，每个报告多加 30 元的奖金，未完成时没有额外奖金。

报告收费金额（元）	奖金（元/每个报告）
小于等于 1000	100
大于 100 小于等于 28000	报告收费金额的 8%
大于 2800	报告收费金额的 10%

7）调整数据区域的金额数字格式为 0.00，对齐方式为居中及行高为 18 等格式，并为其套用表样式浅色 16。最后设置表格中仅“完成情况”和“报告奖金”两列数据不能被修改，密码为空。

8）打开工作簿“Excel 素材 2.xlsx”，将其中的工作表 Sheet1 复制到工作簿 Excel.xlsx 的最右侧。将工作簿 Excel.xlsx 中的工作表 Sheet1 重命名为“员工个人情况统计”，并将其工作表标签颜色设为标准紫色。

9）在工作表“员工个人情况统计”中，对每位员工的报告完成情况及奖金数进行计算统计并依次填入相应的单元格。

10）在工作表“员工个人情况统计”中，生成一个三维饼图统计全部报告的修改情况，显示不同修改次数（0、1、2、3、4 次）的报告数所占的比例，并在图表中标识保留两位小数的比例值。图表放在数据源的下方。

练习 26：（练习题目所需文件在“综合练习素材/Excel 综合练习/练习 26”文件夹下）

销售经理小李通过 Excel 制作了销售情况统计表，根据下列要求帮助小李对数据进行整理和分析。

1）打开 Excel.xlsx 文件，进行如下操作，后续操作均基于此文件，否则不得分。

2）自动调整表格数据区域的列宽、行高，将第 1 行的行高设置为第 2 行行高的 2 倍；设置表格区域各单元格内容水平垂直均居中，并更改文本“鹏程公司销售情况表格”的字体为微软雅黑、字号为 16；将数据区城套用表格样式“表样式中等深浅 27”，表包含标题。

3）对工作表进行页面设置，指定纸张大小为 A4、横向，调整整个工作表为 1 页宽、1 页高，并在整个页面水平居中。

4）将表格数据区域中所有空白单元格填充数字 0（共 21 个单元格）。

5）将“咨询日期”的月、日均显示为 2 位，如 2018/1/5 应显示为 2018/01/05，并依据日期、时间先后顺序对工作表排序。

6）在“咨询商品编码”与“预购类型”之间插入新列，列标题为“商品单价”，利用公式将工作表“商品单价”中对应的价格填入该列。

7）在“成交数量”与“销售经理”之间插入新列，列标题为“成交金额”，根据“成交数量”和“商品单价”，利用公式计算并填入“成交金额”。

8）为销售数据插入数据透视表，数据透视表放到一个名为“商品销售透视表”（置于“销售情况表”右侧）的新工作表中，透视表行标签为“咨询商品编码”，列标签为“预购类型”，对“成交金额”求和。

9）打开“月统计表”工作表，利用公式计算每位销售经理每月的成交金额，并填入对应位置，同时计算“总和”列、“总计”行。

10）在工作表“月统计表”的 G3:M20 单元格区域中，插入与“销售经理成交金额按月统计表”数据对应的二维“堆积柱形图”，横坐标为销售经理，纵坐标为金额，并为每月添加数据标签。

练习 27：（练习题目所需文件在“综合练习素材/Excel 综合练习/练习 27”文件夹下）

晓雨任职人力资源部门，她需要对企业员工 Office 应用能力考核报告进行完善和分析。按照如下要求帮助晓雨完成数据处理工作。

1）打开 Excel.xlsx 文件，进行如下操作，后续操作均基于此文件，否则不得分。

2）在“成绩单”工作表中，设置工作表标签颜色为标准红色；对数据区域套用“表样式浅色 16”表格样式，取消镶边行后将其转换为区域。

3）删除“姓名”列中所有汉语拼音字母，只保留汉字。

4）设置“员工编号”列的数据格式为“001，002，…，334”；在 G3:K336 单元格区域中的所有空单元格中输入数值 0。

5）利用公式计算每个员工 5 个考核科目（Word、Excel、PowerPoint、Outlook 和 Visio）的平均成绩，并填写在“平均成绩”列。

6）在“等级”列中计算并填写每位员工的考核成绩等级，等级的计算规则如下。

等级分类	计算规则
不合格	5 个考核科目中任一科目成绩低于 60 分
及格	60 分≤平均成绩<75 分
良	75 分≤平均成绩<85 分
优	平均成绩≥85 分

7）调整“成绩单”工作表 B2:M336 单元格区域中“员工编号”列和“部门”列的列宽分别为 9 和 6.5，并将该区域内数据设置为水平、垂直方向均居中对齐。

8）依据自定义序列“研发部→物流部→采购部→行政部→生产部→市场部”的顺序进行排序；如果部门名称相同，则按照平均成绩由高到低的顺序排序。

9）设置“分数段统计”工作表标签颜色为蓝色；参考练习 27 文件夹下的样张 2，以该工作表 B2 单元格为起始位置创建数据透视表，计算“成绩单”工作表中平均成绩在各分数段的人数及所占比例（数据透视表中的数据格式设置以参考示例为准，其中平均成绩各分数段下限包含临界值）；根据数据透视表在 E2:L17 单元格区域内创建数据透视图（数据透视图图表类型、数据系列、坐标轴、图例等设置以参考示例为准）。

10）根据“成绩单”工作表中的“年龄”和“平均成绩”两列数据，创建名为“成绩与年龄”的图表工作表（参考练习 27 文件夹下的样张 3，图表类型、样式、图表元素均以此示例为准）。设置图表工作表标签颜色为绿色，并将其放置在全部工作表的最右侧。

11）将“成绩单”工作表中的数据区域设置为打印区域，并设置标题行在打印时可以重复出现在每页顶端。

12）将所有工作表的纸张方向都设置为横向，并为所有工作表添加页眉和页脚，页眉中间位置显示“成绩报告”文本，页脚样式为“第 1 页，共 ? 页”。

练习 28：（练习题目所需文件在“综合练习素材/Excel 综合练习/练习 28”文件夹下）

马老师负责本次公务员考试成绩数据的整理，按照下列要求帮助她完成相关的整理、统计和分析工作。

1）打开 Excel.xlsx 文件，进行如下操作，之后所有的操作均基于此文件，否则不得分。操作过程中，不可以随意改变工作表中数据的顺序。

2）将练习 28 文件夹下的工作簿“行政区划代码对照表.xlsx”中的工作表 Sheet1 复制到工作表“名单”的左侧，并重命名为“行政区划代码”，且工作表标签颜色设为标准紫色；以练习 28 文件夹下的图片“map.jpg”作为该工作表的背景，不显示网格线。

3）按照下列要求对工作表“名单”中的数据进行完善。

① 在“序号”列中输入格式为“00001、00002、00003……”的顺序号。

② 在“性别”列的空白单元格中输入“男”。

③ 在“性别”和“部门代码”之间插入一个空列，列标题为“地区”。自左向右准考证号的第 5、6 位为地区代码，依据工作表“行政区划代码”中的对应关系在“地区”列中输入地区名称。

④ 在“部门代码”列中填入相应的部门代码，其中准考证号的前 3 位为部门代码。

⑤ 准考证号的第 4 位代表考试类别，按照下列计分规则计算每个人的总成绩。

准考证号的第 4 位	考试类别	计分方法
1	A 类	笔试面试各占 50%
2	B 类	笔试占 60%、面试占 40%

4）按照下列要求对工作表“名单”的格式进行设置。

① 修改单元格样式“标题 1”，令其格式变为微软雅黑、14 磅、不加粗、跨列居中，其他保持默认效果。为第 1 行中的标题文字应用更改后的单元格样式“标题 1”，令其在所有数据上方居中排列，并隐藏其中的批注内容。

② 将笔试分数、面试分数、总成绩 3 列数据设置为形如“123.320 分”，且能够正确参与运算的数值类数字格式。

③ 正确的准考证号为 12 位文本，面试分数的范围为 0～100 范围内的整数（含本数），试检测这两列数据的有效性，当输入错误时给出提示信息“超出范围请重新输入！”，以标准红色文本标出存在的错误数据。

④ 为整个数据区域套用一个表格样式，取消筛选并转换为普通区域。

⑤ 加大行高到 15，并自动调整各列列宽。

⑥ 锁定工作表的第 1～3 行，使之始终可见。

⑦ 分别以数据区域的首行作为各列的名称。

5）以工作表“名单”的原始数据为依据，在工作表“统计分析”中按下列要求对各部门数据进行统计。

① 首先获取部门代码及报考部门，并按部门代码的升序进行排列。

② 将各项统计数据填入相应单元格，其中统计男、女人数时应使用函数并应用已定义的名称，最低笔试分数线按部门统计。

③ 对工作表“统计分析”设置条件格式，令其只有在单元格非空时才会自动以某一浅色填充偶数行且自动添加上下边框线。

④ 令第 G 列数字格式显示为百分数，要求四舍五入精确到小数点后 3 位。

6）以工作表“统计分析”为数据源，生成如样张 4.png 所示的图表，要求如下。

① 图表标题与数据上方第 1 行中的标题内容一致并可同步变化。

② 适当改变图表样式、图表中数据系列的格式、调整图例的位置。

③ 坐标轴设置应与示例相同。

④ 将图表以独立方式嵌入到新工作表“分析图表”（置于“统计分析”工作表左侧）中，令其不可移动。

练习 29：（练习题目所需文件在“综合练习素材/Excel 综合练习/练习 29”文件夹下）

某企业员工小韩需要使用 Excel 来分析采购成本并进行辅助决策。根据下列要求，帮助她运用已有的数据完成这项工作。

1）打开 Excel.xlsx 文件，进行如下操作，后续操作均基于此文件，否则不得分。

2）在“成本分析”工作表的 F3:F15 单元格区域，使用公式计算不同订货量下的年订货成本，公式为“年订货成本=(年需求量/订货量)×单次订货成本”，计算结果应用货币格式并保留整数。

3）在“成本分析”工作表的 G3:G15 单元格区域，使用公式计算不同订货量下的年存储成本，公式为“年存储成本=单位年存储成本×订货量×0.5”，计算结果应用货币格式并保留整数。

4）在“成本分析”工作表的 H3:H15 单元格区域，使用公式计算不同订货量下的年总成本，公式为“年总成本=年订货成本+年储存成本”，计算结果应用货币格式并保留整数。

5）为“成本分析”工作表的 E2:H15 单元格区域套用一种表格样式，即表样式中等深浅 2，并将表名称修改为“成本分析”；根据表“成本分析”中的数据，在 J2:Q18 单元格区域中创建图表，图表类型为“带平滑线的散点图”，并根据样张 1.png 中的效果设置图表的标题内容、图例位置、网格线样式、垂直轴和水平轴的最大、最小值及刻度单位和刻度线。

6）将工作表“经济订货批量分析”的 B2:B5 单元格区域的内容分为两行显示并居中对齐（保持字号不变，如样张 2.png 所示），括号中的内容（含括号）显示于第 2 行，然后调整 B 列的列宽为 14.5。

7）在工作表“经济订货批量分析”的 C5 单元格计算经济订货批量的值，公式为“$经济订货批量=\sqrt{\dfrac{2\times 年需求量\times 单项订单成本}{单位年储存成本}}$”，计算结果保留整数。

8）在工作表“经济订货批量分析”的 B7:M27 单元格区域创建模拟运算表，模拟不同的年需求量和单位年储存成本所对应的不同经济订货批量；其中 C7:M7 为年需求量可能的变化值，B8:B27 为单位年储存成本可能的变化值，模拟运算的结果保留整数。

9）对工作表“经济订货批量分析”的 C8:M27 单元格区域应用条件格式，将所有小于等于 750 且大于等于 650 的值所在单元格的底纹设置为红色，字体颜色设置为“白色，背景 1”。

10）在工作表“经济订货批量分析”中，将 C2:C4 单元格区域作为可变单元格，按照下列要求创建方案（最终显示的方案为“需求持平”）。

方案名称	单元格 C2	单元格 C3	单元格 C4
需求下降	10000	600	35
需求持平	15000	500	30
需求上升	20000	450	27

11）在工作表“经济订货批量分析”中，为 C2:C5 单元格区域按照下列要求定义名称。

C2	年需求量
C3	单次订货成本
C4	单位年储存成本
C5	经济订货批量

12）在工作表“经济订货批量分析”中，以 C5 单元格为结果单元格创建方案摘要，并将新生成的“方案摘要”工作表置于工作表“经济订货批量分析”右侧。

13）在“方案摘要”工作表中，将 B2:G10 单元格区域设置为打印区域，纸张方向设置为横向，缩放比例设置为正常尺寸的 200%，打印内容在页面中水平和垂直方向都居中对齐，在页眉正中央添加文字“不同方案比较分析”，并将页眉到上边距的距离值设置为 3。

练习 30：（练习题目所需文件在“综合练习素材/Excel 综合练习/练习 30”文件夹下）

每年年终，太平洋公司都会给在职员工发放年终奖金，公司会计小任负责计算工资奖金的个人所得税并为每位员工制作工资条。按照下列要求完成工资奖金的计算及工资条的制作。

1）打开 Excel.xlsx 文件，进行如下操作，后续操作均基于此文件，否则不得分。

2）在最左侧插入一个空白工作表，重命名为“员工基础档案”，并将该工作表标签颜色设为标准红色。

3）将以分隔符分隔的文本文件“员工档案.csv”自 A1 单元格开始导入工作表“员工基础档案”中。将第 1 列数据从左到右依次分成“工号”和“姓名”两列显示；将“工资”列的数字格式设为不带货币符号的会计专用，调整行高为 20、列宽为 15；最后创建一个名为“档案”、包含 A1:N102 数据区域、包含标题的表，同时删除外部链接。

4）在工作表“员工基础档案”中，利用公式及函数依次输入每个学生的性别“男”或“女”，出生日期“××××年××月××日”，每位员工截至 2018 年 9 月 30 日的年龄、工龄工资、基本月工资。其中：

① 身份证号的倒数第 2 位用于判断性别，奇数为男性，偶数为女性。

② 身份证号的第 7～14 位代表出生年月日。

③ 年龄需要按周岁计算，满 1 年才计 1 岁，每月按 30 天、一年按 360 天计算。

④ 工龄工资的计算方法为，本公司工龄达到或超过 30 年的每满一年每月增加 50 元、不足 10 年的每满一年每月增加 20 元、工龄不满 1 年的没有工龄工资，其他为每满

一年每月增加30元。

⑤ 基本月工资=签约月工资+月工龄工资。

5）参照工作表“员工基础档案”中的信息，在工作表“年终奖金”中输入与工号对应的员工姓名、部门、月基本工资；按照年基本工资总额的15%计算每个员工的年终应发奖金。

6）在工作表“年终奖金”中，根据工作表“个人所得税税率”中的对应关系计算每个员工年终奖金应交的个人所得税、实发奖金，并填入G列和H列。年终奖金目前的计税方法如下。

① 年终奖金的月应税所得额=全部年终奖金÷12。

② 根据步骤计算得出的月应税所得额在个人所得税税率表中找到对应的税率。

③ 年终奖金应交个税=全部年终奖金×月应税所得额的对应税率-对应速算扣除数。

④ 实发奖金=应发奖金-应交个税。

7）根据工作表“年终奖金”中的数据，在“12月工资表”中依次输入每个员工的“应发年终奖金”和“奖金个税”，并计算员工的“实发工资奖金”总额（实发工资奖金=应发工资奖金合计-扣除社保-工资个税-奖金个税）。

8）基于工作表“12月工资表”中的数据，从工作表“工资条”的A2单元格开始依次为每位员工生成样例所示的工资条，要求每张工资条占用两行、内外均加细实线框线，第1行为工号、姓名、部门等列标题，第2行为相应工资奖金及个税金额，两张工资条之间空一行以便剪裁、该空行行高统一设为40默认单位，自动调整列宽，字号为11磅。

9）调整工作表“工资条”的页面布局以备打印：纸张方向为横向，缩减打印输出使所有列只占一个页面宽（但不得改变页边距），水平居中打印在纸上。

综合练习 3　PowerPoint 综合练习

练习 1：（练习题目所需文件在“综合练习素材/PowerPoint 综合练习/练习 1”文件夹下）

为了更好地控制教材编写的内容、质量和流程，小李负责起草了图书策划方案（请参考“图书策划方案.docx”文件）。他需要将图书策划方案 Word 文档中的内容制作成可以向教材编委会进行展示的 PowerPoint 演示文稿。

现在，请根据图书策划方案（请参考“图书策划方案.docx”文件）中的内容，按照如下要求完成演示文稿的制作。

1）创建一个新演示文稿，内容需要包含“图书策划方案.docx”文件中所有讲解的要点，包括以下内容。

① 演示文稿中的内容编排，需要严格遵循 Word 文档中的内容顺序，并仅需要包含 Word 文档中应用了“标题 1”“标题 2”“标题 3”样式的文字内容。

② Word 文档中应用了“标题 1”样式的文字，需要成为演示文稿中每张幻灯片的标题文字。

③ Word 文档中应用了“标题 2”样式的文字，需要成为演示文稿中每张幻灯片的第一级文本内容。

④ Word 文档中应用了“标题 3”样式的文字，需要成为演示文稿中每张幻灯片的第二级文本内容。

2）将演示文稿中的第 1 张幻灯片，调整为“标题幻灯片”版式。

3）为演示文稿应用角度主题样式。

4）在标题为“2018 年同类图书销量统计”的幻灯片中，插入一个 6 行 5 列的表格，列标题分别为“图书名称”“出版社”“作者”“定价”“销量”。

练习 2：（练习题目所需文件在“综合练习素材/PowerPoint 综合练习/练习 2”文件夹下）

在会议开始前，市场部助理小王希望在大屏幕投影上向与会者自动播放本次会议所传递的办公理念，按照如下要求完成演示文稿的制作。

1）将演示文稿中第 1 张幻灯片的背景图片应用到第 2 张幻灯片。

2）将第 2 张幻灯片中的“信息工作者”“沟通”“交付”“报告”“发现”5 段文字内容转换为“射线循环”SmartArt 布局，更改 SmartArt 的颜色为“彩色-强调文字颜色”，并设置 SmartArt 样式为“强烈效果”。

3）为上述 SmartArt 智能图示设置由对象中心进行“缩放”的进入动画效果，并要求上一动画开始之后自动进入。

4）将文档中的所有中文文字字体由“宋体”替换为“微软雅黑”。

5）为演示文稿中的幻灯片设置不同的切换效果：第 1 张设置为“切出”，第 4 张设置为“擦除-自右侧”，第 6 张设置为“显示-从右侧淡出”。

6）将练习 2 文件夹下的 BackMusic.mid 声音文件作为该演示文稿的背景音乐，插入第 1 张幻灯片，并要求在幻灯片放映时即开始播放，至演示结束后停止。

7）为了实现幻灯片可以在展台自动放映，设置每张幻灯片的自动放映时间为 10 秒。

练习 3：（练习题目所需文件在“综合练习素材/PowerPoint 综合练习/练习 3”文件夹下）

作为中国海军博物馆讲解员的小张，受领了制作“辽宁号航空母舰”简介演示幻灯片的任务，需要对演示幻灯片内容进行精心设计和裁剪。请根据练习 3 文件夹下的“辽宁号航空母舰素材.docx”的素材，帮助小张完成制作任务，具体要求如下。

1）制作完成的演示文稿至少包含 9 张幻灯片，并含有标题幻灯片；演示文稿需要选择波形的主题，标题字体为华文新魏、颜色为白色。其中，第 1 张幻灯片的切换效果为“切出”，第 5 张幻灯片的切换效果为“分割”，第 9 张幻灯片的切换效果为“揭开”。

2）标题幻灯片的标题为“辽宁号航空母舰”，副标题为“——中国海军第一艘航空母舰”“中国海军博物馆二〇一三年九月”。

3）根据“辽宁号航空母舰素材.docx”素材文档中对应标题“概况”、“简要历史”、“性能参数”、“舰载武器”、“动力系统”、“舰载机”和“内部舱室”的内容各制作 1～2 张幻灯片。

第 2～9 张幻灯片版式设置为“标题和内容”。

4）请将相关的图片（图片文件均存放于练习 3 文件夹下）插入对应内容幻灯片中（可参照素材文档中图片的对应顺序），完成图文布局排列；并设置文字和图片的动画效果：辽宁舰舰徽和文字、正在海试的辽宁舰图片和文字设置为“淡出”动画效果。

5）演示文稿的最后一张为致谢幻灯片，版式为“空白”，并设置“谢谢”艺术字：字号为 54、艺术字样为“填充-无，轮廓-强调文字颜色 2”。

6）除标题幻灯片外，设置其他幻灯片页脚的最左侧为“中国海军博物馆”字样，最右侧为当前幻灯片编号。

7）设置演示文稿为循环放映方式，每张幻灯片的放映时间为 10 秒，在自定义循环放映时不包括最后一张的致谢幻灯片。

练习 4：（练习题目所需文件在“综合练习素材/PowerPoint 综合练习/练习 4”文件夹下）

小李在课程结业时，需要制作一份介绍第二次世界大战的演示文稿。参考练习 4 文件夹下的“参考图片.docx”效果，帮助他完成演示文稿的制作。

1）将练习 4 文件夹下的“文本内容.docx”文件中的文字复制到 ppt1111.pptx 共包含 14 张幻灯片的演示文稿中，将其保存为 PPT.pptx，后续操作均基于此文件，否则不得分。

2）为演示文稿应用练习 4 文件夹下的自定义主题“历史主题.thmx”，并按照如下要求修改幻灯片版式。

幻灯片编号	幻灯片板式
幻灯片 1	标题幻灯片
幻灯片 2	标题和文本
幻灯片 6～9	标题和图片
幻灯片 10～14	标题和文本

3）除标题幻灯片外，将其他幻灯片的标题文本字体全部设置为微软雅黑、加粗；标题以外的内容文本字体全部设置为幼圆。

4）设置标题幻灯片中的标题文本字体为方正姚体，字号为 60，并应用“靛蓝，强调文字颜色 2，深色 50%”的文本轮廓；在副标题占位符中输入“过程和影响”文本，字体为幼圆，字号为 32，对齐方式为左对齐。

5）在第 2 张幻灯片中插入练习 4 文件夹下的“图片 1.png”图片，将其置于项目列表下方，并应用恰当的图片样式。

6）在第 5 张幻灯片中插入布局为“垂直框列表”的 SmartArt 图形，图形中的文字参考“文本内容.docx”文件；更改 SmartArt 图形的颜色为“彩色轮廓强调文字颜色 6”；为 SmartArt 图形添加“淡出”的动画效果，并设置为在单击鼠标时逐个播放，再将包含战场名称的 6 个形状的动画持续时间修改为 1 秒。

7）适当调整第 10～14 张幻灯片中的文本字号。在第 11 张幻灯片文本的下方插入 3 个同样大小的“圆角矩形”形状，并将其设置为顶端对齐及横向均匀分布；在 3 个形状中分别输入文本“成立联合国”、“民族独立”和“两极阵营”，适当修改字体和颜色；然后为这 3 个形状插入超链接，分别链接到之后标题为“成立联合国”、“民族独立”和“两极阵营”的 3 张幻灯片；为这 3 个圆角矩形形状添加“劈裂”进入动画效果，并设置单击鼠标后从左到右逐个出现，每两个形状之间的动画延迟时间为 0.5 秒。

8）在第 12～14 张幻灯片中，分别插入名为“第一张”的动作按钮，设置动作按钮的高度和宽度均为 2 厘米，距离幻灯片左上角水平 1.5 厘米、垂直 1.5 厘米，并设置当鼠标指针移过该动作按钮时，可以链接到第 11 张幻灯片；隐藏第 12～14 张幻灯片。

9）除标题幻灯片外，为其余所有幻灯片添加幻灯片编号，并且编号值从 1 开始显示。

10）为演示文稿中的全部幻灯片应用向右切换的切换效果，并将自动换片时间设置为 20 秒。

练习 5：（练习题目所需文件在“综合练习素材/PowerPoint 综合练习/练习 5”文件夹下）

某会计网校的刘老师正在准备有关《小企业会计准则》的培训课件，她的助手已搜集并整理了一份该准则的相关资料存放在 Word 文档“《小企业会计准则》培训素材.docx”中。按下列要求帮助刘老师完成 PowerPoint 课件的整合制作。

1）把 ppt1111.pptx 命名为“小企业会计准则培训.pptx”，该演示文稿需要包含 Word 文档“《小企业会计准则》培训素材.docx”中的所有内容，每张幻灯片对应 Word 文档中的一页，其中 Word 文档中应用了“标题 1”“标题 2”“标题 3”样式的文本内容分别对应演示文稿中的每张幻灯片的标题文字、第一级文本内容、第二级文本内容。

2）将第 1 张幻灯片的版式设为“标题幻灯片”，在该幻灯片的右下角插入任意一张剪贴画，依次为新插入的图片、标题、副标题设置为飞入、出现、淡出的动画效果，并且指定动画的出现顺序为图片、标题、副标题。

3）取消第 2 张幻灯片中文本内容前的项目符号，并将最后两行落款和日期右对齐。将第 3 张幻灯片中用绿色标出的文本内容转换为“垂直框列表”类的 SmartArt 图形，并分别将每个列表框链接到对应的幻灯片。将第 9 张幻灯片的版式设为“两栏内容”，并在右侧的内容框中插入对应素材文档第 9 页中的图形。将第 14 张幻灯片最后一段文字向右缩进两个级别，并链接到文件“小企业准则适用行业范围.docx”。

4）将第 15 张幻灯片自“（二）定性标准”开始拆分为标题同为“二、统一中小企业划分范畴”的两张幻灯片，并参考源素材文档中的第 15 页内容将前一张幻灯片中的红色文字转换为一个表格。

5）将素材文档第 16 页中的图片插入对应幻灯片中，并适当调整图片大小。将最后一张幻灯片的版式设为“标题和内容”，将图片 pic1.gif 插入内容框中并适当调整其大小。将倒数第 2 张幻灯片的版式设为“内容与标题”，参考素材文档第 18 页中的样例，在幻灯片右侧的内容框中插入 SmartArt 不定向循环图，并为其设置一个逐项出现的动画效果。

练习 6：（练习题目所需文件在“综合练习素材/PowerPoint 综合练习/练习 6”文件夹下）

在某展会的产品展示区，公司计划在大屏幕投影上向来宾自动播放并展示产品信息，因此需要市场部助理小王完善产品宣传文稿的演示内容。按照如下需求，在 PowerPoint 中完成制作工作。

1）将演示文稿中的所有中文文字字体由“宋体”替换为“微软雅黑”。

2）为了布局美观，将第 2 张幻灯片中的内容区域文字转换为“基本维恩图”SmartArt 布局，并设置该 SmartArt 样式为“强烈效果”。

3）为上述 SmartArt 图形设置由幻灯片中心进行“缩放”的进入动画效果，并要求自上一动画开始之后自动展示 SmartArt 中的 3 点产品特性文字。

4）为演示文稿中的所有幻灯片设置相同的切换效果，即“切出”切换效果。

5）将练习 6 文件夹下的声音文件 BackMusic.mid 插入第 1 张演示文稿作为背景音乐，并要求在幻灯片放映时即开始播放，至演示结束后停止。

6）为演示文稿最后一张幻灯片右下角的图形添加指向网址“www.microsoft.com”的超链接。

7）为了实现幻灯片可以在展台自动放映，设置每张幻灯片的自动放映时间为 10 秒。

练习 7：（练习题目所需文件在“综合练习素材/PowerPoint 综合练习/练习 7”文件夹下）

请根据提供的素材文件“ppt 素材.docx”中的文字、图片设计制作演示文稿，并以文件名 ppt.pptx 存盘，具体要求如下。

1）将素材文件中每个矩形框中的文字及图片设计为一张幻灯片，为演示文稿插入幻灯片编号，与矩形框前的序号一一对应。

2）第 1 张幻灯片作为标题页，标题为“云计算简介”，并将其设为艺术字，有制作日期（格式为××××年××月××日），并指明制作者为“考生×××”（参考样张）。第9张幻灯片中的“敬请批评指正！”采用艺术字。

3）幻灯片版式至少有3种，其中第1张幻灯片为标题幻灯片，并为演示文稿选择Spring主题。

4）为第2张幻灯片中的每项内容插入超链接，单击时转到相应幻灯片。

5）第5张幻灯片采用SmartArt图形中的组织结构图来表示，最上级内容为“云计算的5个主要特征”，其下级依次为具体的5个特征。

6）为每张幻灯片中的对象添加动画效果，其中第1张的制作日期动画效果为“劈裂”，并设置3种以上的幻灯片切换效果，其中第3张幻灯片切换效果为“淡出-平滑”。

7）增大第6、7、8张幻灯片中图片的显示比例，以达到较好的效果。

练习8:（练习题目所需文件在“综合练习素材/PowerPoint综合练习/练习8”文件夹下）

第十二届全国人民代表大会第三次会议政府工作报告中看点众多，精彩纷呈。为了更好地宣传大会精神，新闻编辑小王需要制作一个演示文稿，素材放于练习8文件夹下的“文本素材.docx”及相关图片文件中，具体要求如下。

1）演示文稿共包含8张幻灯片；第1张幻灯片设为“推进”切换效果，第2张幻灯片设为“擦除”切换效果，第4张幻灯片设为“分割”切换效果；设置幻灯片主题为“角度”。

2）第1张幻灯片为标题幻灯片，标题为“图解今年施政要点”，字号为44；副标题为“2015年两会特别策划”，字号为20。

3）第2张幻灯片和第3张幻灯片的标题为“一、经济”，展示练习8文件夹下的Eco1.jpg～Eco6.jpg图片，每张幻灯片包含3张图片；设置第2张幻灯片中3张图片的样式为“剪裁对角线，白色”，第2张中3张图片的样式为“映像圆角矩形”；设置每张图片的进入动画效果为“上一动画之后”。

4）第4～6张幻灯片，这3张幻灯片的标题为“二、民生”，其中第4张幻灯片内容为练习8文件夹下的Ms1.jpg～Ms6.jpg图片，图片大小设置为100像素（高）×150像素（宽），每张图片的进入动画效果为“上一动画之后”；在第5、6张幻灯片中，利用“垂直图片列表”SmartArt图形展示“文本素材.docx”中的“养老金”到“环境保护”7个要点，图片对应Icon1.jpg～Icon7.jpg，每个要点的文字内容有两级，对应关系与素材保持一致。要求第5张幻灯片展示3个要点；设置SmartArt图形的进入动画效果为“与上一动画同时”。

5）第7张幻灯片的标题为“三、政府工作需要把握的要点”，内容为“垂直框列表”SmartArt图形，对应文字参考练习8文件夹下的“文本素材.docx”。设置SmartArt图形的进入动画效果为“上一动画同时”。

6）最后一张幻灯片的标题为“谢谢！”，内容为练习8文件夹下的End.jpg图片，图片样式为“映像圆角矩形”。

7）除标题幻灯片外，在其他幻灯片的页脚处显示页码。

8）设置幻灯片为循环放映方式，每张幻灯片的自动切换时间为10秒。

练习9：（练习题目所需文件在"综合练习素材/PowerPoint综合练习/练习9"文件夹下）

校摄影社团在今年的摄影比赛结束后，希望可以借助PowerPoint将优秀作品在社团活动中进行展示。这些优秀的摄影作品保存在练习9文件夹中，并以Phto(1).jpg～photo(12).jpg命名。现在，请按照如下需求，在PowerPoint中完成制作工作。

1）利用PowerPoint应用程序创建一个相册，并包含Photo(1).jpg～Photo(12).jpg共12幅摄影作品。在每张幻灯片中包含4张图片，并将每张图片设置为"居中矩形阴影"相框形状。

2）设置相册主题为练习9文件夹下的"相册主题.ppt"样式。

3）为相册中每张幻灯片设置不同的切换效果（其中第1张为淡出-平滑，第3张为推进-自底部，第5张为分割-中央向左右展开）。

4）在标题幻灯片后插入一张新的幻灯片，将该幻灯片设置为"标题和内容"版式。在该幻灯片的标题位置输入"摄影社团优秀作品赏析"，并在该幻灯片的内容文本框中输入3行文字，分别为"湖光春色"、"冰雪消融"和"田园风光"。

5）将"湖光春色"、"冰雪消融"和"田园风光"3行文字转换为样式为"蛇形图片重点列表"的SmartArt对象，并将Photo(1).jpg、Photo(6).jpg和Photo(9).jpg定义为该SmartArt对象的显示图片。

6）为SmartArt对象添加自左至右的"擦除"进入动画效果，并要求在幻灯片放映时该SmartArt对象元素可以逐个显示，其中湖光春色的动画序列为2，冰雪消融的动画序列为5。

7）将练习9文件夹下的ELPHRG01.wav声音文件作为该相册的背景音乐，并在幻灯片放映时即开始播放。

8）将该相册保存为PowerPoint.pptx文件。

练习10：（练习题目所需文件在"综合练习素材/PowerPoint综合练习/练习10"文件夹下）

请根据提供的"ppt素材及设计要求.docx"设计制作演示文稿，具体要求如下。

1）演示文稿中需包含6张幻灯片，每张幻灯片的内容与"ppt素材及设计要求.docx"文件中的序号内容相对应，并为演示文稿选择"暗香扑面"主题。

2）设置第1张幻灯片为标题幻灯片，标题为"学习型社会的学习理念"，副标题包含制作单位"计算机教研室"和制作日期（格式为××××年××月××日）内容。

3）设置第3～5张幻灯片为不同的版式，分别为"标题和内容""比较""内容与标题"，并根据文件"ppt素材及设计要求.docx"内容将其所有文字布局到各对应幻灯片中，第4张幻灯片需包含所指定的图片。

4）根据"ppt素材及设计要求.docx"文件中的动画类别提示设计演示文稿中的动画效果。

5）在幻灯片中突出显示"ppt素材及设计要求.docx"文件中的重点内容（素材中加粗部分），字体为华文行楷、字号为40、颜色为浅绿。

6）第2张幻灯片作为目录页，采用垂直框列表SmartArt图形表示"ppt素材及设计要求.docx”文件中要介绍的3项内容。

7）设置第6张幻灯片为空白版式，并修改该幻灯片的背景为纯色填充。

8）在第6张幻灯片中插入包含文字为“结束”的艺术字（“填充-深黄，强调文字颜色1，金金属棱台，映像”），字号为72，加粗，并设置其动画动作路径为圆形形状。

练习11：（练习题目所需文件在“综合练习素材/PowerPoint综合练习/练习11”文件夹下）

某学校初中二年级五班的物理老师要求学生两人一组制作一份物理课件。小曾与小张自愿组合，他们制作完成的第一章后3节内容见文档“第3～5节.pptx”，前两节内容存放在文本文件“第1～2节.pptx”中。小张需要按下列要求完成课件的整合制作。

1）为演示文稿“第1～2节.pptx”指定一个合适的设计主题；为演示文稿“第3～5节.pptx”指定另一个设计主题，两个主题应不同。

2）将演示文稿“第3～5节.pptx”和“第1～2节.pptx”中的所有幻灯片合并到“物理课件.pptx”中，要求所有幻灯片保留原来的格式。以后的操作均在文档“物理课件.pptx”中进行。

3）在“物理课件.pptx”的第3张幻灯片之后插入一张版式为“仅标题”的幻灯片，输入标题文字“物质的状态”，在标题下方制作一张射线列表式关系图，样例参考“关系图素材及样例.docx”，所需图片在练习11文件夹下。为该关系图添加适当的动画效果，要求同一级别的内容同时出现、不同级别的内容先后出现；其中，固态图为擦除效果，动画序列为3；液态图为擦除效果，动画序列为5；其他自由设置。

4）在第6张幻灯片后插入一张版式为“标题和内容”的幻灯片，在该张幻灯片中插入与素材“蒸发和沸腾的异同点.docx”文档中所示相同的表格，并为该表格添加“翻转式-由远及近”的动画效果。

5）将第4张、第7张幻灯片分别链接到第3张、第6张幻灯片的相关文字上。

6）除标题页外，使用母版为幻灯片添加编号及页脚，页脚内容为“第一章 物态及其变化”。

7）为幻灯片设置适当的切换方式，其中第一张为形状效果，其他自由设置，以丰富放映效果。

练习12：（练习题目所需文件在“综合练习素材/PowerPoint综合练习/练习12”文件夹下）

文小雨加入了学校的旅游社团组织，正在参与组织暑期到台湾日月潭的夏令营活动，现在需要制作一份关于日月潭的演示文稿。根据以下要求，并参考“参考图片.docx”文件中的样例效果，完成演示文稿的制作。

1）演示文稿包含8张幻灯片，第1张版式为“标题幻灯片”，第2、第3、第5和第6张版式为“标题和内容版式”，第4张版式为“两栏内容”版式，第7张版式为“仅标题”版式，第8张版式为“空白”版式；每张幻灯片中的文字内容，可以从练习12文件夹下的“PPT_素材.docx”文件中找到；对所有幻灯片应用名称为“流畅”的内置主题；将所有文字的字体统一设置为“幼圆”。

2）在第1张幻灯片中插入“图片1.jpg”，参考样例在练习12文件夹下。

3）将第 2 张幻灯片中标题下的文字转换为 SmartArt 图形，布局为“垂直曲形列表”，并应用“白色轮廓”的样式，字体为幼圆。

4）将素材中第 3 张幻灯片标题下的内容文字转换为表格（4 行 4 列），表格的内容参考样例文件。

5）在第 4 张幻灯片的右侧，插入练习 12 文件夹下名为“图片 2.jpg”的图片，并添加或取消相应的项目符号。

6）参考样例文件效果，调整第 5 和第 6 张幻灯片标题下文本的段落间距，并添加“自定义”项目符号。

7）在第 5 张幻灯片中，插入练习 12 文件夹下的“图片 3.jpg”和“图片 4.jpg”，参考样例文件；将“图片 4.jpg”置于底层，并对“图片 3.jpg”（游艇）应用“飞入”的进入动画效果，以便在播放到此张幻灯片时，游艇能够自动从左下方进入幻灯片页面；在游艇图片上方插入“椭圆形标注”，使用短划线轮廓，并在其中输入文本“开船喽！”，然后为其应用“上浮”进入动画效果，并使其在游艇飞入页面后能自动出现。

8）在第 6 张幻灯片的右上角插入练习 12 文件夹下的“图片 5.gif”，并将其移到幻灯片右上角。

9）在第 7 张幻灯片中插入练习 12 文件夹下的“图片 6.jpg”、“图片 7.jpg”和“图片 8.jpg”，参考样例文件，为其添加“居中矩形阴影”图片样式，并依次排列，在幻灯片右上角插入练习 12 文件夹下的“图片 9.gif”，并将其顺时针旋转 300°。

10）在第 8 张幻灯片中，将练习 12 文件夹下的“图片 10.jpg”设为幻灯片背景，并将幻灯片中的文本应用“填充-无，轮廓-强调文字颜色 2”艺术字样式，文本居中对齐，字体为“幼圆”；为文本框添加单色填充-白色和透明效果 50%。

11）为演示文稿第 2～8 张幻灯片添加“涟漪”的切换效果，首张幻灯片无切换效果；为所有幻灯片设置自动换片，换片时间为 5 秒；为除首张幻灯片之外的所有幻灯片添加编号，编号从“1”开始。

练习 13：（练习题目所需文件在“综合练习素材/PowerPoint 综合练习/练习 13”文件夹下）

为进一步提升北京旅游行业整体队伍素质，打造高水平、懂业务的旅游景区建设与管理队伍，北京旅游局将为工作人员进行一次业务培训，主要围绕“北京主要景点”进行介绍，包括文字、图片、音频等内容。

请根据练习 13 文件夹下的素材文档“北京主要景点介绍-文字.docx”，帮助主管人员完成制作任务，具体要求如下。

1）打开文件 ppt1111.pptx，并以“北京主要旅游景点介绍.pptx”为文件名保存到练习 13 文件夹下。

2）将第 1 张标题幻灯片中的标题设置为“北京主要旅游景点介绍”，副标题设置为“历史与现代的完美融合”。

3）在第 1 张幻灯片中插入歌曲“北京欢迎你.mp3”，设置为自动播放，并设置声音图标在放映时隐藏。

4）第 2 张幻灯片的版式为“标题和内容”，标题为“北京主要景点”，在文本区域中以项目符号列表方式依次添加下列内容：天安门、故宫博物院、八达岭长城、颐和园、鸟巢。

5）自第 3 张幻灯片开始按照天安门、故宫博物院、八达岭长城、颐和园、鸟巢的顺序依次介绍北京各主要景点，相应的文字素材“北京主要景点介绍文字.docx”及图片文件均存放于练习 13 文件夹下。

要求：每个景点介绍占用一张幻灯片。

6）最后一张幻灯片的版式设置为“空白”，并插入艺术字“谢谢”。

7）将第 2 张幻灯片列表中的内容分别超链接到后面对应的幻灯片，并添加返回到第 2 张幻灯片的动作按钮。

8）为演示文稿选择聚合设计主题，要求字体和整体布局合理、色调统一，为每张幻灯片设置不同的幻灯片切换效果及文字和图片的动画效果；其中，第 2 张幻灯片切换效果为淡出，第 8 张“谢谢”的动画效果为随机线条。

9）除标题幻灯片外，其他幻灯片的页脚均包含幻灯片编号、日期（日期设置为 2019/1/22）。

10）设置演示文稿放映方式为“循环放映，按 ESC 键终止”，换片方式为“手动”。

练习 14：（练习题目所需文件在“综合练习素材/PowerPoint 综合练习/练习 14”文件夹下）

“天河二号超级计算机”是我国独立自主研制的超级计算机系统，2014 年 6 月再登“全球超算 500 强”榜首，为祖国再次争得荣誉。作为北京市××中学初二年级物理老师，李晓玲老师决定制作一个关于“天河二号超级计算机”的演示幻灯片，用于学生课堂知识拓展。请根据练习 14 文件夹下的素材“天河二号素材.docx”及相关图片文件，帮助李老师完成制作任务，具体要求如下。

1）演示文稿共包含 10 张幻灯片，标题幻灯片 1 张，概况幻灯片 2 张，特点、技术参数、自主创新和应用领域各 1 张，图片欣赏 3 张（其中第 8 张为图片欣赏标题页）。

幻灯片必须选择都市设计主题。所有幻灯片中除了标题和副标题外，其他文字的字体均设置为“微软雅黑”。

2）第 1 张幻灯片为标题幻灯片，标题为“天河二号超级计算机”，副标题为“——2014 年再登世界超算榜首”。

3）第 2 张幻灯片采用“两栏内容”的版式，左边一栏为文字，右边一栏为图片，图片为练习 14 文件夹下的“Image1.jpg”。

4）第 3～7 张幻灯片的版式均为“标题和内容”，素材中的黄底文字即为相应幻灯片的标题文字。

5）第 4 张幻灯片标题为“二、特点”，将其中的内容设为“垂直块列表”SmartArt 对象，素材中红色文字为一级内容，蓝色文字为二级内容。为该 SmartArt 图形设置动画“自底部飞入”，并将动画的开始设置为“上一动画之后”。

6）利用练习 14 文件夹下的 Image2.jpg～Image9.jpg 图片创建图片欣赏幻灯片，要求每张幻灯片中包含 4 张图片；将标题更改为“六、图片欣赏”。

7）分别为幻灯片设置“淡出-平滑”的切换方式。

8）除标题幻灯片外，其他幻灯片的右上角显示幻灯片编号。

9）设置幻灯片为循环放映方式，如果不单击鼠标，幻灯片 10 秒后自动切换至下一张。

练习 15：（练习题目所需文件在“综合练习素材/PowerPoint 综合练习/练习 15”文件夹下）

团委张老师正在准备有关“中国梦”学习实践活动的汇报演示文稿，相关资料存放在 Word 文档“PPT 素材及设计要求.docx”中。按下列要求帮助张老师完成演示文稿的整合制作。

1）将练习 15 文件夹下的文件 ppt1111.pptx 改名为“PPT.pptx”，后续操作均基于此文件，否则不得分。

该演示文稿的内容包含在 Word 文档“PPT 素材及设计要求 docx”中，Word 素材文档中的蓝色字不在幻灯片中出现，黑色字必须在幻灯片中出现，红色字在幻灯片的备注中出现。

2）将默认的“Office 主题”幻灯片母版重命名为“中国梦母版 1”，并将图片“母版背景图片 1.jpg”作为其背景。为第 1 张幻灯片应用”中国梦母版 1”的“空白”版式。

3）在第 1 张幻灯片中插入剪贴画音频“鼓掌欢迎”，裁剪音频只保留前 0.5 秒，设置自动循环播放、直到停止，且放映时隐藏音频图标。

4）插入一个新的幻灯片母版，重命名为“中国梦母版 2”，其背景图片为练习 15 文件夹下的“母版背景图片 2.jpg”，将图片平铺为纹理。为从第 2 张开始的幻灯片应用该母版中适当的版式。

5）第 2 张幻灯片为目录页，标题文字为“目录”且文字方向竖排，目录项内容为幻灯片 3～幻灯片 7 的标题文字，并采用 SmartArt 图形中的“垂直曲形列表”显示，调整 SmartArt 图形的大小、显示位置、颜色（强调文字颜色 2 的彩色填充）、三维样式等。

6）第 3～7 张幻灯片分别介绍第 1～5 项具体内容，要求按照文件“PPT 素材及设计要求.docx”中的要求进行设计，调整文字、图片大小，并将第 3～7 张幻灯片中所有双引号中的文字更改字体，设为红色、加粗。

7）更改第 4 张幻灯片中的项目符号、取消第 5 张幻灯片中的项目符号，并为第 4、第 5 张幻灯片添加备注信息。

8）第 6 张幻灯片用 3 行 2 列的表格来表示其中的内容，表格第 1 列内容分别为“强国”“富民”“世界梦”，第 2 列为对应的文字。为表格应用一个表格样式，并设置单元格凹凸效果。

9）用 SmartArt 图形中的向上箭头流程表示第 7 张幻灯片中的三部曲。

10）为第 2 张幻灯片的 SmartArt 图形中的每项内容插入超链接，单击时可转到相应的幻灯片。

11）为每张幻灯片设计不同的切换效果；为第 2～8 张幻灯片设计动画，且出现先后顺序合理。

第4部分　模拟测试

本部分紧扣全国计算机等级考试二级 MS Office 高级应用考试大纲，给出 10 套模拟测试题，供学生进行应试前的模拟练习。

模拟测试 1

一、字处理题（测试题目所需文件在“模拟测试素材/模拟测试 1”文件夹下）

奥新公司将于年底举办一场“企业年度联欢晚会”的活动，拟邀请一批客户参加。因此，销售部需要制作一批邀请函，并分别递送给相应的客户代表。请按如下要求，完成邀请函的制作。

1）调整文档版面，要求页面高度为 15 厘米、宽度为 28 厘米，上、下页边距为 2.5 厘米，左、右页边距为 2.8 厘米。

2）将模拟测试 1 文件夹下的图片“邀请函背景.jpg”设置为邀请函背景。

3）根据“Word-邀请函参考样式.docx”文件，调整邀请函中内容文字的字体、字号和颜色。

4）调整邀请函中内容文字段落的对齐方式。

5）根据页面布局需要，调整邀请函中“企业年度联欢晚会”和“邀请函”两个段落的间距。

6）在“尊敬的”和“（客户）”文字之间，插入拟邀请的客户代表姓名，拟邀请的客户代表姓名在模拟测试 1 文件夹下的“邀请客户通讯录.xlsx”文件中。每页邀请函中只能包含 1 位客户代表的姓名，所有的邀请函页面请另外保存在一个名为“Word-邀请函.docx”的文件中。

7）邀请函文档制作完成后，请保存 Word.docx 文件。

二、电子表格题（测试题目所需文件在“模拟测试素材/模拟测试 1”文件夹下）

王芳负责本公司的销售统计工作，此次需要对各分店的 4 季度的销售情况进行统计分析，并将结果提交给部门经理。打开“图书销售情况表.xlsx”，请帮助王芳完成以下操作。

1）将 Sheet1 工作表命名为“图书销售”，将 Sheet2 工作表命名为“图书价格”。

2）在“分店”列左侧插入一个空列，输入列标题为“序号”，并以“001、002、003……”的方式向下填充该列到最后一个数据行。

3）将工作表标题跨列合并后居中并适当调整其字体、加大字号，并改变字体颜色。适当加大数据表行高和列宽，设置对齐方式及销售额数据列的数值格式（保留两位小数），并为数据区域增加边框线。

4）将工作表“图书价格”中的 B3:C5 单元格区域定义名称为“平均”。运用公式计算工作表“图书销售”中 E 列的销售额，要求在公式中通过 VLOOKUP 函数自动在工作表“图书销售”中查找相关图书的单价，并在公式中引用所定义的名称“平均”。

5）为工作表“图书销售”中的销售数据创建一个数据透视表，放置在一个名为“透视表”的新工作表中，要求针对各类图书比较各分店每个季度的销售额。其中，图书名称为报表筛选字段，分店为行标签，季度为列标签，并对销售额求和。最后对数据透视表进行格式设置，使其更加美观。

6）根据生成的数据透视表，在透视表下方创建一个簇状柱形图，图表中仅对3个门店各季度英语的销售额进行比较。

7）保存“图书销售情况表.xlsx”文件。

三、演示文稿题（测试题目所需文件在“模拟测试素材/模拟测试1”文件夹下）

大明商贸公司将参加一次招商活动，销售人员李莉要制作一份有关产品介绍的演示文稿，届时将在活动中向客户展示。助理人员已经制作了一份演示文稿的素材“大明产品.pptx”，请打开该文档进行美化，具体要求如下。

1）将第2张幻灯片版式设为“两栏内容”，将第4张幻灯片的版式设为“标题和竖排文字”，为整个演示文稿指定一个恰当的设计主题。

2）通过幻灯片母版为每张幻灯片增加利用艺术字制作的水印效果，水印文字中应包含“大明网”字样，并旋转一定的角度。

3）根据第6张幻灯片右侧的文字内容创建一个水平项目符号列表，结果应类似Word样例文件“水平项目符号列表样例.docx”中所示，并为该组织结构图添加任意一种动画效果。

4）为第6张幻灯片标题的文字“产品体系”加入超链接，链接到Word素材文件“产品报价.docx”，并为该张幻灯片添加适当的动画效果。

5）为演示文稿设置不少于3种的幻灯片切换方式。

模拟测试 2

一、字处理题（测试题目所需文件在“模拟测试素材/模拟测试 2”文件夹下）

王丽是广东猎头信息文化服务公司的一名客户经理，在中秋节即将来临之际，他设计了一个中秋贺卡，发给有业务往来的客户，祝他们中秋节快乐。请根据上述活动的描述，利用 Word 制作一张中秋贺卡（贺卡的参考样式请参考“Word-贺卡参考样式.docx”文件），要求如下。

1）调整文档版面，设置纸张大小为 A4，纸张方向为横向。

2）根据“Word-贺卡参考样式.docx”在文档中插入模拟测试 2 文件夹下的图片“底图.jpg”。

3）设置文档中“中秋节快乐”图片的大小及位置。

4）根据“Word-贺卡参考样式.docx”文件，将文档中的文字通过两个文本框来显示，分别设置两个文本框的边框样式及底纹颜色等属性，使其显示效果与参考样式一致。

5）根据“Word-贺卡参考样式.docx”文件，分别设置两个文本框的文字字体、字号及颜色，并设置第 2 个文本框中各段落之间的间距、对齐方式、段落缩进等属性。

6）在“客户经理：”位置后面输入姓名（王丽）。

7）在“尊贵的________先生/女士：”的横线处，插入客户的姓名，客户姓名在模拟测试 2 文件夹下的“客户资料.docx”文件中。每张贺卡中只能包含一位客户的姓名，所有贺卡页面请另外保存在一个名为“Word-贺卡.docx”的文件中。

二、电子表格题（测试题目所需文件在“模拟测试素材/模拟测试 2”文件夹下）

伍勇是某大学大一计算机班的班主任，平时习惯使用 Excel 来管理学生的成绩。现在第一学期期末考试刚刚结束，伍老师将班里学生的成绩均输入文件名为“期末成绩单.xlsx”的 Excel 工作簿文档中。请根据下列要求对该成绩单进行整理和分析。

1）对工作表“期末成绩表”中的数据列表进行格式化操作：将第一列“学号”列设为文本，将所有成绩列设为保留两位小数的数值；适当加大行高列宽，改变字体、字号，设置对齐方式，增加适当的边框和底纹以使工作表更加美观。

2）利用“条件格式”功能进行下列设置：将数学、英语、计算机基础 3 科中高于 90 分（包含 90 分）的成绩所在的单元格填充为绿色，将所有不及格的成绩数值设置为红色，利用 SUM 函数和 AVERAGE 函数计算每一个学生的总分及平均成绩。

3）复制工作表“期末成绩表”，将副本放置到原表之后；改变该副本表标签的颜色，并重命名，新表名需包含“分类汇总”字样。

4）通过分类汇总功能求出班级中男生和女生的平均成绩，并将每组结果分页显示。

5）以分类汇总结果为基础，创建一个簇状柱形图，对男生和女生的平均成绩进行比较，并将该图表放置在一个名为“柱状分析图”的新工作表中。

6）保存“期末成绩单.xlsx”文件。

三、演示文稿题（测试题目所需文件在“模拟测试素材/模拟测试2”文件夹下）

张文是恒运科技发展公司的一名文秘，公司最近展开一个有关如何提高员工满意度的培训，张文已经整理了一份演示文稿的素材“提高员工满意度.pptx”，请打开该文档进行美化，要求如下。

1）在第1张幻灯片中建立第1～6个方框的链接，单击方框时，可转到与其对应的幻灯片上，同时取消每张幻灯片单击切换的功能。另外，为第2～6张幻灯片各自定义一个图形链接，要求图形中包含“返回”两个字。

2）为演示文稿应用一个主题，使演示文稿更加美观。

3）在第2张幻灯片中，将文本框中包含的流程文字利用SmartArt图形展现。

4）为第3张幻灯片设置一个图案填充效果。

5）将第4张幻灯片的内容通过一个6行3列的表格来显示。

6）为第5张幻灯片中的箭头图片设计一个进入的动画效果，将动画效果的显示时间适当地放慢，并设定一个自动播放的时间。

7）将第6张幻灯片的版式设计为“图片和标题”，并插入模拟测试2文件夹下的“插图.jpg”文件到图片框中。

8）为第7张幻灯片设计一个切换效果，并添加一个声音效果。

9）保存制作完成的演示文稿，并以原文件名命名。

模拟测试 3

一、字处理题（测试题目所需文件在“模拟测试素材/模拟测试 3”文件夹下）

刘丽是新潮公司人事部职员，她的主要工作是负责人员招聘及档案管理工作。年中时，公司为扩大销售规模，面试了大批应聘销售职务的人员，经过公司讨论决定后，对达到要求的人员发一个录用通知书，定于 2018 年 6 月 15 日上午 10 点统一到公司报到，所有录用人员的试用期为 3 个月，试用期工资为 3000 元/月。其中，被录用人员名录保存在“录用者.xlsx”中，公司联系电话为 010-8882××××。根据上述内容制作录用通知书，具体要求如下。

1）调整文档版面，要求纸张大小为“B5（JIS）”，上、下页边距为 3 厘米，左、右页边距为 2.5 厘米。

2）在文档页眉的右上角插入模拟测试 3 文件夹下的图片“商标.jpg”，设置图片样式，适当调整图片大小及位置，并在页眉中添加联系电话。

3）根据“Word-录用通知参考样式.docx”文件，调整录用通知内容文字的格式，具体要求：第一行设置为标题格式，第二行设置为副标题格式，添加部分文字的下划线。

4）设置“二、携带资料”中的 5 行文字为自动序号。

5）根据页面布局需要，适当地设置正文各段落的缩进、行间距和对齐方式，并设置文档底部的“北京新潮网络服务有限公司”的段前间距。

6）运用邮件合并功能制作内容相同、收件人不同的录用通知，且每个人的称呼（先生或女士）、试用期和试用薪资也随着变更（所有相关数据都保存在“录用者.xlsx”中），要求先将合并主文档以“录用通知 1.docx”为文件名进行保存，在进行效果预览后生成可以单独编辑的单个文档“录用通知 2.docx”。

二、电子表格题（测试题目所需文件在“模拟测试素材/模拟测试 3”文件夹下）

小赵是一家汽车配件生产厂家的销售助理，主要的工作职责是为销售经理提供汽车配件的销售信息的分析和汇总。请根据“汽车配件销售数据.xlsx”，按照如下要求完成统计和分析工作。

1）请对“订单明细表”工作表进行格式调整，通过套用表格样式方法将所有的销售记录调整为一致的外观格式，并将“单价”列和“订单金额”列所包含的单元格调整为“会计专用”（人民币）数字格式。

2）根据配件编号，请在“订单明细表”工作表的“配件名称”列中，使用 VLOOKUP 函数完成配件名称的自动填充。“配件名称”和“配件编号”的对应关系在“编号对照表”工作表中。

3）根据配件编号，请在“订单明细表”工作表的“单价”列中，使用VLOOKUP函数完成单价的自动填充。“单价”和“配件编号”的对应关系在“编号对照表”工作表中。

4）在“订单明细表”工作表的“订单金额”列中，计算每笔订单的销售额。

5）根据“订单明细表”工作表中的销售数据，统计所有订单的总销售金额，并将其填写在“数据统计表”工作表的C3单元格中。

6）根据“订单明细表”工作表中的销售数据，查找订单金额最高的金额数，并将其填写在“数据统计”工作表的C4单元格中。

7）根据“订单明细表”工作表中的销售数据，统计万利汽配厂在2017年每月平均销售额，并将其填写在“数据统计表”工作表的C5单元格中。

8）根据“订单明细”工作表中的销售数据，统计宏达汽修厂在2018年的第二季度（4月1日～6月30日）的总销售额，并将其填写在“数据统计表”工作表的C6单元格中。

9）保存“汽车配件销售数据.xlsx”文件。

三、演示文稿题（测试题目所需文件在“模拟测试素材/模拟测试3”文件夹下）

陶老师是某大学的一名C语言老师，对于新学期的第一节C语言课，陶老师为了让学生更好地理解C语言程序设计的概念，准备精心制作一个演示文稿课件，通过多媒体互动的效果来讲解C语言的入门知识，提高学生的学习积极性。演示文稿的内容请参考“C语言入门（素材）.docx”文件，按照如下要求完成演示文稿的制作。

1）创建一个新演示文稿，内容需要包含“C语言入门（素材）.docx”文件中所有讲解的要点，包括以下内容。

① 演示文稿中的内容编排，需要严格遵循Word文档中的内容顺序，包含全部Word文档中的内容。

② Word文档中应用了“标题1”样式的文字，需要成为演示文稿中每张幻灯片的标题文字。

③ Word文档中应用了“标题2”样式的文字，需要成为演示文稿中每张幻灯片的第一级文本内容。

④ Word文档中应用了“标题3”样式的文字，需要成为演示文稿中每张幻灯片的第二级文本内容。

2）为演示文稿设计一个封面页，版式为“标题幻灯片”版式，作为整个演示文稿的第一页，并为封面自定义一个主标题和一个副标题。

3）为演示文稿应用一个美观的主题样式。

4）在标题为“（4）C语言编译工具——C语言编译程序”的幻灯片中，将第（4）点所包含的内容设计为一个动画效果，要求各文字对象按照其箭头指示逐个出现。

5）在标题为“2. 程序设计”的幻灯片中，将所包含5点流程文字利用SmartArt图形展现。

6）在标题为“1.2 算法”的幻灯片中，将算法的5个特征通过SmartArt图形中的圆形图表示，并更改其颜色为“强调文字颜色2”中的一种。

7）为演示文稿设置多样化切换效果。

8）通过幻灯片母版为每张幻灯片增加利用艺术字制作的水印效果，水印文字中应包含“C 语言入门”字样，并旋转一定的角度。

9）在该演示文稿中创建一个演示方案，该演示方案包含第 1、第 3、第 5 张幻灯片，并将该演示方案命名为“放映方案 1”。

10）保存制作完成的演示文稿，并将其命名为 PowerPoint.pptx。

模拟测试 4

一、字处理题（测试题目所需文件在“模拟测试素材/模拟测试 4”文件夹下）

某高校计算机系举办了一场“我爱我的祖国”的活动，活动结束后，由负责宣传的同学将本次活动的相关内容制作成简报，并分别抄报、抄发给相关院系部门。请按如下要求完成活动简报的制作。

1）调整文档版面，要求页面高度为 23 厘米、宽度为 18 厘米，上、下页边距为 2.5 厘米，左、右页边距为 3 厘米。

2）将模拟测试 4 文件夹下的图片“背景图片.jpg”设置为简报背景。

3）在“具体活动流程的安排见‘活动流程安排表’”位置后另起一页，并设置第 2 页的页面高度为 25 厘米、宽度为 17.6 厘米，纸张方向设置为“横向”，上、下页边距为 1 厘米，左、右页边距为 2 厘米。

4）根据“Word-简报参考样式.docx”文件，调整简报内容文字的字体、字号和颜色。

5）调整简报中内容文字段落的对齐方式、缩进方式等属性。

6）根据“Word-简报参考样式.docx”文件，在文件中插入两条横线，并设置横线样式和颜色。

7）在“供稿者：”位置后面输入供稿者姓名（王亮）。

8）在新页面的“活动流程安排表”段落下面，复制本次活动的流程表（请参考“Word-活动流程.xlsx”文件），要求表格内容引用 Excel 文件中的内容，如若 Excel 文件中的内容发生变化，Word 文档中的日程安排信息随之发生变化。

9）保存本次活动的设计为 Word.docx 文件。

二、电子表格题（测试题目所需文件在“模拟测试素材/模拟测试 4”文件夹下）

刘芯是飞云网上商城的销售助理，负责对网上商品的销售情况进行统计分析，并将结果提交给销售经理。年底，她对各类型商品的销售报表进行统计分析。打开“飞云网上商城全年销量统计表.xlsx”，按照如下要求完成统计和分析工作。

1）将 Sheet1 工作表命名为“商品销售表”，将 Sheet2 工作表命名为“单价表”。

2）在“类型”列左侧插入一个空列，输入列标题为“序号”，并以“101、102、103……”的方式向下填充该列到最后一个数据行。

3）将工作表标题跨列合并后居中并适当调整其字体、加大字号，并改变字体颜色。适当加大数据表行高和列宽，设置对齐方式及销售额数据列的数值格式（保留两位小数），并为数据区域增加边框线。

4）将工作表“单价表”中的 B2:C17 单元格区域定义名称为“商品均价”。运用公式计算工作表“商品销售表”中 E 列的销售额，要求在公式中通过 VLOOKUP 函数自动在工作表“单价表”中查找相关商品的单价，并在公式中引用所定义的名称“商品均价”。

5）复制工作表“商品销售表”，将副本放到原表之后；改变该副本表标签的颜色，并重命名为“每季度各类商品销售汇总表”。

6）通过分类汇总功能求出每个季度中各类商品的销售额总和，并将每组结果分页显示。

7）以分类汇总结果为基础，创建一个簇状圆柱图，图表中仅对每个季度的家电类销售额进行比较，并将该图表放在一个名为“柱状分析图”的新工作表中。

三、演示文稿题（测试题目所需文件在“模拟测试素材/模拟测试 4”文件夹下）

张源是一家旅游公司的旅游策划人员，在五一节即将来临之际，他制作了一份宣传九寨沟风光的演示文稿，用来吸引旅游者的眼球，有关九寨沟风景的文字资料及素材参见“九寨沟风光（素材）.docx”，制作要求如下。

1）标题页包含演示主标题和副标题。

2）除标题页外，根据素材制作 5 张幻灯片，且版式不少于 3 种。

3）根据素材内容，设计 4 个文字链接，通过链接可以分别指向后 4 张幻灯片中的其中一张，同时，也为后 4 张幻灯片设计一个自定义的图形链接，要求图形中包含“返回”两个字，单击图形可以返回到其链接过来的幻灯片中。

4）每张图片设计一个动画效果，幻灯片切换效果要多样。

5）演示文稿播放的全程需要有背景音乐。

6）为演示文稿应用一个主题，使演示文稿更加美观。

7）将制作完成的演示文稿以“九寨沟风光.pptx”为文件名进行保存。

模拟测试 5

一、字处理题（测试题目所需文件在“模拟测试素材/模拟测试 5”文件夹下）

学校组织全班学生去泰山旅游，现在老师要求家在泰山的同学张蒿，制作一份泰山旅游攻略，其中包括游玩路线和泰山几大景点的简单介绍。请根据上述活动的描述，利用 Word 文档制作一份泰山旅游攻略，要求如下。

1）调整文档版面，要求页面高度为 18 厘米、宽度为 27 厘米，上、下页边距为 2.54 厘米，左、右页边距为 3.17 厘米。

2）将模拟测试 5 文件夹下的图片“泰山风景图.jpg”设置为泰山旅游攻略背景。

3）根据“泰山旅游攻略参考样式.docx”文件，调整海报内容文字的字体、字号和颜色。

4）根据页面布局需要，调整泰山旅游攻略内容中“制作人”和“制作日期”信息的段落间距。

5）在“制作人：”位置后面输入制作人姓名（张蒿）。

6）设置“制作人”段落下面的文字排版布局为参考示例文件中所示的样式。

7）更换制作人照片为模拟测试 5 文件夹下的 zh.jpg 照片，将该照片调整到适当位置，以不要遮挡文档中的文字内容为宜。

8）保存本次设计为 Word.docx 文件。

二、电子表格题（测试题目所需文件在“模拟测试素材/模拟测试 5”文件夹下）

王海是某公司的销售部经理助理，现在要统计分析当年各业务员的销售情况，以便了解业务员的销售能力，调整他们的业务范围和职位。现在，王海将这一年 4 季度的各业务员的销售业绩输入“销售业绩报表.xlsx”的 Excel 工作簿文档中。请根据下列要求帮助王海对该销售业绩报表进行整理和分析。

1）将标题行进行合并并居中。

2）对工作表“全年销售业绩”中的数据列表进行格式化操作：将第一列“业务编号”列设为文本，将所有销售量列设为保留整数数值；适当加大行高列宽，改变字体、字号，设置对齐方式，增加适当的边框和底纹以使工作表更加美观。

3）利用“条件格式”功能进行下列设置：将第一季度和第二季度中低于 500 分的销售量所在的单元格以一种文本颜色表示，其他两季度中高于 900 的销售量以另一种文本颜色表示。

4）利用 SUM 函数和 AVERAGE 函数计算每个业务员的平均销售量和总销售量。

5）业务编号第 3、4 位代表业务员所在的区域，如“190101”代表 2019 年北京 1

号业务员。请通过函数提取每个业务员所在的地区并按下列对应关系填写在“地区”列中：01 代表北京，02 代表上海，03 代表深圳。

6）复制工作表“全年销售业绩”，将副本放到原表之后；改变该副本表标签的颜色，并重命名，新表名需包含“分类汇总”字样。

7）通过分类汇总功能求出每个地区各季度的总销售量，并将每组结果分页显示。

8）以分类汇总结果为基础，创建一个簇状柱形图，对每个地区各季度的总销售量进行比较，并将该图表放置在一个名为“柱状分析图”的新工作表中。

三、演示文稿题（测试题目所需文件在“模拟测试素材/模拟测试 5”文件夹下）

小张是网络公司人力资源部培训员，年初公司新招聘了一批网络编辑，需要对他们进行编辑工作培训。编辑部经理已经制作了一份演示文稿的素材“编辑入职培训.pptx”，请打开该文档进行美化，具体要求如下。

1）将第 1 张幻灯片版式设为“标题幻灯片”，将第 7 张幻灯片的版式设为“两栏内容”，其他幻灯片设置为“标题和内容”。

2）为整个演示文稿指定一个恰当的设计主题。

3）根据第 7 张幻灯片右侧的文字内容创建一个工作流程图，并为该工作流程图添加任意一种动画效果。

4）为第 2、3、8、11 张幻灯片中的目录文字加入超链接，链接到当前文档中的对应位置，并为该张幻灯片添加适当的动画效果。

5）为演示文稿设置不少于 3 种的幻灯片切换方式。

模拟测试 6

一、字处理题（测试题目所需文件在“模拟测试素材/模拟测试 6”文件夹下）

某公司为宣传公司的丝绸产品，要制作一张关于丝绸的简介宣传画。利用已有的 Word 文档中的内容，制作一份宣传画（宣传画的参考样式请参考“Word-宣传画参考样式.docx”文件），要求如下。

1）调整文档版面，要求页面高度为 11 厘米、宽度为 22 厘米，上、下页边距为 2 厘米，左、右页边距为 2 厘米。

2）将模拟测试 6 文件夹下的图片“宣传画背景图片.jpg”设置为宣传画背景。

3）根据“Word-宣传画参考样式.docx”文件，调整宣传画中内容文字的字体、字号和颜色。

4）根据页面布局需要，调整宣传画内容中标题和正文的段间距。

5）保存本次活动的宣传海报设计为 Word.docx 文件。

二、电子表格题（测试题目所需文件在“模拟测试素材/模拟测试 6”文件夹下）

小秦是以太汽车销售公司的会计，负责对全公司的销售情况、收支情况进行统计分析，并将结果提交给财务经理。经理将“以太汽车全年销量统计表.xlsx”给小秦，要求他对本年的销售情况做个统计分析，打开“以太汽车全年销量统计表.xlsx”，请帮助小秦完成以下操作。

1）将 Sheet1 工作表命名为“汽车销售情况表”，将 Sheet2 工作表命名为“销售单价”。

2）在“地区”列左侧插入一个空列，输入列标题为“编号”，并以“001、002、003……”的方式向下填充该列到最后一个数据行。

3）将工作表标题跨列合并后居中并适当调整其字体、加大字号，并改变字体颜色。适当加大数据表行高和列宽，设置对齐方式及销售额数据列的整数数值格式，并为数据区域增加边框线。

4）将工作表“销售单价”中的 B3:C7 单元格区域定义名称为“销售均价”。运用公式计算工作表“汽车销售情况表”中 E 列的销售额，要求在公式中通过 VLOOKUP 函数自动在工作表“销售单价”中查找相关汽车的单价，并在公式中引用所定义的名称“销售均价”。

5）为工作表“汽车销售情况表”中的销售数据创建一个数据透视表，放在一个名为“数据透视分析表”的新工作表中，要求针对各类品牌汽车比较各地区每个季度的销售额。其中，品牌名称为报表筛选字段，地区为行标签，季度为列标签，并对销售额求和。最后对数据透视表进行格式设置，使其更加美观。

6）根据生成的数据透视表，在透视表下方创建一个簇状柱形图，图表中仅对各地区 4 个季度“红旗”的销售额进行比较。

7）保存“以太汽车全年销量统计表.xlsx”文件。

三、演示文稿题（测试题目所需文件在“模拟测试素材/模拟测试 6”文件夹下）

为了更好地控制教材编写的内容、质量，小刘负责起草“编辑加工的方法”（请参考“编辑加工的方法.docx”文件）。他需要将“编辑加工的方法”Word 文档中的内容制作成可以向编辑部进行展示的 PowerPoint 演示文稿。现在，请根据“编辑加工的方法”（请参考“编辑加工的方法.docx”文件）中的内容，按照如下要求完成演示文稿的制作。

1）创建一个新演示文稿，内容需要包含“编辑加工的方法.docx”文件中所有讲解的要点，包括以下内容。

① 演示文稿中的内容编排，需要严格遵循 Word 文档中的内容顺序，并仅需要包含 Word 文档中应用了“标题 1”“标题 2”“标题 3”样式的文字内容。

② Word 文档中应用了“标题 1”样式的文字，需要成为演示文稿中每张幻灯片的标题文字。

③ Word 文档中应用了“标题 2”样式的文字，需要成为演示文稿中每张幻灯片的第一级文本内容。

④ Word 文档中应用了“标题 3”样式的文字，需要成为演示文稿中每张幻灯片的第二级文本内容。

2）将演示文稿中的第 1 张幻灯片，调整为“标题幻灯片”版式。

3）为演示文稿应用一个美观的主题样式。

4）在该演示文稿中创建一个演示方案，该演示方案包含第 2～6 张幻灯片，并将该演示方案命名为“放映方案 1”。

5）在该演示文稿中创建一个演示方案，该演示方案包含第 2、8、9、10 张幻灯片，并将该演示方案命名为“放映方案 2”。

6）保存制作完成的演示文稿，并将其命名为 PowerPoint.pptx。

模拟测试 7

一、字处理题（测试题目所需文件在“模拟测试素材/模拟测试 7”文件夹下）

小文是实验三中的校长助理，她的工作主要是帮助校长安排各种活动、起草各种文件。学校打算在开学前（9 月 1 日）举行一次教学技巧研讨会，会议将在学校 1 号教学大楼 6 层会议厅举行。所有参加会议的老师名录保存在“参会老师名录.xlsx”中，校长办公室电话为 010-88888888。根据上述内容制作邀请函，具体要求如下。

1）调整文档版面，要求页面高度为 18 厘米、宽度为 22 厘米，上页边距为 3 厘米，下页边距为 1 厘米，左、右页边距为 2 厘米。

2）制作一份邀请函，以“校长：杨华文”的名义发出邀请，邀请函中需要包含标题、收件人名称、教学技巧会时间、教学技巧会地点和邀请人。

3）对邀请函进行适当排版，具体要求：改变字体、加大字号，且标题部分（“邀请函”）与正文部分采用不相同的字体和字号；加大行间距和段间距；对必要的段落改变对齐方式，适当设置左右及首行缩进，以美观且符合中国人阅读习惯为准。

4）将邀请函背景设置为“水滴”纹理背景。

5）为文档添加页眉，要求页眉内容包含校长的联系电话。

6）运用邮件合并功能制作内容相同、收件人不同（收件人为“参会老师名录.xlsx”中的每一个人，采用导入方式）的多份邀请函，要求先将合并主文档以“邀请函.docx”为文件名进行保存，在进行效果预览后生成可以单独编辑的单个文档“邀请函 1.docx”。

二、电子表格题（测试题目所需文件在“模拟测试素材/模拟测试 7”文件夹下）

王莉供职于一家电器商场，现在需要对本季度各产品的销售情况进行统计。请根据电器销量表（Excel.xlsx），按照如下要求完成统计和分析工作。

1）请在“电器销量”工作表的“季度平均销量”列中，使用 AVERAGE 函数完成季度平均销量的计算；在“电器销量”工作表的“季度总销量”列中，使用 SUM 函数完成总销量的统计。

2）请对“电器销量”工作表进行格式调整，通过套用表格样式方法将所有的电器销量记录调整为一致的外观格式，并将“季度平均销量”列和“季度总销量”列所包含的单元格调整为“数值数字格式”（包含两位小数）。

3）运用公式计算工作表“电器销量”中 H 列的销售额，要求在公式中通过 VLOOKUP 函数自动在工作表“电器价格”中查找相关商品的单价。

4）复制工作表“电器销量”，将副本放到原表之后；改变该副本表标签的颜色，并重命名，新表名需包含“汇总”字样。

5）通过分类汇总功能求出每个分店总销售额的平均值，并将每组结果分页显示。

6）以分类汇总结果为基础，创建一个簇状柱形图，对每个分店总销售额的平均值进行比较，并将该图表放置在一个名为“柱状分析图”的新工作表中。

7）保存 Excel.xlsx 文件。

三、演示文稿题（测试题目所需文件在“模拟测试素材/模拟测试 7”文件夹下）

小杨是大唐公司人事部经理，负责招聘、培训新员工，现在要制作一份雏鹰计划演示文稿。文字资料及素材参见“雏鹰计划.pptx”，制作要求如下。

1）将第 2 张幻灯片版式设为“标题和竖排文字”，将第 4 张幻灯片的版式设为“比较”；为整个演示文稿指定一个恰当的设计主题。

2）通过幻灯片母版为每张幻灯片增加利用艺术字制作的水印效果，水印文字中应包含“大唐投资”字样，并移动到合适位置。

3）在幻灯片的最后新建一张版式为“空白”的幻灯片，根据第 5 张幻灯片右侧的文字内容创建一个组织结构图，结果应类似 Word 样例文件“组织结构图样例.docx”中所示，并为该组织结构图添加任一动画效果。

4）为第 6 张幻灯片左侧的文字“培训内容”加入超链接，链接到 Word 素材文件“培训内容.docx”，并为该张幻灯片添加适当的动画效果。

5）为演示文稿设置不少于 3 种的幻灯片切换方式。

6）将制作完成的演示文稿以“雏鹰计划.pptx”为文件名进行保存。

模拟测试 8

一、字处理题（测试题目所需文件在“模拟测试素材/模拟测试 8”文件夹下）

某高校为了使学生更好地进行职场定位和职业准备，提高就业能力，该校学工处将于 2019 年 4 月 29 日 19:30～21:30 在校国际会议中心举办题为“领慧讲堂——大学生人生规划”就业讲座，特别邀请资深媒体人、著名艺术评论家赵蕈先生担任演讲嘉宾。请根据上述活动的描述，利用 Word 制作一份宣传海报（宣传海报的参考样式请参考“Word-海报参考样式.docx”文件），要求如下。

1）调整文档版面，要求页面高度为 35 厘米、宽度为 27 厘米，上、下页边距为 5 厘米，左、右页边距为 3 厘米，并将模拟测试 8 文件夹下的图片“Word-海报背景图片.jpg”设置为海报背景。

2）根据“Word-海报参考样式.docx”文件，调整海报内容文字的字体、字号和颜色。

3）根据页面布局需要，调整海报内容中“报告题目”“报告人”“报告日期”“报告时间”“报告地点”信息的段落间距。

4）在“报告人：”位置后面输入报告人姓名（赵蕈）。

5）在“主办：校学工处”位置后另起一页，并设置第 2 页的页面纸张大小为 A4 篇幅，纸张方向设置为“横向”，页边距为“普通”页边距定义。

6）在新页面的“日程安排”段落下面，复制本次活动的日程安排表（请参考“Word-活动日程安排.xlsx”文件），要求表格内容引用 Excel 文件中的内容，如若 Excel 文件中的内容发生变化，Word 文档中的日程安排信息随之发生变化。

7）在新页面的“报名流程”段落下面，利用 SmartArt 制作本次活动的报名流程（学工处报名、确认座席、领取资料、领取门票）。

8）设置“报告人介绍”段落下面的文字排版布局为参考示例文件中所示的样式。

9）更换报告人照片为模拟测试 8 文件夹下的 Pic2.jpg 照片，将该照片调整到适当位置，并不要遮挡文档中的文字内容。

10）保存本次活动的宣传海报设计为 Word.docx 文件。

二、电子表格题（测试题目所需文件在“模拟测试素材/模拟测试 8”文件夹下）

小蒋是一位中学教师，在教务处负责初一年级学生的成绩管理。由于学校地处偏远地区，缺乏必要的教学设施，只有一台配置不太高的个人计算机可以使用。他在这台计算机中安装了 Office，决定通过 Excel 来管理学生成绩，以弥补学校缺少数据库管理系统的不足。

现在第一学期期末考试刚刚结束，小蒋将初一年级 3 个班的成绩均输入文件名为“学生成绩单.xlsx”的 Excel 工作簿文档中。请根据下列要求对该成绩单进行整理和分析。

1）对工作表“第一学期期末成绩”中的数据列表进行格式化操作：将第一列“学号”列设为文本，将所有成绩列设为保留两位小数的数值；适当加大行高列宽，改变字体、字号，设置对齐方式，增加适当的边框和底纹以使工作表更加美观。

2）利用“条件格式”功能进行下列设置：将语文、数学、英语 3 科中不低于 110 分的成绩所在的单元格以一种颜色填充，其他 4 科中高于 95 分的以一种颜色填充。

3）利用 SUM 函数和 AVERAGE 函数计算每个学生的总分及平均成绩。

4）学号第 3、第 4 位代表学生所在的班级，如“120105”代表 12 级 1 班 5 号。请通过函数提取每个学生所在的班级并按下列对应关系填写在“班级”列中：01 代表 1 班，02 代表 2 班，03 代表 3 班。

5）复制工作表“第一学期期末成绩”，将副本放到原表之后；改变该副本表标签的颜色，并重命名，新表名需包含“分类汇总”字样。

6）通过分类汇总功能求出每个班各科的平均成绩，并将每组结果分页显示。

7）以分类汇总结果为基础，创建一个簇状柱形图，对每个班各科平均成绩进行比较，并将该图表放在一个名为“柱状分析图”的新工作表中。

三、演示文稿题（测试题目所需文件在“模拟测试素材/模拟测试 8”文件夹下）

文慧是新东方学校的人力资源培训讲师，负责对新入职的教师进行入职培训，其 PowerPoint 演示文稿的制作水平广受好评。最近，她应北京节水展馆的邀请，为展馆制作一份宣传水知识及节水工作重要性的演示文稿。节水展馆提供的文字资料及素材参见“水资源利用与节水（素材）.docx”，制作要求如下。

1）标题页包含演示主题、制作单位（北京节水展馆）和日期（××××年××月××日）。

2）演示文稿须指定一个主题，幻灯片不少于 5 张，且版式不少于 3 种。

3）演示文稿中除文字外要有 2 张以上的图片，并有 2 个以上的超链接进行幻灯片之间的跳转。

4）动画效果要丰富，幻灯片切换效果要多样。

5）演示文稿播放的全程需要有背景音乐。

6）将制作完成的演示文稿以“水资源利用与节水.pptx”为文件名进行保存。

模拟测试 9

一、字处理题（测试题目所需文件在“模拟测试素材/模拟测试 9”文件夹下）

某高校学生会计划举办一场“大学生网络创业交流会”的活动，拟邀请部分专家和老师给在校学生进行演讲。因此，校学生会外联部需制作一批邀请函，并分别递送给相关的专家和老师。请按如下要求，完成邀请函的制作。

1）调整文档版面，要求页面高度为 18 厘米、宽度为 30 厘米，上、下页边距为 2 厘米，左、右页边距为 3 厘米。

2）将模拟测试 9 文件夹下的图片“背景图片.jpg”设置为邀请函背景。

3）根据“Word-邀请函参考样式.docx”文件，调整邀请函中内容文字的字体、字号和颜色。

4）调整邀请函中内容文字段落的对齐方式。

5）根据页面布局需要，调整邀请函中“大学生网络创业交流会”和“邀请函”两个段落的间距。

6）在“尊敬的:”和“(老师)”文字之间，插入拟邀请的专家和老师姓名，拟邀请的专家和老师姓名在模拟测试 9 文件夹下的“通讯录.xlsx”文件中。每页邀请函中只能包含 1 位专家或老师的姓名，所有的邀请函页面请另外保存在一个名为“Word-邀请函.docx”的文件中。

7）邀请函文档制作完成后，请保存 Word.docx 文件。

二、电子表格题（测试题目所需文件在“模拟测试素材/模拟测试 9”文件夹下）

小李今年毕业后，在一家计算机图书销售公司担任市场部助理，主要的工作职责是为部门经理提供销售信息的分析和汇总。请根据销售数据报表（Excel.xlsx），按照如下要求完成统计和分析工作。

1）请对“订单明细”工作表进行格式调整，通过套用表格格式方法将所有的销售记录调整为一致的外观格式，并将“单价”列和“小计”列所包含的单元格调整为“会计专用”（人民币）数字格式。

2）根据图书编号，请在“订单明细”工作表的“图书名称”列中，使用 VLOOKUP 函数完成图书名称的自动填充。“图书名称”和“图书编号”的对应关系在“编号对照”工作表中。

3）根据图书编号，请在“订单明细”工作表的“单价”列中，使用 VLOOKUP 函数完成图书单价的自动填充。“单价”和“图书编号”的对应关系在“编号对照”工作表中。

4）在“订单明细”工作表的“小计”列中，计算每笔订单的销售额。

5）根据“订单明细”工作表中的销售数据，统计所有订单的总销售金额，并将其填写在“统计报告”工作表的B3单元格中。

6）根据“订单明细”工作表中的销售数据，统计《MS Office高级应用》图书在2018年的总销售额，并将其填写在“统计报告”工作表的B4单元格中。

7）根据“订单明细”工作表中的销售数据，统计隆华书店在2017年第3季度的总销售额，并将其填写在“统计报告”工作表的B5单元格中。

8）根据“订单明细”工作表中的销售数据，统计隆华书店在2017年的每月平均销售额（保留两位小数），并将其填写在“统计报告”工作表的B6单元格中。

9）保存Excel.xlsx文件。

三、演示文稿题（测试题目所需文件在“模拟测试素材/模拟测试9”文件夹下）

为了更好地控制教材编写的内容、质量和流程，小李负责起草了图书策划方案（请参考“图书策划方案.docx”文件）。他需要将图书策划方案Word文档中的内容制作成可以向教材编委会进行展示的PowerPoint演示文稿。现在，请根据图书策划方案（请参考“图书策划方案.docx”文件）中的内容，按照如下要求完成演示文稿的制作。

1）创建一个新演示文稿，内容需要包含“图书策划方案.docx”文件中所有讲解的要点，包括以下内容。

① 演示文稿中的内容编排，需要严格遵循Word文档中的内容顺序，并仅需要包含Word文档中应用了“标题1”“标题2”“标题3”样式的文字内容。

② Word文档中应用了“标题1”样式的文字，需要成为演示文稿中每张幻灯片的标题文字。

③ Word文档中应用了“标题2”样式的文字，需要成为演示文稿中每张幻灯片的第一级文本内容。

④ Word文档中应用了“标题3”样式的文字，需要成为演示文稿中每张幻灯片的第二级文本内容。

2）将演示文稿中的第1张幻灯片，调整为“标题幻灯片”版式。

3）为演示文稿应用一个美观的主题样式。

4）在标题为“2018年同类图书销量统计”的幻灯片中，插入一个6行5列的表格，列标题分别为“图书名称”“出版社”“作者”“定价”“销量”。

5）在标题为“新版图书创作流程示意”的幻灯片中，将文本框中包含的流程文字利用SmartArt图形展现。

6）在该演示文稿中创建一个演示方案，该演示方案包含第1、2、4、7张幻灯片，并将该演示方案命名为“放映方案1”。

7）在该演示文稿中创建一个演示方案，该演示方案包含第1、2、3、5、6张幻灯片，并将该演示方案命名为“放映方案2”。

8）保存制作完成的演示文稿，并将其命名为PowerPoint.pptx。

模拟测试10

一、字处理题（测试题目所需文件在“模拟测试素材/模拟测试 10”文件夹下）

书娟是海明公司的前台文秘，她的主要工作是管理各种档案，为总经理起草各种文件。新年将至，公司定于 2019 年 2 月 1 日下午 2:00，在中关村海龙大厦办公大楼五层多功能厅举办一个联谊会，重要客人名录保存在名为“重要客户名录.docx”的 Word 文档中，公司联系电话为 010-66668888。请根据上述内容制作请柬，具体要求如下。

1）制作一份请柬，以“董事长：王海龙”的名义发出邀请，请柬中需要包含标题、收件人名称、联谊会时间、联谊会地点和邀请人。

2）对请柬进行适当的排版，具体要求：改变字体、加大字号，且标题部分（“请柬”）与正文部分（以“尊敬的×××”开头）采用不相同的字体和字号；加大行间距和段间距；对必要的段落改变对齐方式，适当设置左、右及首行缩进，以美观且符合中国人阅读习惯为准。

3）在请柬的左下角位置插入一张图片（图片自选），调整其大小及位置，不影响文字排列、不遮挡文字内容。

4）进行页面设置，加大文档的上边距；为文档添加页眉，要求页眉内容包含本公司的联系电话。

5）运用邮件合并功能制作内容相同、收件人不同（收件人为“重要客户名录.docx”中的每一个人，采用导入方式）的多份请柬，要求先将合并主文档以“请柬 1.docx”为文件名进行保存，在进行效果预览后生成可以单独编辑的单个文档“请柬 2.docx”。

二、电子表格题（测试题目所需文件在“模拟测试素材/模拟测试 10”文件夹下）

文涵是大地公司的销售部助理，负责对全公司的销售情况进行统计分析，并将结果提交给销售部经理。年底，她根据各门店提交的销售报表进行统计分析。打开“计算机设备全年销量统计表.xlsx”，请帮助文涵完成以下操作。

1）将 Sheet1 工作表命名为“销售情况”，将 Sheet2 工作表命名为“平均单价”。

2）在“店铺”列左侧插入一个空列，输入列标题为“序号”，并以“001、002、003……”的方式向下填充该列到最后一个数据行。

3）将工作表标题跨列合并后居中并适当调整其字体、加大字号，并改变字体颜色。适当加大数据表行高和列宽，设置对齐方式及销售额数据列的数值格式（保留两位小数），并为数据区域增加边框线。

4）将工作表“平均单价”中的 B3:C7 单元格区域定义名称为“商品均价”。运用公式计算工作表“销售情况”中 E 列的销售额，要求在公式中通过 VLOOKUP 函数自动在工作表“平均单价”中查找相关商品的单价，并在公式中引用所定义的名称“商品均价”。

5）为工作表“销售情况”中的销售数据创建一个数据透视表，放在一个名为“数据透视分析”的新工作表中，要求针对各类商品比较各门店每个季度的销售额。其中，商品名称为报表筛选字段，店铺为行标签，季度为列标签，并对销售额求和。最后对数据透视表进行格式设置，使其更加美观。

6）根据生成的数据透视表，在透视表下方创建一个簇状柱形图，图表中仅对各门店 4 个季度笔记本的销售额进行比较。

7）保存“计算机设备全年销量统计表.xlsx”文件。

三、演示文稿题（测试题目所需文件在“模拟测试素材/模拟测试 10”文件夹下）

文君是新世界数码技术有限公司的人事专员，十一过后，公司招聘了一批新员工，需要对他们进行入职培训。人事助理已经制作了一份演示文稿的素材“新员工入职培训.pptx”，请打开该文档进行美化，具体要求如下。

1）将第 2 张幻灯片版式设为“标题和竖排文字”，将第 4 张幻灯片的版式设为“比较”；为整个演示文稿指定一个恰当的设计主题。

2）通过幻灯片母版为每张幻灯片增加利用艺术字制作的水印效果，水印文字中应包含“新世界数码”字样，并旋转一定的角度。

3）根据第 5 张幻灯片右侧的文字内容创建一个组织结构图，其中总经理助理为助理级别，结果应类似 Word 样例文件“组织结构图样例.docx”中所示，并为该组织结构图添加任意一种动画效果。

4）为第 6 张幻灯片左侧的文字“员工守则”加入超链接，链接到 Word 素材文件“员工守则.docx”，并为该张幻灯片添加适当的动画效果。

5）为演示文稿设置不少于 3 种的幻灯片切换方式。

附录 习题参考答案

第1章

1-5 CAABB	6-10 CDDAB	11-15 CBBDC
16-20 CBDCD	21-25 ADBDA	26-30 CDBCD
31-35 DBADA	36-40 ADCDC	41-45 CACDC
46-50 DCCDA		

第2章

1-5 AADBA	6-10 CCDAA	11-13 AAA

第3章

1-5 BDBCC	6-10 BBCBD	11-15 BCADA
16-20 BACAB	21-25 BDCAB	26-30 ABCAA

第4章

1-5 AAABB	6-10 DADBD	11-15 CCBCA
16-20 CBDCD		

第5章

1-5 CCBCB	6-10 DABBC	11-15 BCDDC
16-20 CAABD	21-25 BCAAB	26 A

第6章

1-5 CCCBA	6-10 AADDD	11-15 BADDB
16-20 DDCCB	21-25 DBCBC	26-30 BBBCA

第7章

1-5 ADBDA
6-10 ACBAD
11-15 CBBAA
16-20 CDDCD
21-25 DADDC
26-30 ADACB

参 考 文 献

丛飚，2017．全国计算机等级考试教程二级 MS Office 高级应用（教材）[M]．北京：科学出版社．

付兵，呙明辉，2017．Office 高级应用实验指导[M]．北京：科学出版社．

付兵，蒋世华，2017．Office 高级应用案例教程[M]．北京：科学出版社．

何鹍，刘妍，2015．大学计算机基础实验指导[M]．北京：中国水利水电出版社．

侯锟，2017．全国计算机等级考试教程二级 MS Office 高级应用（实验教材）[M]．北京：科学出版社．

教育部考试中心，2016．全国计算机等级考试二级教程：MS Office 高级应用[M]．北京：高等教育出版社．

教育部考试中心，2016．全国计算机等级考试二级教程：MS Office 高级应用上机指导[M]．北京：高等教育出版社．

吴登峰，晏愈光，2015．大学计算机基础教程[M]．北京：中国水利水电出版社．

徐士良，2017．全国计算机等级考试二级教程：公共基础知识[M]．北京：高等教育出版社．